한국어의 존대법

한국어의 존대법

김종훈

보고사
BOGOSA

책머리에

필자는 1958년 3월에 문학석사 학위논문으로 「國語敬語法研究」를 제출한 바 있다. 당시에는 오구라 신페이(小倉進平)의 「겸양의 조동사의 변천」(1929)을 비롯하여, 김형규 교수의 「경양사의 연구」(1947), 허웅 교수의 「존대법사」(1954), 전재관 교수의 「-습 따위 경양사의 산고」가 발표되었을 뿐이었다. 그러나 오늘날에는 별첨 '존대법 논저 목록'과 같이 석·박사 학위논문을 위시하여 수백 편의 논저들이 발표되었다.

필자는 1984년 3월에 사계(斯界)의 논문 100여 편을 중심으로 이를 '칭호와 경어·존대어와 토·-습- 따위와 경어·높임의 등분과 경어·방언과 경어' 등으로 유추 분류하여 『국어경어법연구』(집문당)를 편저한 바 있다. 한국어의 존대법은 위와 같이 대체적으로 5대별이 가능하리라고 본다.

본서의 내용은 이러한 바탕 아래 이루어진 것이다. 특히 많은 논저에서 찾아볼 수 없는 '칭호(호칭)와 존대법·존대어휘의 유형', 나아가선 '반말'을 통하여 '높임의 등분' 등을 보다 구체화하여 한국어 존대법을 개설적으로 서술한 점이 본서의 한 특징이기도 하다. 그리하여 존대법의 기초를 이해하려는 분들이나, 외국인을 위하여는 많은 도움이 될 줄 믿는다. 졸저가 사계에 도움이 된다면 행심(幸甚)으로 여기겠다.

한 가지 부기할 것은, 근자에 존대어 사용례를 살펴보면, 어법에 맞지 않는 언어 사용을 허다히 찾아볼 수 있다. 예를 들어 '-ㄹ게요'(하실게요)를 비롯하여, '선생님'을 '쌤'이라 하고, '있다'와 '계시다'를 혼용(예: 말씀이 계시다, 연세가 계시다)하며, 칭호(호칭) 사용의 무질서 등이 바로 그것이다. 특히 일찍부터 한・중・일 동양 3국에서 일반적으로 두루 사용해 온 '先生님'을, '쌤'이라는 단음절로 축약 사용한다는 것은, 언어도단이라 생각한다. 무엇보다도 가장 체계적이고 조직적인 한국어의 존대법이 이렇게 어법에 맞지 않는 말씨라면, 이는 마땅히 그 사용을 삼가야 될 것이다.

끝으로, 한국어의 존대법에 대한 보다 심오한 이론을 필요로 하는 분께서는, 전술한 바 있는 졸편 『국어경어법연구』(집문당, 1984)를 참고하시기 바란다. 아울러 코로나19로 인하여 어려운 경제적 여건임에도 불구하고, 본서의 출판을 쾌히 맡아 주신 보고사 김홍국 사장과 임직원 여러분, 그리고 팔순이 훨씬 넘은 노안으로, 교정을 도와주신 아내 김옥인 여사에게도 감사를 드린다.

2022년 1월

저자 씀

차례

제1장
서언: 한국어의 존대법

우리말과 같이 존대법이 발달된 말은 세계 어느 나라 말에서도 그 유례를 찾아볼 수 없을 것이다. 그것은 무엇보다도 우리 민족은 일찍부터 동방예의지국이라 하여 성가시리만큼 예의범절을 지켜왔고, 상하귀천의 별(別)은 유달리 심하여 계급적 의식이 강하였다. 그러한 사회에 존대법이 발달하였음은 당연하며, 존대법은 상하귀천을 표현함에 적합하였을 것이다.

그러나 반드시 이러한 계급적 의식에서만이 존대법이 발달한 것이 아니라, 사회생활에 있어서 상대방의 인격을 존중하고 나아가선, 자기 사신을 겸양(謙讓)한다는 미풍에서 우러나온 생활면의 여실한 표현이 또한, 우리말의 존대법이기도 하다.

주지의 사실이지만, 우리말의 존대법은 남을 높이는 존댓말과 남을 낮추는 하대(下待)말이 있다. 또한 손윗사람에게 겸손을 피우는 겸양어가 있다. 이를 주체・객체・상대존대라 말하는 분도 있다. 어쨌든 우리말 존대법의 구성 형태는 이러한 존대와 하대와 겸양 아래 대체적으로 '칭호와 존대어', '존대어휘와 토', '-습 따위와 존대어', '높임의 등분과 존대어', '방언과 존대어' 등으로 5대별(五大別)할 수 있다.

'칭호와 존대어'는 남을 높이는 칭호인 존칭과 남을 낮추어 부르는 비칭(卑稱), 그리고 부녀자의 칭호가 있다. 이미 앞에서 말한 바 있지만, 우리는 일상의 언어생활에서 남을 부를 때 그의 성명만 부른다는 것은 그 사람의 인격을 좀 가볍게 여기는 감이 들으므로, 반드시 그의 성명 아래에 어떠한 칭호를 붙이는 관습이 있다.

그리하여 우리나라 사람과 중국 사람은 그 사람의 이름 아래 관직명을 붙여 사용하는 관습이 있었다. 이는 오늘날에도 마찬가지라 하겠는데, '金 국장, 李 과장, 朴 계장, 鄭 학장, 張 교수' 등이 그것이다. 그러나 오늘날 일반적으로 두루 쓰이는 칭호는 높임에 '-님, -씨'를 비롯하여 가까운 벗끼리는 '형'을 쓰며, 또 어떤 경우에는 '선생'을 쓰기도 한다. 그리고 손아랫사람에게는 일반적으로 '군, 양'을 쓰기도 한다. 그런데 오늘날 이 호칭 사용에 있어 문제가 되는 것은 가족 칭호 사용의 어려움이라 하겠다.

우리말은 한마디의 말일지라도 거기에는 높임이냐 낮춤이냐 하는 존대의 개념이 반드시 있다. 그리하여 말 그 자체가 높임의 뜻을 가지고 있는 특수한 말이 있는가 하면 또한, 낮춤의 뜻을 가진 말도 있다.

밥－진지 · 집－댁 · 말－말씀 · 이름－존함 · 술－약주 · 이－

치아・수염－염・아버지－애비・어머니－애미・나－저・있다－계시다・먹다－잡수시다・자다－주무시다

대명사에도 '보통존칭'과 '극존칭'이 있어 그 인칭의 구분에 따라 '당신・이분・이이・저이・저양반' 등과 '당신・어르신네' 등이 쓰이고 있다. 그리고 가족 호칭으로 남의 아버님을 춘부장(椿府丈)・존대인(尊大人)・존공(尊公)・영존(令尊)・춘당(春塘)・대정(大庭) 등이라 하였고, 남의 어머님을 가리켜 대부인(大夫人)・자당(慈堂)・훤당(萱堂)・북당(北堂)・존당(尊堂)・영당(令堂)이라 하였다. 요즈음 젊은이들은 이러한 한자어를 잘 모르기 때문에 그저 '아버님', '어머님'으로 호칭하는 듯하다.

조사에 있어서도 존대를 나타내는 격(格)으로, 현존하고 있는 것은 주격조사에 '-께서・-께옵서'(예사말: 이・가)가 있으며, 여격조사에 '-께'(예사말: -에게)가 쓰이고 있다. 그런데 국어 존대법의 존대어휘와 조사에 있어서는 높임의 정도가 주부(主部)와 술부(述部)가 일치해야 되는 것이다. 예를 들면 "아버님<u>께서</u> 따뜻한 아랫목에서 낮잠을 <u>주무신다</u>"라 하여야만, 비로소 존대가 성립하는 것이다. 이를 가리켜 높낮이 대응〔對應〕이라 한다. 많은 존대・겸양・하대 어휘가 있지만, 지면 관계로 생략, 후일로 미룬다.

현행어에서 존대어 선어말어미로 쓰이는 것은 '-시'와 '-옵'이 있다. 주지의 사실이지만, '-시'는 '-샤'에서 발달된 것으로, 이는

존대어 형성에 없어서는 아니 될 형태소라 하겠다. 말 그 자체에 존대의 뜻이 없는 말에는 일반적으로 소위 높임의 선어말어미 '시 · (으)시 · 웁시 · ㅂ시'를 붙여 사용한다. '보시다 · 주시다 · 잡으시다' 등이 그것이다.

'여쭙는다 · 아뢴다 · 뵌다 · 드린다 · 모신다' 등과 같이, 말 그 자체에 겸양의 뜻이 있는 특수한 경우가 아닐 때에는 '-웁 · -온 · -삽 · -잡' 등의 겸양 선어말어미를 사용한다. '뵈옵고 · 먹삽고 · 받잡고 · 주오니' 등이 그것이며, 이는 '-숣'계의 겸양법의 조동사에서 발달된 것이다. 객어(客語)를 높이는 존대법 '-숩'을 객체존대의 접미사로 규정하고 여러 이설(異說)이 있었지만, 소위 객체존대가 신학설로서 각계의 많은 찬성을 받고 있다 하겠다.

현대 국어에는 높임의 등분이 있다. 즉 말의 높임의 정도에 따라서 인칭이나 특히 존대법에 있어서 '아주낮춤(極卑稱) · 예사낮춤(普通卑稱) · 예사높임(普通尊稱) · 아주높임(極尊稱)'의 4 등분과 '반말' 등을 설정하였다. 그러나 종래의 문법서에서 찾아볼 수 있는 등분 설정과는 달리 1970년대 이후부터는 좀 더 구체적이고 분석적인 등분 설정이 이루어졌다. 성기철(成耆徹, 1970)은 주로 4원적 체계에 '두루높임과 두루낮춤'을 등외로 설정하였으며, 고영근(高永根, 1974)도 역시 4원적 체계로 '해라 · 하게 · 하오 · 합쇼'체를 들고 '요' 통합형과 '요' 통합가능형의 2원적 체계로 양분한 것이다.

국어 존대법은 또한 방언에서 더욱 특징적이라 하겠다. 졸편

(拙編) 『국어경어법연구(1984)』에서 몇몇 지역어의 존대법에 대하여 밝힌 바 있다. 이를 소개하면, 『영동방언의 경어법 연구(이익섭)』, 『전북동부지역어의 존대법 연구(최태영)』, 『제주도방언의 존대법(현평효)』, 『경남방언 종결어미의 경어법 연구(김영태)』, 『안동방언의 경어법(강신항)』 등이다. 앞으로 보다 많은 지역어 존대법에 대한 연구가 있어야만 되겠다.

제2장

존대법과 높임의 등분(等分)

1. 존대법의 형태

1) 서언

우리말은 한마디의 말일지라도 거기에는 높이냐 낮춤이냐 하는 존경의 개념이 반드시 있는데, 그것이 가장 구체적으로 우리말에 나타나는 것은 이름씨와 움직임씨이다. 그 가운데서도 말 그 자체가 경의를 갖고 있는 특수한 말과, 예사이름씨에 칭호를 붙여서 이루어지는 것과, 또 움직씨(풀이씨)에 선어말어미를 붙여서 나타내는 경우도 있다.

2) 존대법

(1) 명사와 접사

말 그 자체가 높임의 뜻을 갖고 있는 특수한 말이 있으니,

밥－진지, 집－댁, 말－말씀, 머리－두상, 이름－존함, 술－약

주, 수저—간자, 이—치아, 수염—염, 병—병환, 생일—생신 등.

사람을 가리키는 말에는 그 높임의 정도에 따라서 아주높임(極尊稱)과 예사높임(普通尊稱)으로 나눌 수 있다.이 등분은 우리말본에 매우 중요한 뜻을 가진, 사람대이름씨의 특징인 것이다.

<table>
<tr><th colspan="2">등분
가리킴</th><th>아주높임</th><th>예사높임</th></tr>
<tr><td colspan="2">첫째가리킴
(第一人稱)</td><td></td><td></td></tr>
<tr><td colspan="2">둘째가리킴
(第二人稱)</td><td>어르신네, 당신,
당신네, 당신들</td><td>당신, 당신네, 당신들</td></tr>
<tr><td rowspan="5">셋째
가리킴
(第三
人稱)</td><td>가까운 가리킴
(近稱)</td><td>어른(-들), 당신,
당신들</td><td>이분(-들), 이(-들),
이이(-들), 이양반(-들)</td></tr>
<tr><td>먼 가리킴
(遠稱)</td><td>저 어른(-들),
당신(-들)</td><td>저분(-들), 저 양반(-들),
저이(-들), 저(-들)</td></tr>
<tr><td>떨어진 가리킴
(中稱)</td><td>그 어른(-들),
당신(-들)</td><td>그분(-들), 그이(-들),
그(-들), 그 양반(-들)</td></tr>
<tr><td>모른 가리킴
(否定稱)</td><td>어느 어른(-들),
아무 어른(-들),
어떤 어른(-들)</td><td>어느 분(-들), 어느
양반(-들), 아무 분(-들),
아무 양반(-들), 어떤
분(-들), 어떤 양반(-들)</td></tr>
<tr><td>두루 가리킴
(共通稱)</td><td>당신, 자기</td><td>자기, 다른 분, 다른 이</td></tr>
</table>

위의 표[1]로써 사람대이름씨의 높임을, 그 표준이 될 만한 것

1) 정인승, 『표준 고등말본』, 신구문화사, 1956.

으로 살펴보았는데, 이 등분에 관하여 각 가리킴의 특색과 그 사이의 차이점을 살펴보면, 다음과 같다.

첫째로, 사람대이름씨의 높임을 상대편인 둘째가리킴에서 가장 뚜렷하게 드러나서 '당신・어른'이 높임의 각 등분을 대표적으로 나타내고 있으니, 위 표에서 보인 바와 같다. 그러나 우리 말에는 상대편을 높임에는 그것을 사람대이름씨로 부르기를 주저하는 경향이 있어서, 예사높임부터는 사람대이름씨에 뚜렷한 것이 없더니, 근래에 그 필요가 간절함에 따라 '당신'이란 말이 예사높임의 둘째가리킴으로 쓰이게 되었다. 그러나 그것이 아주높임에는 어떤 자리에만 한해서 쓰일 따름이요 두루 쓰이지 못한다. 그 대신에 '어른・어르신'이 쓰이는 경우도 있다. 그리고 아주높임에는 예삿말로 관직의 등위에 따라 대감(大監: 正二品 이상의 관원), 영감(令監: 正三品 이상 從二品 이하의 관원), 나으리(進賜: 비천한 사람이 堂下官 곧 從三品 이하의 관원에 대한 높임) 등을 사용하였으나, 지금에 와서는 전연 사용치 않으며 또 말하는 이와의 관계에 따라서 아버지・어머니・아저씨・아주머니・선생님 등을 사용하기도 하며, 또 노인에 대해서는 그저 '노인'이라고도 한다. 이런 따위는 여기서 사용상 다소의 제한이 있다고 하더라도 '당신'을 아주높임의 자리에 끌어올려서 사용함을 일반적으로 인정할 것이다.

둘째로 다른 이를 가리키는 셋째가리킴은 말을 사용하는 규칙에 대한 관계가 둘째가리킴보다 비교적 희박하다. 그러나 그 등분(等分)만은 분명하니 그것은 앞에서 말한 바와 같이 '당신'은 둘째가리킴에서 아주높임으로는 좀 부족한 감이 없지 아니하지만, 셋째가리킴에서는 훌륭한 높임이 되나니, 실제의 사용을 보면 상대편의 아버지나 임금을 가리켜 말할 때도 사용한다.

셋째로 두루 가리킴에는 높임의 등분이 비교적 애매하다. 다만 '당신'만은 아주 높임이 분명하다.[2)]

이상으로써 각 가리킴의 특색을 살펴보았는데, 이 외에도 이따금 쓰이는 특별한 말들이 있다. 그것은 무엇보다도 한자어의 수입으로 인하여 간명하고도 솔직한 우리말의 표현이 한층 허식적인 중대성을 띠어, 드디어는 아기자기한 표현을 단지 한자어가 아니라는 이유로, 천시하는 데에서 가져온 현상이라 할 수 있다. 곧,

남의 아버님－춘부장(春府丈)·존대인(尊大人)·존공(尊公)·영존(令尊)·춘당(春塘)·대정(大庭)
남의 어머님－대부인(大夫人)·자당(慈堂)·훤당(萱堂)·북당(北堂)·존당(尊堂)·영당(令堂)
남의 할아버지－왕존장(王尊丈)·조부장(祖父丈)
남의 할머니－왕대부인(王大夫人)

등을 권위 있게 생각했으며, 또한 마찬가지로

---

2) 최현배, 『우리말본』, 정음사, 1956.

아저씨 – 완장(阮丈)
형 – 백씨(伯氏) · 백씨장(伯氏丈)
아우 – 영제씨(令弟氏) · 현계씨(賢季氏)
남편 – 부군(夫君) · 영군자(令君子) · 현군자(賢君子)
아내 – 합부인(閤夫人) · 현합(賢閤) · 영부인(令夫人) · 내상(內相)
아들 – 영식(令息) · 영윤(令胤) · 현윤(賢胤)
딸 – 영애(令愛) · 영양(令孃)

이런 따위는 모두가 한자어에서 빌려 쓴 것인데, 개중에는 지금도 그 자취를 감추지 않고 사용하고 있다.

높임을 나타내는 데는 말 그 자체가 높임의 뜻을 가지고 있는 특수한 말 이외에 이름씨 아래에 높임말인 '님'이나 '씨'를 붙여서 나타내는 경우도 있으니, 보기를 들면 다음과 같다.[3)]

아버님, 어머님, 형님, 누님, 선생님, 벗님, 아드님, 따님, 영감님, 마나님, 부처님, 하느님, 햇님, 달님, 스승님 …
김씨, 이씨, 박씨, 김○○씨, 장○○씨 …

(2) 조사

이름씨(또는 이름씨의 풀이꼴)의 아래에 붙어서 월의 짜임에 대한 그 이름씨의 일정한 '자리'(格)를 정하여 주는 것으로서, 높임

3) 정인승, 전게서, 25면.

을 나타내는 이름씨에 붙을 때에 때로는 특별한 토씨를 쓰는 경우가 있다.

주격조사(主格助詞)－께서, －께옵서(예사토씨: 이, 가)
호격조사(呼格助詞)－(이)시며(예사토씨: 아, 야)
여격조사(與格助詞)－께(예사토씨: 아(야), 여)

따위의 삼격(三格) 이외에는 특별한 토씨가 없다. 그러면 고대의 표기법에는 어떠한 토씨가 있었는가를 살펴보면, 지금과 같이 삼격이 있지 않고 오직 '부름자리토씨'와 '줌자리토씨'의 두 자리만이 있었으니, 아래와 같다.

여격조사－씌(예사토씨: 의, 그에)
호격조사－하(예사토씨: 아(야), 여)
보기 : 님금씌, 世尊씌, 부텨씌,
님금하, 世尊하, 聖女하

그러나 예나 지금이나 높여야 할 사람에 관한 사물에 대해서 높임을 나타내는 경우가 있기도 하지만, 모든 경우에 다 높임말이 갖추어져 있는 것이 아니기 때문에 일반성이 없다.

(3) 동사와 선어말어미

움직씨에 있어서도 이름씨와 같이 말 그 자체에 높임의 뜻을 갖고 있는 특수한 말이 있으니 곧,

먹는다－자신다, 잡숫는다, 잡수신다, 드신다[4)]
잔다－주무신다
죽다－돌아가시다, 졸하다, 서거(逝去)하다, 붕어(崩御)하다,
　　승하(昇遐)하다
보다－감(鑑)하다
앉다－좌정(坐定)하다
말하다－여쭈다, 아뢰다, 사뢰다
데리다－모시다, 배행(陪行)하다
만나다－뵙다
주다－드리다, 바치다, 이바지하다
있다－계시다 …

이상과 같이 특수한 말을 사용하는 움직씨(풀이씨)에 있어서는 일반적으로 소위 높임의 선어말어미 '시・(으)시・읍시・ㅂ시'를 붙여서 사용한다.

보다－보시다, 주다－주시다, 가다－가시다 …
안다－안으시다, 잡다－잡수시다, 낚다－낚으시다, 받다－받으시다 …
양식을 주옵시고, 아뢰옵시고, 잠이 듭시고, 몸이 크옵시고, 어서 갑시요 …

---

4) '주무신다', '잡수신다', '계시다' 등의 '시'는 높임도움줄기지만, 이것은 오늘날에 있어서는 어간과 선어말어미를 분해할 수 없이 교착해 버렸으므로, 이 말을 모두 특수한 말로 보아야 할 것이다.

이리 오십시오, 안녕히 가십시오, 잡수십시오, 괴롭게 마십시오 …

위의 보기를 보면 '-시'는 반드시 홀소리 아래에만 쓰이고 있으므로, 이것을 '홀소리 선어말어미'라 하고, '(으)시'는 반드시 닿소리 아래에만 쓰이므로 '닿소리 선어말어미'라고 하는데, 'ㄹ'로 끝진 줄기로 된 움직씨 아래에서는 '으'가 더 들어가서 '으시'가 되기도 하고, 'ㄹ'이 없어지고 '시'가 막 붙기도 하니 곧,

알다(知)－알으시다－아시다
놀다(遊)－놀으시다－노시다
갈다(磨)－갈으시다－가시다

따위이다. 그런데 'ㄹ' 벗어난 움직씨로써는 '시'의 꼴이 옳으며 '으시'의 꼴은 'ㄹ' 벗어난 움직씨가 바른 끝바꿈으로 되려는 것을 보이는 것이다. 그리고 '옵시'와 '십시'는 특별한 경우에 있어서 '시'만으로는 그 표현이 부족하다고 생각될 적에 특히 낮춤 도움줄기의 '옵'과 '시'를 거듭한 '옵시'와 그 위에 '시'를 더한 '십시'로써 아주높임을 나타내니 이런 경우의 '옵'과 'ㅂ'은 낮춤도움줄기의 성질을 떠난 것이다.

이와 같이 현대어에 있어서의 높임법은 도움줄기 '시'와 '으시'를 사용하며, 특별한 경우에는 '옵시', 'ㅂ시'가 쓰이는데, 이것이 어찌하여 오늘에 이르렀는가를 살펴보자.

우리의 최고(最古)의 언어 형태를 향가(鄕歌)에서 찾아볼 수 가 있으니, 이 향가에 있어서 높임법에는 대체로 '賜' 자로써 표시되어 있는데 오구라 신페이(小倉進平)나[5] 양주동 교수는 이를 다 '샤'로 풀이하였다.

迷火隱乙根中沙音焉逸良	迷火에숨을불휘애사숣샤일야 … (小)
	이ᄫᅩ늘불휘사마샤니라 … (양)
西方念丁去里遣	西方ᄋᆞ로가샤리고 … (小)
	西方ᄭᆞ장가샤리고 … (양)
必于化緣盡動隱乃	비록化緣을다ᄋᆞ아움즉샤이니 … (小)
	비록化緣ᄆᆞᄎᆞ샤니 … (양)
法界滿隱佛體	法界ᄎᆞ샨부텨 … (小)
	同 … (양)

삽입 홀소리 '오·우'가 'ㅏ·ㅓ·ㅗ·ㅜ'의 홀소리 아래에서 연결될 때는 탈락됨이 원칙이나 때로는 탈락되지 않는 경우가 있어 향가에도 이런 흔적을 찾아볼 수 있다.

阿冬音乃叱好支	어듸매나롤됴하ᄒᆞ샨 … (小)
	아롬나토샤온 … (양)
郞也持以支如	郞이디녀괴여샨 … (小)
	郞ᄋᆡ디녀다샤온 … (양)

5) 小倉進平, 『鄕歌及び吏讀の研究』, 1929.
양주동, 『고가연구』, 박문사, 1956.

'신'은 '샨'의 전화(轉化)한 것으로서 후세의 발달된 꼴이며, 어느 시대에는 이 두 꼴이 혼용되었었고, '샨'이 '신'으로 바뀐 시기는 알 수 없어도 신라시대에는 분명히 '샨'이었다고 생각된다고 오구라(小倉)은 말하였다.[6]

이와 같은 두 분의 말을 그대로 믿을 수는 없으니, 이는 조선시대 초기의 높임꼴을 밝힘으로써 확실한 것이 드러날 것 같다.

조선시대 초기에는 지금의 경우와 같이 도움줄기 '시'를 붙이는데, 다만 그 활용이 지금과 같이 불규칙한 점이 몇 가지가 있었으니

㉠ 부사형(副詞形)이 현대어에는 '-시어, 셔'인데, 조선시대 초기에는 '샤'로 나타났다.[7]

海東六龍이 ᄂᆞᄅᆞ샤 일마다 天福이시니 (용비어천가 1)
이ᄢᅴ … 法王子ㅣ 모ᄃᆞᆫ 四衆을 어엿비 너기샤 大衆中에 겨샤
　곧 座로셔 니르샤 부텻바ᄅᆞᆯ 頂禮ᄒᆞᄉᆞᆸ고 合掌ᄒᆞ야 恭敬ᄒᆞ
　샤 부텨ᄭᅴ ᄉᆞᆯ오샤ᄃᆡ (능엄경 2, 55)
알ᄑᆡ 모ᄃᆞᆫ 物에 나ᅀᅡ가샤 ᄀᆞᄅᆞ쳐 니ᄅᆞ샤ᄃᆡ (능엄경 2, 46)

㉡ 초기의 어법에 있어서는 풀이말의 어간(語幹)과 어미(語尾)와의 사이에 끼이는 홀소리 '오·우'를 넣는 일이 있는데, 이 홀소

6) 오구라 신페이(小倉進平), 전게서.
7) 허웅, 「尊待法史」, 『성균학보』 1, 성균관대학교, 1954.

리의 끼임에 따라 어미는 세 가지로 나뉜다.[8)]

첫째로 반드시 삽입홀소리(挿入母音)를 가지는 것.

둘째로 가지는 것과 가지지 않는 것도 있음(불규칙적인 것).

셋째로 가지는 일이 전혀 없는 것.

그런데 위의 첫째와 둘째의 어미가 '시'에 연결된 때는 '시'가 '샤'로 바뀌고, 삽입모음(挿入母音)은 들어가지 않는다.

첫째의 씨끝이 연결되는 경우,

宮女로 놀라샤미 (용비어천가 17)
가샴 겨샤매 (용비어천가 26)
討賊이 겨를 업스샤딕 (용비어천가 80)

둘째의 씨끝이 연결되는 경우,

御製는 님금 지스샨 그리라 (訓正)

㉢ 감탄형(感歎形)은 '으샷다'이다.

寶位 투실 느지르샷다 (용비어천가 100)
世尊이 世間에 나샤 甚히 寄特ᄒᆞ샷다 (월인석보 7, 14)

㉣ 도움줄기 '시'가 어미 '거늘·거니·거니와·거든·건마

---

8) 허웅, 전게논문.

른' 등에 연결하는 데는 '거'에 선행(先行)하지 않고 후행(後行)하여 '거시늘 · 거시니 · 거시니와 · 거시든 · 거시마른' 등으로 나타난다.

太子ㅿ位 다ᄅᆞ거시늘 새벼리 나지 도ᄃᆞ니 (용비어천가 101)
王事를 爲커시늘 行陣올 조ᄎᆞ샤 (용비어천가 113)
부텨는 煩惱ᄅᆞᆯ 뻐러ᄇᆞ리실씨 죽사릿 受苦ᄅᆞᆯ 아니 ᄒᆞ거시니와 샹녯 사ᄅᆞᆷ (월인석보 12)
佞臣이 善諛ᄒᆞ야 驕心이 나거시든 이 ᄠᅳ들 닛디 마ᄅᆞ쇼셔 (용비어천가 117)
님그미 賢커신마른 太子ᄅᆞᆯ 몯 어드실씨 (용비어천가 84)

또 '더'와 겹칠 경우에는 지금에 있어서는 '시'가 '더'에 먼저 쓰이는데, 옛말에서는 '더'가 '시'에 선행하여 '더시'와 같이 된다.

갏길히 입더시니 (용비어천가 19)
님그미 나갓더시니 (용비어천가 49)
부톄 … 굴근 比丘八千人과 ᄒᆞᆫᄃᆡ 잇더시니 (석보상절 91)

그런데 '더시'는 '시더'로도 쓰였으니,

供養ᄒᆞ시더니 (월인석보 廿, 221)
如來ㅣ … 다 四大和合올 因ᄒᆞ야 發明이라 ᄒᆞ시더니 (능엄경 3, 64)

그리고 임자말을 한층 더 높이기 위해서 '숩시'도 쓰였다.

予는 내 ᄒᆞ숩시논 쁘디시니라 (訓正)

이상으로써 조선 초기(15세기 이전)의 높임법에 대하여 살펴보았는데, 오랜 시일에 걸쳐 그다지 변동을 일으키지 않았으나, 다만 15세기 후반기에 있어서는 지금과 다른 몇 가지 불규칙꼴이 나타났으니 곧,

첫째로 삽입모음(挿入母音)을 연결할 경우에는 '샤'가 되어서 삽입모음을 취하지 않는 경우

둘째로 어찌꼴이 '시어'가 아니라, 반드시 '샤'가 되는 경우

이와 같은 불규칙꼴은 조선 초기의 언어 형태만 보아서는 도저히 설명할 도리가 없었으나, 이미 앞에서 나려(羅麗)시대의 언어 형태가 '샤'였다는 점에 대해서 오구라(小倉)이나 양주동이 풀이한 것을 그대로 믿기는 어려울지라도 조선 초기의 언어 형태로 보아 '시'의 고체(古體)가 '샤'이었음이 틀림없다. 그러면 나려시대에서 15세기까지의 변천 과정은 다음과 같다.

羅麗시대 … ᄒᆞ샤다 — ᄒᆞ샤옴 — ᄒᆞ샤아
朝鮮시대 … 하시다 — ᄒᆞ샴 — ᄒᆞ샤

곧 '샤'가 삽입홀소리를 취하지 않고 단독으로 쓰일 경우는 '시'로 나타나는데, 홀소리 '오 · 아'가 연결될 때는 '샤'를 그대로 사

용해 내려온 것을 알 수 있다.

이리하여 조선 초기의 언어 형태가 불규칙꼴로 나타났는데, 이것은 15세기 말까지 줄곧 써내려 오다가 그 뒤에 'ᄒᆞ시다'와 같은 어형 '너기다, 스치다' 등의 어찌꼴 '너겨 · 스쳐 · 그려' 등과 같이 '하셔'가 생겨나고, 그리고 삽입홀소리가 없어짐에 따라 이름꼴 등도 'ᄒᆞ심'이 되었다. 이러한 변천은 16세기경에 일어난 듯하며, 17세기에 이르러서는 전적으로 'ᄒᆞ셔, ᄒᆞ심'이 쓰이게 되었다.[9)]

太守 드르도 過分타하셔 (첩해 7, 5)
묵기는 二十四日만 하셔 (첩해 5, 12)
終日 겨셔 (첩해 6, 10)
ᄆᆞᄋᆞᆷ 브티시믈 (첩해 1, 4)
ᄡᅳ리시믈 (첩해 1, 3)
극진ᄒᆞ시믈 (첩해 1, 5)
東萊니르심은 (첩해 二十一)
보심이 (첩해 2, 14)

그리고 조선 초기의 아주높임으로 사용되었던 'ᄉᆞᆸ시'는 'ㅿ' 소리가 없어짐에 따라 'ᄋᆞᆸ시'로 바뀌고 다시 'ᄋᆞ' 소리가 없어짐에 따라 '옵시 · 압시'로 바뀌어 지금에 이르렀다.

9) 허웅, 전게논문.

ᄀᆞ장 츠히 通ᄒᆞᄋᆞᆸ시ᄂᆡ (첩해 1, 19)
하극진히 ᄃᆡ접ᄒᆞᄋᆞᆸ시니 (첩해 1, 28)
어와 아름다이 오ᄋᆞᆸ시도쇠 (첩해 1, 2)
우리ᄅᆞᆯ 부러 보내여 겨ᄋᆞᆸ시더니 (첩해 7, 6)

그런데 여기서 한 가지 부언(附言)하고자 하는 것은 '시'가 높임의 뜻을 가질 필요가 없는 곳에서도 '시'를 쓴 보기가 있으니, 그와 같은 것은 고려속요(高麗俗謠)에서 많이 찾아볼 수 있다.[10)]

ᄃᆞ라 노피곰 도ᄃᆞ샤 머리곰 비취오시라 (정읍사)
아니옷 ᄆᆡ시면 나리어다 머즌말 (처용가)
여히므론 질삼뵈 ᄇᆞ리시고 (서경별곡)

이상 높임의 도움줄기 '시'의 변천에 대해서 대략 경개를 들었는데, 이것을 일괄해서 보이면 아래와 같다.

나려시대 … ᄒᆞ샤다—ᄒᆞ샤옴—ᄒᆞ샤아
15세기 후반기 … ᄒᆞ시다—ᄒᆞ샴—ᄒᆞ샤
16세기 … ᄒᆞ시다—(ᄒᆞ샴)ᄒᆞ심—(ᄒᆞ샤)ᄒᆞ셔
17세기 이후 … ᄒᆞ시다—ᄒᆞ심—ᄒᆞ셔
현대 … 하시다—하심—하셔[11)]

10) 김형규, 「경양사의 연구」, 『한글』 102, 한글학회, 1947.
11) 허웅, 전개논문.

(4) 종결법

종결법에는 그 말을 듣는 사람을 높이는 정도를 따라 '하오체', '합쇼체', '반말' 등으로 나눈다.

'하오체'는 높임등분이 예사높임에 해당하는 것이며, '합쇼체'는 아주높임에 해당하는 것이다. 그리고 '반말'이란 것은 '해라'와 '하게', '하게'와 '하오'의 중간에 있는 말로서, 그 어느 쪽인가를 똑똑히 드러내지 못하고 그 높임의 등분을 흐리게 하는 것이다. 우리말은 두 사람이 쓰는 말이 각각 그 등분이 다를 적에 그 높임과 낮춤의 뜻이 까다로움이란 외국어에서 찾아보지 못할 만큼 우리말 특유의 현상으로서, 이는 아마 우리 사회의 특별한 사적(史的)인 사정일 줄 믿는다. 그러므로 남에게 대해서 말할 때 우리는 이 높임과 낮춤의 등분을 잘 알아서 행하지 않으면, 맞은편은 고사하고 자기 자신의 인격이나 교양을 평가하는 데까지 영향이 미치며, 심지어는 이 높임과 낮춤의 적부문제(適否問題)로 시빗거리가 되며, 또한 웃음거리를 면치 못하는 것으로서 교제상에 일대 중대한 의의를 가지는 것이다. 이러한 어려운 문제가 있으므로, 사람들은 '반말'이란 것을 가지고 그 말의 등분을 메우려는 수단이 생겼던 것이다.[12)]

종결법에는 또 그 말을 하는 이와 듣는 이와의 사이에 주고받는 관계로 보아 서술법(敍述法)·의문법(疑問法)·명령법(命令

12) 최현배, 전게서.

法)·유인법(誘引法)·감탄법(感歎法)의 다섯 가지로 나누는데 느낌법에는 높임의 등분이 없다. 이것을 높임의 등분에 따라 나누어 보면 아래와 같다.

① 동사(動詞)

문체법 \ 높임등분	하오체(예사높임)	합쇼체(아주높임)
베풂법	-오, -(으)오, -소, -지요, -아요(어요)	-(으, 스)ㅂ니다, -소(오)이다, -나이다, -나니이다
물음법	-(으)오, -소, -은가요, -나요, -아요(어요), -기요, -(으)리요	-(으, 스)ㅂ니까, -(으, 사)오니까, -느(나)이까, -(오)이까
시킴법	-(으)오, -구려, -소, -아요(어요)	-(으, ㅂ)시오, -(으)ㅂ시사, -(으)소서, -(으)ㅂ소서
이끎법	-(읍)세다(읍시다), -지요, -아요(어요)	-(으, 스)ㅂ시다, -(으, 십)세다, -사이다

반말에는 '-아', '-어', '-지' 등을 쓴다. '-아'는 밝은 홀소리 아래에, '-어'는 어두운 홀소리 아래에, '-지'는 홀소리 일반에 쓰이는데 문체법의 구별이 없고 말끝의 발음을 높이고 낮추고 하여 문체법을 구별한다.

② 형용사(形容詞)[13]

높임등분 / 문체법	하오체	합쇼체
베풂법	-아(어)요, -(으)오, -소(오)	-(으, 스)ㅂ니다, -(으)오이다, -(으)니이다
물음법	-(으)오, -소(오), -(으)ㄴ가요	-(으, 스)ㅂ니까, -(으, 사)오이까

3) 하대법

(1) 명사와 접사

말 그 자체가 낮춤의 뜻을 갖고 있는 특수한 말이 있으니, 아래와 같다.

말－말씀, 아버지－애비, 어머니－애미, 나－저, …

사람을 가리키는 말에는 그 낮춤의 정도에 따라서 예사낮춤과 아주낮춤으로 가를 수 있다. 이것을 표로 보이면 아래와 같은데, 우리말의 사람 가리킴에 있어서 좀 더 자세히 가르면 예사높임과 예사낮춤의 사이에 높임도 낮춤도 아닌 예사의 것을 하나 더 넣어서 아주높임과 예사높임을 합하여 다섯 등분을 할 수가 있으나, 그다지 자세히 가를 필요도 없고 말 그 자체가 명확하게

13) 정인승, 전게서.

나누어 있지 않으므로, 중복을 피하기 위해서 네 등분해둔다.[14] 그러므로 낮춤법에는 예사낮춤과 아주낮춤으로 나눌 수 있다.

<table>
<tr><th colspan="2">등분
가리킴</th><th>예사낮춤</th><th>아주낮춤</th></tr>
<tr><td colspan="2">첫째가리킴</td><td>나, 우리</td><td>저, 저희</td></tr>
<tr><td colspan="2">둘째가리킴</td><td>자네, 자네들
그대, 그대들</td><td>너, 너희</td></tr>
<tr><td rowspan="5">셋째가리킴</td><td>가까운 가리킴</td><td>이 사람(-들)
이이(-들)</td><td>이놈(-들)
이애(-들)</td></tr>
<tr><td>먼 가리킴</td><td>저 사람(-들)
저이(-들)</td><td>저놈(-들)
저애(-들)</td></tr>
<tr><td>떨어진 가리킴</td><td>그 사람(-들)
그이(-들)</td><td>그놈(-들)
그애(-들)</td></tr>
<tr><td>모른 가리킴</td><td>누구, 어느 사람, 아무 사람, 어떤 사람</td><td>누구</td></tr>
<tr><td>두루 가리킴</td><td>저, 저희, 남</td><td>저, 저희, 남</td></tr>
</table>

[15]

위의 표로서 사람대이름씨의 낮춤을 그 표준이 될 만한 것으로 살펴보았는데, 이 낮춤법에 있어서는 첫째가리킴에서 잘 나타나고 있다.

첫째가리킴은 말하는 자기 자신을 낮추는 것이 예의상으로

14) 최현배, 전게서.
15) 정인승, 전게서.

보아서 원칙이요 자기 자신을 높인다는 것은 예의상 용서할 수 없는 일이다. 그러므로 첫째가리킴의 아주 낮춤에는 '저・나'가 있고 예사낮춤에는 '나'가 있는데, 이 '나'는 자기보다 지체가 낮고 또 손아랫사람에게 쓰이는 것이 예사이다. 그래서 이 낮춤법에는 아주낮춤의 '저'가 가장 대표적임은 틀림없다. 그러나 '저'는 원래 계급적으로 비천한 사람이 존귀한 사람에게 대해서 쓰는 말이었기 때문에 그러한 계급적 차별이 없는 사람 사이에서는 사용하는 것이 불가능하다는 생각에서 꼭 '나'만을 쓰는 일도 있으나, 이것도 어느 정도 보편성을 띠고 있는 듯한 것은 오늘날 존대법의 새로운 경향으로서 계급 타파와 아울러 평등을 부르짖고 어린 아이들에게도 높임말을 쓰는 미풍이 생긴 점으로 보아 지나친 일이라고는 생각되지 않으나 예로부터 내려오는 관습, 즉 자기 자신을 낮추고 나아가서는 남을 존경한다는 점을 살리기 위해서는 윗사람에게 두루 '저'라는 말로써 겸손을 나타내 남의 인격을 존중해야 할 것이다.

이상으로써 낮춤의 등분에 따라 각 가리킴의 특색을 살펴보았는데, 이 외에도 한자어에서 온 말로 지금도 사용하고 있음을 흔히 볼 수 있으니, 다음과 같다.

아버지－가친(家親), 엄친(嚴親), 노친(老親)
어머니－모친(母親), 자정(慈庭), 자친(慈親)
형－사백(舍伯), 사형(舍兄), 가형(家兄), 가백(家伯)

아우-사제(舍弟), 가제(家弟)
남편-졸부(拙夫), 가부(家夫)
아내-우처(愚妻), 졸처(拙妻), 가인(家人), 형처(荊妻), 소첩(小妾)
아들-가돈(家豚), 돈아(豚兒), 가아(家兒)
딸-여식(女息), 여아(女兒)

기타에도 비천한 사람이 사용하는 '소인(小人)', '소생(小生)', 중(僧)들이 사용하는 '소승(小僧)', 임금에 대해서 신하가 사용하는 '소신(小臣)', 부모나 스승에 대한 '소자(小子)', 10세 이상 12, 3세 되는 손윗사람에 대한 '소제(小弟)' 등도 있다.

낮춤의 뜻을 나타내는 데는 이름씨 아래에 낮춤말(卑稱)인 '군'이나 낮춤의 뜻을 가진 '이'를 덧붙여서 사용하니,

박군, 김군, 최군, 이○○군, 송××군, 장△△군 …
수남이, 복동이, 수동이, 혜숙이, 영숙이, 순옥이 …

따위가 있다.[16)]

16) 정인승, 전게서.

(2) 동사와 선어말어미

말 그 자체가 낮춤의 뜻을 가진 특수한 말이 있으니,

말하다－여쭙는다, 아뢴다, 사뢴다
본다－뵌다
준다－드린다, 올린다
데리다－모시다
절하다－저쑵다 …

이와 같이 특수한 말을 쓰는 경우도 있지만, 이것은 일반성이 없으므로, 말본에서는 그다지 중요한 과제가 되지 못하고 움직씨(풀이씨)에 있어서는 일반적으로 낮춤도움줄기 '(으)옵・(으)압・(으)오・삽・사오・잡・자오'를 붙여서 쓰는데, '(으)옵・(으)압・(으)오'는 홀소리 및 모든 닿소리로 끝진 움직씨(풀이씨) 아래에 쓰이고, '삽・사오'는 'ㄷ, ㅌ, ㅈ, ㅊ' 밖에 모든 닿소리로 끝진 움직씨(풀이씨) 아래에 쓰이며, '잡・자오'는 닿소리 중 특히 'ㄷ, ㅌ, ㅈ, ㅊ'으로 끝진 움직씨(풀이씨) 아래에 쓰인다.

보기를 들면,

뵈고, 좇고, 아다가, 먹고
가더니, 잡고, 계시지, 읽고
주니, 좇니, 가니, 받니
먹고, 먹니, 많고, 많니

받고, 받니, 좇고, 좇니

그러면 이러한 낮춤도움줄기가 어찌하여 오늘에 이르렀는가를 살펴보자.

우리는 최고(最古)의 언어 형태를 향가에서 찾아볼 수 있으니 이 향가에 있어서 낮춤법에는 대체로 '白(ᄉᆞᆲ)'의 사용법을 다시 검토하고 '白(ᄉᆞᆲ)'으로써 쓰인 말의 본바탕을 밝혀보려 한다.

향가의 '白(ᄉᆞᆲ)'은 두 가지로 쓰였으니, 하나는 움직씨로 쓰이고 하나는 도움줄기로 쓰였다.[17)]

慕人有如遺賜立	그릴사ᄅᆞᆷ(이) 잇다 ᄉᆞᆲ고샤셔 … (小倉)
	그릴사ᄅᆞᆷ 잇다 ᄉᆞᆲ고샤셔 … (梁)
慧星也反也人是有叱多	慧星(이)라 ᄉᆞᆲ욀 사ᄅᆞᆷ이 잇다 … (小倉)
	慧星여 술ᄫᅧ여 사ᄅᆞ미 잇다 … (梁)
南无佛也孫舌良衣	南无佛이라 ᄉᆞᆲᄫᆞᆯ 손혀에 … (小倉)
	南无佛여 ᄉᆞᆲᄫᆞᆯ손 혀아ᄋᆡ … (梁)
必只一毛叱德置毛等盡良乎隱乃兮	반ᄃᆞ기一毛ㅅ德도모두어다ᄋᆞ아ᄉᆞᆲ온네 … (小倉)
	비록一毛ㅅ德두몯돌다아술ᄫᅬ … (梁)

이것들은 조선 초기의 'ᄉᆞᆲ다'와 같은 뜻의 움직씨로 쓰였다.

17) 허웅, 전게논문.

千手觀音叱前良中祈以支屋尸置內乎多	千手觀音ㅅ앒해빌어숣오어두오다 … (小)
	千手觀音ㅅ前아ᄉᆞᆯ비ᄉᆞᆯ볼두누오다 … (梁)
心未筆留慕呂乎隱佛體前衣	ᄆᆞ슴의붇으로그리부텨앒애 … (小)
	ᄆᆞᅀᆞ미부드루그리ᄉᆞᆯ본부텨前에 … (梁)
法界滿賜仁佛體佛佛周物叱供爲制	法界예ᄎᆞ샨부텨佛佛에 周物을供ᄒᆞ제 … (小)
	法界ᄎᆞ샨부텨佛佛ᄃᆞ뭇供ᄒᆞ숣져 … (梁)
禮爲孫佛體刀	절ᄒᆞ숣을손부텨도 … (小)
	禮ᄒᆞᄉᆞᆯ볼손부텨도 … (梁)

위와 같이 이 '白(숣)'이 낮춤도움줄기로서 두루 쓰였음을 알 수 있다. 그러므로 낮춤도움줄기의 最古 형태가 '白(숣)'이었다는 것은 확실하며, 이것이 조선시대에 와서는 어떻게 바뀌어졌는가를 살펴보기로 한다.

조선 초기(15세기 이전)에는 낮춤도움줄기의 형태가 '숩·ᅀᆞᆸ·ᄌᆞᆸ·ᅀᆞᄫᆞ니·ᄉᆞᄫᆞ니·ᄌᆞᄫᆞ니'의 여섯 가지 꼴로 나타났다. 이것은 나려시대의 '숣'에서 발달된 꼴로, 이것이 고려시대를 거치는 동안 앞뒤에 연결되는 소리로 말미암아 여러 가지 꼴로 나누어진 것이다. 그렇다고 해서 이것들의 뜻이 바꾸어지는 것이 아니고 다만, 그 쓰이는 법칙만이 틀릴 따름인 것이다. 여기에 그 쓰이는 법칙을 살펴보면, 첫소리 ㅿ·ㅅ·ㅈ의 차이는 웃말에 받침이 있고 없는 데 따라 쓰이며, 또 그 받침이 어떤 성질의 닿소리냐 하는 데 따라 틀리게 된다.

'ᄉᆞᆸ'은 그 어원인 'ᄉᆞᆲ'에 가장 가까운 꼴로 웃말의 끝소리(ㄱ·ㅂ·ㅍ·ㅅ·ㅎ)가 있고 이것을 이어받는 소리가 닿소리일 경우에 나타나는 꼴이다.

님금 恩惠ᄅᆞᆯ 갑고져ᄒᆞ나 (두시언해 22, 5)
ᄂᆞᆯ우처 님그믈 갑ᄂᆞᆫ 모미로다 (鶱飛報主身) (두시언해 24, 4)
님금ᄭᅴ 큰 罪ᄅᆞᆯ 닙고 (월인천강지곡 2, 72)
뫼ᄀᆞ탄 목수믈 돕고져 ᄒᆞᄉᆞᆸ다소니 (상원사 권선문)

끝소리가 'ㅎ'인 때는 'ㅅ'을 된소리로 적으며, 그렇지 않을 경우라도 된소리 나는대로 'ᄊᆞᆸ'을 쓴 데가 있다.

大瞿曇이 슬허 ᄡᅳ리여 애 녀고 (월인천강지곡)
眞珠 그므를 우희 둡고 (월인천강지곡 7, 37)
菩薩ᄋᆞᆯ 棺애 녀고 (월인천강지곡 1, 7)

'ᅀᆞᆸ'은 웃말에 끝소리가 없고 이것을 이어받는 소리가 닿소리(ㅁ·ㄴ·ㅇ·ㄹ 등의 울림소리(有聲音))인 경우에 나타나는 꼴이다.

赤島 안ᄒᆡᇫ움흘 至今에 보ᄂᆞ니 (용비어천가 5)
二隊玄甲ᄋᆞᆯ 보고저 ᄒᆞ니
말이거늘 가샤 (용비어천가 58)
世尊ㅅ道 일우샨이디 양ᄌᆞᄅᆞᆯ 그려 일우고 (석보상절 서 5)

城의나아 부텨를 맛ᄌᆞᄫᅡ 저고 (월인천강지곡)
우흐로 父母他駕ᄅᆞᆯ 爲ᄒᆞᅀᆞᆸ고 (월인천강지곡 서, 18)

'ᄌᆞᆸ'은 웃말의 끝소리가 ㄷ·ㅌ·ㅈ·ㅊ이며, 이것을 이어받는 소리가 닿소리일 때 나타나는 꼴이다.

뉘아니 좇ᄌᆞᆸ고져ᄒᆞ리 (용비어천가 78)
좇ᄌᆞᆸ거늘 (용비어천가 36)
一聲白螺ᄅᆞᆯ 듣ᄌᆞᆸ고 (용비어천가 59)
부텻 功德을 듣ᄌᆞᆸ고 깃거 偈ᄅᆞᆯ지ᅀᅥ 부텨를 기리ᅀᆞᆸ고 (석보상절 6, 40)

'ㅈ'을 된소리로 적은 데도 있다.

金几우희 菩薩ᄋᆞᆯ 연ᄍᆞᆸ고 (월인천강지곡 2, 39)
諸天이 부텨를 조ᄍᆞᆸ고 (월인천강지곡 17)

'ᄉᆞᇦ'에서 바뀐 'ᄉᆞᆸ·ᅀᆞᆸ·ᄌᆞᆸ'의 세 꼴은 웃소리에 끝자리가 있을 경우에 나타나는 꼴인데 'ᄉᆞᄫ·ᅀᆞᄫ·ᄌᆞᄫ'의 세 꼴은 그 아래에 오는 걸림씨(關係詞)가 홀소리인 경우에 나타나는 꼴이다.

'ᄉᆞᄫ'
大耳兒ᄅᆞᆯ 臥龍이 돕ᄉᆞᄫᆞ니 (용비어천가 29)
仁義之兵을 遼左ㅣ 깃ᄉᆞᄫᆞ니 (용비어천가 41)
이바디예 머리ᄅᆞᆯ 좃ᄉᆞᄫᆞ니 (용비어천가 95)

일후믈 저ᄊᆞᄫᅡᄂᆞᆯ (용비어천가 61)
일후믈 저ᄊᆞᄫᅡ니 (용비어천가 62)
어마님 여희신 ᄂᆞᇇ므를 左右ㅣ 슬ᄊᆞᄫᅡ (용비어천가 91)
外道人五百이 善慧ㅅ德닙ᄊᆞᄫᅡ (월인천강지곡 1, 3)
셜ᄫᅥ 슬ᄊᆞᄫᆞ매이셔 (월인천강지곡 서, 10)

'ᅀᆞᄫᆞ'
하ᄂᆞᇗᄆᆞᅀᆞᄆᆞᆯ뉘고티ᄅᆞᅀᆞᄫᆞ리 (용비어천가 85)
하ᄂᆞᇗᄠᅳ들 뉘 모ᄅᆞᅀᆞᄫᆞ리 (용비어천가 86)
我後를 기드리ᅀᆞᄫᅡ (용비어천가 10)
婇女ㅣ … 太子를 ᄢᅧ려안ᅀᆞᄫᅡ (월인천강지곡 2, 43)
法 ᄇᆡ호ᅀᆞᄫᆞ리라 (월인천강지곡 2, 24)
維那를 삼ᅀᆞᄫᆞ리라 (월인천강지곡 8, 79)

'ᄌᆞᄫᆞ'
大耳相ᄋᆞᆯ 詔使ㅣ 일ᄏᆞᆮᄌᆞᄫᆞ니 (용비어천가 29)
아바님 이받ᄌᆞᄫᆞᇙ제 (용비어천가 91)
弓劍 ᄎᆞ숩고 左右에 좇ᄌᆞᄫᆞ니 (용비어천가 55)
큰화리 常例아니샤 얻ᄌᆞᄫᅡ ᄀᆞ초ᅀᆞᄫᅡ (용비어천가 27)
내慈命을 받ᄌᆞᄫᅡ (월인천강지곡 서, 11)
大瞿曇이 … 善慧ᄭᅴ 묻ᄌᆞᄫᆞᄃᆡ (월인천강지곡 1, 7)
부텻긔 받ᄌᆞᄫᆞᇙ고지라 몯ᄒᆞ리라 (월인천강지곡 1, 10)

그런데 김형규 교수는 이같은 'ᅀᆞᆸ'에서 바뀐 꼴들은 상대존대(相對尊待)일 뿐만 아니라, 'ᄉᆞᆸ고, ᄌᆞᆸ고, ᅀᆞᆸ고, ᄉᆞᄫᆞ니, ᄌᆞᄫᆞ니,

ᅀᆞᄫᆞ니'들과 같이 다음 말을 이어나가는 데에만 쓰였다고 했는데,[18] 허웅은 'ᄉᆞᆲ' 계통의 말이 결코 상대존대가 아니라, 객체존대(客體尊待)에 쓰이는 말본 요소로서 'ᄉᆞᆲ' 계통의 말은 끝막는 데도 쓰일 수 있으며, 오직 이것과 이어 있는 말은 부림말과 줌자리말(與格語)에 쓰였다고 말했다.[19]

그리고 이 'ᄉᆞᆲ' 계통의 말이 객체존대에서 상대존대로 바뀐 때는 16세기 초부터라고 했다.[20]

조선 초기에 있어서 'ᄉᆞᆲ'에서 바뀐 'ᄉᆞᆸ · ᅀᆞᆸ · ᄌᆞᆸ · ᄉᆞᄫᆞ · ᅀᆞᄫᆞ · ᄌᆞᄫᆞ'의 여섯 가지 꼴 이외에 낮춤법으로 마침꼴 '이다'가 쓰였다. 이것은 오늘날에 있어서와 같이 'ᄉᆞᆲ' 계통의 후신(後身)을 붙이지 않고 낮춤을 나타내는 방법인 '가나이다 · 가나이까' 따위와 같이 말의 씨끝에 포함되어 있는 '이다 · 이까'의 전신(前身)인 것이다.

兄ㄱ ᄠᅳ디 일어시ᄂᆞᆯ 聖孫ᄋᆞᆯ 내시니이다 (용비어천가 8)
六百年天下ㅣ 洛陽애 올ᄆᆞ니이다 (용비어천가 14)
九變之局이 사ᄅᆞᆷ ᄠᅳ디리잇가 (용비어천가 15)

---

18) 김형규, 전게논문.

19) 허웅, 전게논문.

20) 허웅은 낮춤법을 상대존대와 객체존대의 두 가지로 나누었는데, 이 낮춤법을 엄밀히 나누어 본다면, 이와 같이 나눌 수 있으나, 필자는 일률적으로 '낮춤법'이라 해서 살펴보았다. 이것은 움직씨(풀이씨)에 대한 것보다도 우리말 전반에 걸쳐서 존대법이 어떤 형태를 가지고 있는가를 살펴보겠다는 데 착안했기 때문이다.

七代之王ᄋᆞᆯ 뉘 마ᄀᆞ리잇가 (용비어천가 15)
普光佛이 니ᄅᆞ시 니이다 (월인석보 1, 3)
世間 여흰 樂ᄋᆞᆯ 念ᄒᆞ고 그리타이다 (월인천강지곡 7, 6)

그러나 여기서 또 한 가지 말할 것은 김형규 교수는 이와 같은 마침꼴은 '다', '까' 같은 마침토(終結土)와 합하여 마침꼴을 이루어서 엄연한 사용 구별이 있었을 뿐만 아니라, 서로 혼동할 수도 없다고 했는데[21] 허웅 교수는 이것들이 자유로이 이어 쓸 수가 있다고 했으며, 또 마침꼴 '이다'는 조선 초기에 있어서 'ᄉᆞᆲ' 계통의 꼴이 객체존대(客體尊待)임에 대하여 이 마침꼴 '이다'가 조선 초기에 상대존대(相對尊待)로 쓰였다고 말했다.[22] 이에 대한 검토는 후속연구(後續研究)로 미룬다.

이상으로써 조선 초기의 낮춤법을 살펴보았는데, 조선 초기에는 'ᄉᆞᆲ' 계통의 말과 마침꼴 '이다'의 두 가지 방법이 낮춤법으로 쓰였던 것이다.

조선 중기(15세기~16세기)에 이르러서는 이미 초기부터 자취를 감추기 시작한 입술 가벼운 소리 'ᄫ'가 완전히 없어져 'ᄉᆞᆸ·ᅀᆞᆸ·ᄌᆞᆸ·ᄉᆞᄫ·ᅀᆞᄫ·ᄌᆞᄫ'의 꼴이 'ᄉᆞᆸ·ᅀᆞᆸ·ᄌᆞᆸ·ᅀᆞ오·ᄌᆞ오'로 바뀌었다. 그러나 그 쓰이는 기능만은 바뀌지 않았다.

21) 김형규, 전게논문.
22) 허웅, 전게논문.

'ᄉᆞ오'

여러뵈샤ᄆᆞᆯ 닙ᄉᆞ온 젼ᄎᆞ로 (능엄경 5, 30)

터럭만ᄒᆞᆫ 히믄 젹ᄉᆞ오니 (毫髮力微) (五臺)

恩惠를 닙ᄉᆞ와 ᄀᆞᆺ보기에 ᄆᆞᆯ타 宮門으로 드ᄂᆞᆺ다 (두시언 24, 4)

돕ᄉᆞ와 文德이 貞正ᄒᆞ시고 (두시언 6, 25)

'ᅀᆞ오'

님금뵈ᅀᆞ오미 憑唐ᄀᆞᆮ도다 (謁帝似憑唐) (두시언 24, 9)

부텻ᄠᅳᆮ 아디 몯 ᄒᆞᅀᆞ오릴ᄊᆡ (금강경 서 6)

恭敬ᄒᆞᅀᆞ와 信ᄒᆞᅀᆞ오리이다 (법화경 1, 53)

'ᄌᆞ오'

우리 聖上이 키 天命을 받ᄌᆞ오샤 (五臺)

이ᄭᅳᆫ호ᄆᆞᆯ 내듣ᄌᆞ오니 (금강경 1)

親히 받ᄌᆞ와 셤교ᄆᆞᆯ ᄇᆞᆯ기논 젼처라(明親承事故) (영가집 상, 16)

이와 같이 'ᄉᆞᆸ'에서 바뀐 여섯 개의 꼴과 선초의 마침꼴 '이다'가 그대로 써내려 오다가 또한 'ㅿ'가 없어짐에 따라 'ᅀᆞᆸ · ᅀᆞ오'는 'ᄋᆞᆸ · ᄋᆞ오'로 바뀌어 조선 후기(17세기)에는 'ᄉᆞᆸ · ᄋᆞᆸ · ᄌᆞᆸ · ᄉᆞ오 · ᄋᆞ오 · ᄌᆞ오'로 쓰이게 되었다.

'ᄋᆞᆸ'

님긊 恩私닙ᄉᆞ오ᄆᆞᆯ 도리혀 붓그리ᄋᆞᆸ노니 (두시언해 1, 1)

ᄇᆞ라ᄋᆞᆸ노니 (두시언해 3, 63)

御念比ᄒᆞᆫ 御使ㅣᄋᆞᆸ도쇠 (첩해신어)

'ᄋᆞ오'
너기ᄋᆞ와 (첩해신어 2, 7)
여히ᄋᆞ와지이다 (정석가)
님그믈 셤기ᄋᆞ오면 (두시언해 7, 17)
붓그리 ᄋᆞ오라 (두시언해 3, 7)

그러면 'ᄉᆞᆲ' 계통의 낮춤법 이외에 마침꼴로서 '이다'가 있었는데 이에 대하여 살펴보기로 한다.

아룸다와 ᄒᆞ닝이다 (첩해신어 1, 10)
올ᄉᆞ외 대되 無事ᄒᆞ닝이다 (첩해신어 2, 3)
問安ᄒᆞ시덩이다 (첩해신어 5, 17)
感激ᄒᆞ영이다 (첩해신어 3, 15)
아므일도 없시 왓닝이다 (첩해신어 2, 1)
진실로 이로소이다 (첩해신어 2, 4)
니젓따 소이다 (첩해신어 3, 3)
朝廷도 ᄀᆞ장 일ᄏᆞᄅᆞ시ᄂᆞ니이다 (첩해신어 3, 16)
ᄌᆞ셔히 ᄉᆞ오려ᄒᆞᆫ 일이로소이다 (첩해신어 7, 14)

이와 같이 '이다'와 '이다'가 섞여 쓰였음을 알 수가 있는데, 이는 'ㆁ'의 소릿값으로 말미암아 생긴 것으로 '이'를 콧소리로 낸 것 같다. 그래서 이 '이다'만으로는 낮춤법을 뚜렷하게 드러낼

수 없으므로, '이다'에다 'ᄉᆞᆸ' 계통의 말을 덧붙여서 낮춤의 뜻을 한층 뚜렷하게 나타내는 방법이 생긴 것 같다.[23)]

> 하 젓소이 너기ᄋᆞ와 다 먹ᄉᆞᆸᄂᆞ이다 (첩해신어 2, 7)
> 病이 더重할까 너기ᄋᆞᆸᄂᆞ이다 (첩해신어 2, 5)
> 이제 座船을 ᄐᆞ시고 오ᄋᆞᆸ심을 밋ᄌᆞᆸ닝이다 (첩해신어 6, 15)
> 예서 죽사와도 먹ᄉᆞ오리이다 (첩해신어 2, 7)
> 술과 거동이 ᄀᆞᆽᄌᆞ와이다 (첩해신어 3, 16)

위에 말한 것을 살펴보면, 17세기 초에는 낮춤법에 세 가지 방법이 있었으니[24)]

> ① 'ᄉᆞᆸ' 계통의 말만을 쓰는 방법
> ② '이다' 계통의 말만을 쓰는 방법
> ③ 'ᄉᆞᆸ' 계통과 '이다' 계통을 합해서 쓰는 방법

등이 있었는데, 그 낮춤의 등분은 ③②①의 순서가 될 것이다. 이것은 오늘날까지 쓰이고 있는 것으로서 ①은 대체로 이음법(連續法)이나 껌목법(資格法)에 쓰이고 종결법에는 때로는 ②의 방법이 쓰이기도 하나 ③의 방법이 주로 쓰인다.

---

23) 허웅, 전게논문.
24) 허웅, 전게논문.

그런데 마침꼴 '이다'는 17세기 이후 완전히 그 자취를 감추고 말았다.

조선 말기(18세기)에 이르러서는 'ᅀᆞᆸ' 계통의 말이 'ᆞ'의 없어짐으로 말미암아 'ᄉᆞᆸ'은 '삽'으로 'ᄌᆞᆸ'은 '잡'으로 'ᄋᆞᆸ'은 '압·옵'으로 'ᄌᆞ오'는 '자오'로 'ᄉᆞ오'는 '사오'로 'ᄋᆞ오'는 '오'로 바뀌어 오늘날에는 '압·옵·오'에 고름소리(調音素) '으'를 더해서 '으압·으옵·으오'의 꼴로 쓰이고 있는데, 이는 무엇보다도 우리말의 한 특징인 홀소리끼리 서로 피하는 현상으로 인하여 생긴 것이다.

이상 말해온 'ᅀᆞᆸ' 계통의 낮춤도움줄기의 변천을 일괄(一括)해서 표로 보이면 아래와 같다.[25]

시대구분 / 나타나는 조건		조선 초기 (15세기)	조선 중기 (16세기)	조선 후기 (17세기)	조선 말기 (18세기 이후)	현대	시대구분 / 나타나는 조건
위의 소리	ㄱ, ㅂ, ㅍ, ㅅ, ㅎ	ᄉᆞᆸ	ᄉᆞᆸ	ᄉᆞᆸ	삽	삽	닿소리
		ᄉᆞᄫ	ᄉᆞ오	ᄉᆞ오	사오	사오	홀소리
	ㄷ, ㅌ, ㅈ, ㅊ	ᄌᆞᆸ	ᄌᆞᆸ	ᄌᆞᆸ	잡	잡	닿소리
		ᄌᆞᄫ	ᄌᆞ오	ᄌᆞ오	자오	자오	홀소리
	홀소리 ㄴ, ㅁ, ㄹ	ᅀᆞᆸ	ᅀᆞᆸ	ᄋᆞᆸ	압, 옵	(으)압 (으)옵	앞소리
		ᅀᆞᄫ	ᅀᆞ오	ᄋᆞ오	오	(으)오	홀소리

25) 허웅, 전게논문.

(3) 종결법(終結法)

종결법에는 그 사람을 낮추는 정도에 따라 해라체 · 하게체로 나누는데, 해라체는 낮춤 등분의 아주낮춤에 해당하며, 하게체는 예사낮춤에 해당하는 것이다.

종결법은 말끝을 마치는 형식이니, 그 마치는 방법으로서 '베풂법', '물음법', '시킴법', '이끎법', '느낌법'의 다섯 가지가 있다.[26]

이것을 낮춤의 등분에 따라 나누어 보면 아래와 같다.

① 동사(動詞)

종결법 \ 등분	해라체(아주낮춤)	하게체(예사낮춤)[27]
베풂법	-(으, 느)ㄴ다, -(으, 느)니라 -(더, 리)다	-네, -(ㅇ)ㅁ세 -데, -(는, 았, 겠)구려
물음법	-나, -느냐, -(느, 나)뇨 -(느)니, -(ㄹ)소냐, -(으)랴	-(든, 는, 던)가, -(으, ㄹ)가 -(는, 을, 든)고
시킴법	-아(어)라, -(으)라, -여라 -너라, -거라, -려무나(렴)	-게, -소
이끎법	-자, -자꾸나	-세
느낌법	-(는, 더, 었(았)겠)구나 -(도, 는도, (으)ㄹ지로)다	-(는, 더, 었(았)겠)구먼 -(는, 더, 었(았)겠)군 -(는, 던, (으)ㄴ)걸 -(는, 던, 었(았)겠는)데

26) 최현배, 전게서.
27) 정인승, 전게서.

② 형용사(形容詞)

그림씨의 종결법은 저 움직씨의 그것과 대부분이 비슷하지만, 그 사이에는 얼마간의 다름이 있으니, 그것은 '시킴법'과 '이끎법'이 없는 점이다.

이것을 표로 보이면 아래와 같다.

등분 / 종결법	해라체(아주낮춤)	하게체(예사낮춤)
베풂법	-다, -(으)니라, -(더, 니)라	-네, -(으)이, -(더)이
물음법	-(으)냐, -나, -니 -(으)뇨, -더냐 -(으)ㄹ소냐 -(으)랴	-(으, ㄹ)가, -(은)가 -(던)가, -(으)ㄴ고 -던고, -(으)ㄹ꼬
느낌법	-구나, -더구나, -도다 -아라(어라), -(으)매라	-군, -더군, -ㄴ걸 -던걸, -ㄹ껄, -ㄴ데, -던데

[28]

4) 존대법의 대응

우리가 존대법을 사용함에 있어서 말을 높이는 데에는 ① 움직임(動作)과 바탈(性質)의 임자인 사람 곧 월의 임자를 높이는 경우와 ② 남을 높이는 경우의 두 가지가 있는데 ①은 그 사람의 이름이나 성 아래에 높임말(尊稱)을 붙여서 부르는 경우와 그를 가리키는 사람대이름씨(人代名詞)를 높이는 경우가 있으며, 또

28) 정인승, 전게서.

한 움직임과 바탈을 높임에는 풀이말(述語)에 도움줄기(補助語幹)를 더할 때도 있으며, 높임의 뜻을 가진 특수한 말을 쓰는 경우도 있다. ②는 그 월의 풀이말의 씨끝(語尾)을 높이는 등분대로 쓰이는 경우이다.[29)]

이와 같은 말의 높임은 한 월 안에서 말의 높임과 낮춤이 서로 대응(對應)되어야 되나니 곧 임자말을 높이는 정도와 풀이말을 높이는 정도가 서로 대응되어야 올바른 말을 이룰 수가 있다. 이를 가리켜 높낮의 대응(對應)이라 한다.

높낮의 대응은 그 월에 있어서 임자말의 다름을 따라 그 월의 모양이 각각 다르므로, 높낮의 대응을 풀이함에는 무엇보다도 임자말의 가리킴을 잘 알아야 한다.

임자말의 월의 가리킴에는 첫째 가리킴월(第一人稱文), 둘째 가리킴월(第二人稱文), 셋째 가리킴월(第三人稱文)이 있는데[30)] 첫째 가리킴월에서는 움직이는 사람과 말을 듣는 사람이 따로따로일 뿐만 아니라, 말하는 사람이 곧 움직이는 사람이니, 그에 대하여 말 듣는 사람이 마주선다. 그러므로 말하는 사람이 월의 임자가 되며, 그 임자말의 높낮의 등분에 응하여 풀이말의 높낮이 결정된다. 다시 말하면 임자말이 아주낮춤인 '저' 혹은 '나'일 적에는 그 풀이말의 씨끝은 반드시 아주높임이 쓰이며, 그 임자

29) 최현배, 전게서.
30) 최현배, 전게서.

가 예사낮춤의 '나'일 적에는 그 풀이말의 씨끝은 경우에 따라 예사높임이나 아주높임이나 예사낮춤에 두루 쓰이게 된다. 그러므로 첫째 가리킴월에서는 임자말의 높임의 등분과 풀이말의 높임의 등분이 서로 반대가 된다.

둘째 가리킴월에서는 움직이는 사람과 말을 듣는 사람이한 사람이기 때문에 그 임자말의 높임의 등분과 풀이말의 높임의 등분이 서로 일치한다. 그러므로 말을 듣는 사람을 높이는 정도에 따라서 그 임자말의 등분을 결정하고 아울러서 높임말의 등분도 결정하게 된다. 다시 말하면 아주낮춤의 임자말에는 아주낮춤의 풀이말이, 예사낮춤의 임자말에는 예사낮춤의 풀이말이, 예사높임의 임자말에는 예사높임의 풀이말이, 아주높임의 임자말에는 아주높임의 풀이말이 대응되어야 한다.

셋째 가리킴월에서는 말하는 사람과 듣는 사람과 움직이는 사람이 따로따로 있으므로, 그 풀이말의 등분은 그 임자말의 높임의 등분과는 전연 대응이 없고 다만 임자말과 풀이말(도움줄기나 풀이씨)에 나타나는 현상이다. 다시 말하면 그 움직임이나 바탈(性質)의 임자를 높이는 정도에 따라 임자말의 높임의 등분을 결정하고 아울러서 풀이말의 높임의 등분을 결정한다. 그런데 이 셋째 가리킴월에서는 말하는 사람에게 친근한 사람과 사물(事物)은 될 수 있는 대로 낮은 말로 하고 말 듣는 사람에게 친근한 사람과 사물은 될 수 있는 대로 높은 말을 쓴다.

이상 말한 것을 종합해서 말한다면 높낮의 대응에는 ① 임자말과 풀이말 줄기(語幹)의 대응 ② 상대자와 마침꼴(終結形)의 대응 ③ 상대자와 이름씨의 대응으로 나누어 볼 수 있다.[31)]

① 임자말과 풀이말 줄기의 대응

임자말의 높낮의 등분에 따라 풀이말 줄기의 높낮의 등분이 결정된다.

첫째가리킴 임자낮음: 제(낮)가 읽(낮)고
첫째가리킴 임자예사: 내(예사)가 읽(예사)고
둘째가리킴 임자낮음: 네(낮)가 읽(낮)고
둘째가리킴 임자예사: 자네(예사)가 읽(예사)고
둘째가리킴 임자높음: 당신(높)이 읽으시(높)고
둘째가리킴 임자아주높음: 어르신(아주높)께서 읽으시(아주높)고
셋째가리킴 임자낮음: 이애(낮)가 읽(낮)고
셋째가리킴 임자예사: 이이(예사)가 읽(예사)고
셋째가리킴 임자높음: 이분(높)이 읽으시(높)고
셋째가리킴 임자아주높음: 이 어른(아주높)께서 읽으시(아주높)고
셋째가리킴 임자낮음: 아비(낮)가 읽(낮)고
셋째가리킴 임자예사: 아비(예사)가 읽(예사)고
셋째가리킴 임자높음: 아버님(높)이 읽으시(높)고
셋째가리킴 임자아주높음: 아버님(아주높)께서 읽으시(아주높)고

31) 정인승, 전게서.

② 상대자와 마침꼴(終結形)의 대응

말을 듣는 상대자의 높고 낮음에 따라 풀이말 끝의 높낮의 등분이 결정된다.

상대낮음: 네가 간다 (베풂)
네가 가느냐 (물음)
너도 가자 (이끎)
네가 가거라 (시킴)
네가 가는구나 (느낌)
상대예사: 자네가 가네 (베풂)
자네가 가는가 (물음)
자네도 가세 (이끎)
자네도 가소 (시킴)
자네도 가는구려 (느낌)
상대높음: 당신이 가오 (베풂)
당신이 가오? (물음)
당신도 갑시다 (이끎)
당신께서 가십시오 (시킴)

높낮의 등분을 어느 쪽인가를 똑똑히 드러내지 못하고 등분을 흐리게 하는 것으로써 마침꼴에 두루 쓰이는 것이 있으니, 이를 '반말'이라 한다. 이에는 '-아', '-어', '-지'가 있는데, '-아'는 밝은 홀소리 아래에, '-어'는 어두운 홀소리 아래에, '-지'는 홀소리 일반에 두루 쓰이는 것으로써, 씨끝의 드러냄에 따라 높임과 낮춤을 구별할 뿐만 아니라, 문체법도 구별하는데 베풂법과 시킴법 · 물음법 · 이끎법에는 '-아(어)'가 두루 쓰이고 베풂법과 물음법에는 '-지'가 두루 쓰인다.

③ 상대자와 이름씨의 대응

상대자의 높고 낮음에 따라 상대자의 관계되는 사람과 사물(事物)이나 자기에게 관계되는 사람과 사물의 이름씨의 등분이 결정된다.

• 상대자 관계

사람: 너, 자네, 당신, 어르신, 아버님(春府丈, 尊大人, 尊公), 어머님(大夫人, 尊堂, 慈堂, 萱堂), 아드님(子弟, 令息, 令胤), 따님(令孃, 令愛), 형님(伯氏, 伯氏丈), 아우님(季氏, 弟氏), 아저씨(阮丈), 조카님(咸氏), 부인(令夫人, 內相) …

사물: 진지, 치아, 병환, 생신, 존함, 약주, 간자, 고견(高見), 고당(高堂), 귀가(貴家), 귀교(貴校), 배견(拜見), 배수(拜受), 옥필(玉筆), 옥고(玉稿), 존체(尊體), 존환(尊患) …

• 자기 관계

사람: 아비, 어미, 저, 형, 누이, 아버지(家親, 嚴親), 어머니(慈親, 母親), 형(舍伯, 伯兄, 舍仲), 아우(舍弟, 家弟), 아내(內子, 室人, 拙妻, 愚妻), 비족(鄙族), 비종(鄙宗) …

사물: 조찬(粗餐), 조품(粗品), 폐가(弊家), 폐교(弊校), 졸고(拙稿), 졸저(拙著), 박사(薄謝), 박선(薄善), 우견(愚見), 우찰(愚札) …

5) 결언

이상 한국어 존대법의 형태에 대하여 주로 최현배·정인승·허웅 교수의 논문을 중심으로 그 일반론(一般論)을 개진해 보았다. 한국어 존대법을 높임법(尊稱)과 낮춤법(卑稱)으로 이대별(二大別)하였으나, 낮춤법에서 자기 겸손의 겸양법(謙讓法)을 설정하는 것이 한국어 존대법의 원리(原理)가 아닌가 생각한다. 그러므로 한국어 존대법은 남을 존대하는 높임법과 남을 하대(下待)하는 낮춤법과 자기 겸손의 겸양법으로 삼대별(三大別)해야 할 것이다.

그런데 한국어 존대법이란 용어 문제이다. 이미 앞에서 살펴본 바와 같이 최현배·정인승·김형규·허웅 등 제씨의 용어가 일치하지 않다 하겠다. 또한 현행 중고등학교 말본(文法)에 나타나 있는 용어만 보더라도 여러 가지라 하겠다. 즉 경어법(敬語法)·존대법(尊待法)·공대법(恭待法)·공손법(恭遜法)·대우법(待遇法)·경양법(敬讓法)·존비법(尊卑法) 등이 그것이다.

따라서 한국어 존대법은 이미 따로 발표한 바 있지만, ① 尊卑稱號에 관한 연구와 '-숩'을 중심으로 한 ② 중세국어의 존대법 연구와 현대국어를 중심으로 한 ③ 높임의 등분(等分)에 관한 연구와 ④ 방언(方言)에 나타난 존대법 연구 등의 연구가 앞으로 점차 이루어져야 할 것이며, 固有語 중심의 尊待語彙도 많이 발굴 수집되어야 할 것이다.

그리고 김형규 교수의 『경양사(敬讓詞) 연구』와 허웅 교수의 『존대법사(尊待法史)』에 나타난 한국어 존대법에 대한 몇 가지 논점(論點)은 앞으로 재검토하여 후속연구가 이루어져야 할 것이다.

2. 높임의 등분

1) 서언

존댓말에 있어서 '높임의 등분(等分)'[32]이란 존댓말의 표현 등급을 가리키는 말이다. 다시 말하면 존대법의 등분이나, 존대법에서 존비등분(尊卑等分) 체계 등의 용어로 쓰이는 말이다. 요즘은 이를 화계(Speech Level) 또는 청자대우·격식체 등 여러 가지 용어로 쓰이고 있다.

'높임의 등분'을 일찍이 주시경 선생은 그의 『국어 문법』에서 '서분(序分)'이라 하여, 장유존비(長幼尊卑)의 다름이라 하였다.[33]

32) '등분(等分)'이란 용어는 최현배 박사의 『우리말본』에서 비롯되었으나, 이는 이미 본문에서 밝힌 것처럼 주시경 선생의 『국어 문법』에 나타나 있는 '서분(序分)'이란 용어에 그 힌트가 있는 듯하다.

따라서 '서분'의 기본적 요인을 연령에 두었던 것이다. 오늘날에도 존대의 기본적 요인을 연령에 두느냐, 신분(지체)이 우선이냐 하는 문제로 논란이 되고 있는데, 주시경 선생은 노소와 존비(尊卑) 중 연령을 우선하였던 것이다. 그리고 높임의 등분 '높음' 즉, '존대(尊待)'와 '같음' 즉, '평대(平待)'와 '낮음' 즉, '하대(下待)' 등으로 3등분 하였다. 따라서 김두봉의 『깁더 조선말본』에서도 높음(上待), 가온(中待), 낮음(下待)으로 역시 3등분 하였다.[34)]

그러나 오늘날은 많은 학자들에 의하여 '높임의 등분'에 대한 각기 다른 이견(異見)이 제기되었다. 이주행 교수는 『한국어 문법 연구』[35)]에서 연구자에 따라 2 내지 6등급으로 구분하고 있다고 하였다. 즉 이정민 교수는 2화계, 조준학・최명옥・김종택 교수 등은 3화계, 성기철・이익섭・고영근・서정수 교수 등은 4화계. 최현배・김석득・이희승・허웅・장석진・이길록 교수 등은 5화계, 김민수・Martin・양인석・이맹성・이익섭・박영순 교수 등은 6화계로 구분하고 있다고 하였다. 그리고 특히 서정수 교수는 『대우법』[36)]에서 그동안 논의되었던 즉, 최현배(1937)에서 제시한 존대법 기술을 1960년대에 형태론적으로 뒷받침하고 발전시킨 김석득 교수(1966), 말씨의 높낮이 등급을

---

33) 주시경, 『국어 문법』, 박문서관, 1910, 99면.
34) 김두봉, 『깁더 조선말본』, 회동서관, 1922, 70면.
35) 이주행, 『한국어 문법 연구』, 중앙대출판부 1996, 10면.
36) 서정수, 『현대 언어학 지금 어디로-대우법』, 한신문화사, 1994, 760면.

말씨 양식(style speech)으로 파악 기술한 분으로 Martin 교수(1954)와 박창해 교수(1964)를 들었다. 그리고 변형 생성 문법 이론에 입각하여 구문론적으로 다룬 송석중 교수(1967), 송 교수는 변형 생성 문법 이론이 이른바 Aspect Model로 넘어갈 무렵, 구구조 규칙의 앞부분에 SL(speech level)을 표시하여 청자 대우가 실현되는 방식을 보여준 점 등 구체적으로 논의한 바 있다고 하였다. 그 외에 여러분의 견해가 있으나, 이는 본론에서 소개하고 거기에 대한 관견(管見)을 제시하기로 한다. 졸고가 사계(斯界)에 도움이 된다면 행심(幸甚)으로 여기겠다.

2) 높임의 등분

먼저 외솔 최현배 박사의 『우리말본』(1937)에 나타나 있는 '높임의 등분'을 소개하기로 한다.(표 참고)

새삼스럽게 말할 필요가 없지만, 외솔 최현배 박사의 『우리말본』은 그 내용이나 용어 면에서 다소 생소한 점이 없지 않지만, 그 이론이나 체재 면에서 한국 현대문법의 대종을 이루고 있다는 것은 주지의 사실이다. 이미 졸고, 「'당신'은 높임말인가」(1999)에서 밝힌 바 있지만, 주시경 선생의 '서분(序分)'과는 달리 최현배 박사의 '높임의 등분'이란 존대 표현 등급의 용어를 사용하였다. 그리하여 아주높임(極尊稱)・예사높임(普通尊稱)・예사낮춤(普通卑稱)・아주낮춤(極卑稱)으로 분류하였다.[37]

<table>
<tr><th colspan="3">높임등분
가리킴</th><th>아주높임</th><th>예사높임</th><th>예사낮춤</th><th>아주낮춤</th></tr>
<tr><td colspan="3">첫째가리킴</td><td></td><td></td><td>나(우리)</td><td>저(저희)</td></tr>
<tr><td colspan="3">둘째가리킴</td><td>어르신, 어른,
당신(-네, -들)</td><td>당신(-네, -들),
그대(-들)</td><td>자네(-들)</td><td>너(너희)</td></tr>
<tr><td rowspan="4">셋째가리킴</td><td rowspan="3">잡힘</td><td>가까움</td><td>당신(-들)</td><td>이분(-들)
이이(-들)
이(-들)</td><td>(이 사람)</td><td>이애(-들)</td></tr>
<tr><td>떨어짐</td><td>당신(-들)</td><td>그분(-들)
그이(-들)
그(-들)</td><td>(그 사람)</td><td>그애(-들)</td></tr>
<tr><td>멀음</td><td>당신(-들)</td><td>저분(-들)
저이(-들)
저(-들)</td><td>(저 사람)</td><td>저애(-들)</td></tr>
<tr><td colspan="2">안 잡힘</td><td>(어느 어른)
(아무 어른)
(어떤 어른)</td><td>어느분(-들)
어떤분(-들)
어느이(-들)
어떤이(-들)</td><td>누구(-들)
아무</td><td></td></tr>
<tr><td colspan="3">두루 가리킴</td><td>자기(이편),
당신(다른 어른)</td><td>자기(이편),
다른분, 다른이</td><td>저
남</td><td>저
남</td></tr>
</table>

외솔 선생은 이러한 '높임의 등분' 이외에 '존경의 상응'이라는 존대법을 설정한 것이 또한 특징이라 하겠다. 존경의 상응이란 "말의 높임은 한 월 안에서는 위와 아래가 서로 맞아야 하나니 곧, 임자말을 높이는 정도와 풀이말을 높이는 정도가 서로 맞아

37) 최현배 박사의 『우리말본』에서는 '반말'을 등외(等外)로 처리하였다. '반말'에 대하여는 후술(後述)하기로 한다.

야 정당한 말을 이루나니, 이를 높임의 서로맞음(尊敬의 相應)이라 하나니라."[38] 하여 외솔 선생은 위와 아래의 성분이 상응해야만 정당한 말이 된다고 하였다. "정당한 말"이란 문법에 맞는 말이라기보다는 사용 규칙을 어기지 않은 공손한 표현을 뜻하는 말이라고 생각된다.

그러나 정인승 박사에 있어서는 외솔 선생의 이러한 4등급에 '예사'(보통)를 설정하여 결국 5등급으로 분류한 것이 한 특징이다. 따라서 존대 등급에서 '높임' 즉 존대와 '낮춤' 즉 비존대로 양분한 후 이를 하위(下位) 구분한 것이 일반적이다. 그리고 존대와 비존대에 속하지 않는 '반말'을 '반말체'로 처리하여 '낮춤'의 상위(上位)에 두었으며, 또한 '당신'의 등분 처리가 외솔 선생의 등분과 다른 점이 특징이라고 하겠다. 정인승 박사의 『표준 고등말본』[39]에 나타나 있는 '높임의 등분'을 소개하면 다음과 같다.

<table>
<tr><th colspan="2">높낮 / 가리킴</th><th>아주낮춤</th><th>예사낮춤</th><th>예사</th><th>예사높임</th><th>아주높임</th></tr>
<tr><td colspan="2">첫째가리킴</td><td>저 *저희</td><td>저 *저희</td><td>나 *우리</td><td>나 *우리</td><td>나 *우리</td></tr>
<tr><td colspan="2">둘째가리킴</td><td>너 *너희</td><td>자네</td><td>그대, 당신</td><td>당신</td><td>어르신네</td></tr>
<tr><td rowspan="2">셋째가리킴</td><td>가까운 가리킴</td><td>이놈, 이애</td><td>이 사람, 이이</td><td>이, 이이, 이분(네)</td><td>이분, 이 양반</td><td>이 어른</td></tr>
<tr><td>먼 가리킴</td><td>저놈, 저애</td><td>저 사람, 저이</td><td>저, 저이, 저분(네)</td><td>저분, 저 양반</td><td>저 어른</td></tr>
</table>

38) 최현배, 『우리말본』, 정음사 1937, 1080면.

39) 정인승, 『표준 고등말본』, 신구문화사, 1956, 129면.

	떨어진 가리킴	그놈, 그애	그 사람, 그이	그, 거이, 그분(네)	그분, 그 양반	그 어른
셋째 가리킴	모른 가리킴	누구	누구	누구	누구	누구
	띄운 가리킴	아무	아무	아무	아무	아무
	도로 가리킴	저 *저희	저 *저희	자기	자기, 이녁, 이편	당신
	도로 다른 가리킴	남	남	남	남	남

전술한 바와 같이 정인승 박사는 최현배 박사와는 달리 '예사(보통)'를 설정하여 5등급으로 분류한 것이 특징이라 할 수 있다. 그리고 두 분의 인칭 분류 내용을 비교해 보면, 대체적으로 일치하나 한두 가지 다른 점이 있다고 하겠다. 이미 졸고, 「존칭사 '-님'에 대하여」(2000)에서 밝힌 바 있지만, 최현배 박사는 '당신'을 높임의 등분에서 제2인칭의 '예사높임'과 '아주높임'으로 분류하였다. 그러나 정인승 박사는 '당신'을 제2인칭의 '예사'와 '예사높임'으로 분류한 점이 다르다. 두 분의 분류에서 필자는 최현배 박사의 '아주높임'에 대해서는 회의적이나, 정인승 박사의 '예사'에는 수긍이 간다. 사실 '당신'은 제2인칭의 '아주높임'으로는 쓰일 수 없다고 하겠으며, '예사'가 알맞은 등분이라고 하겠다. 정인승 박사의 '예사'를 필자는 높임의 등분을 '반말'로 인정하려 하는 것이다. 이 점에 대해서는 이미 「'당신'은 높임말인가」(1999)에서 밝힌 바 있으므로 생략한다.

최현배 박사와 정인승 박사와는 달리, 이희승 박사는 '높임의 등분'이란 인칭 분류를 하지 않았다. 명칭을 공대법(恭待法)이라 하고, 공대법에는 상대편이나 이야기 속에 나오는 이를 높이는 법과 자기를 낮추는 법의 두 가지가 있다 하였다. 따라서 존경법(尊敬法)에는 다음과 같이 세 가지를 들었다.[40)]

가) 예삿말 외에 존경하는 뜻을 나타내는 단어가 따로 있는 경우
나) 예삿말에 존경하는 뜻을 나타내는 부분을 덧붙여서 쓰는 경우
다) 어간에 붙는 어미의 변화로 존경하는 뜻을 나타내는 경우

가)의 존경하는 뜻을 나타내는 말이 따로 있는 경우를 다음과 같이 예시하고 있다.

1) 명사의 경우(괄호 안은 예삿말임.)
진지(밥)·약주(술)·간자(수깔)·치아(이)·염(수염)·말씀(말)·병환(병)

2) 대명사의 경우
대명사를 다음과 같이 '예삿말'과 '공대말'로만 분류하였다. 그리고 공대말을 구체적으로 하위 분류도 하지 않았다.

40) 이희승, 『고등문법』, 신구문화사, 1956, 202면.

기타 동사의 경우와 존재사의 경우, 조사의 경우는 생략하기로 한다. 또한 상기 나)의 경우(존칭사 '-님'과 '-시'(-으시)를 덧붙여서 사용)도 생략하기로 한다. 아울러 겸손법(謙遜法)도 생략하기로 한다. 『고등문법』, 202~205면을 참조하기 바란다.

인칭	제2인칭	제3인칭	미지칭	부정칭
예사말	저, 자네, 그대	이이, 그이, 저이	누구	아무
공대말	노형, 당신, 어르신네	이분, 그분, 저분, 이 양반, 그 양반, 저 양반, 이 어른, 그 어른, 저 어른	어느 분, 어느 양반, 어느 어른	아무 분, 아무 양반, 아무 어른

그러나 이희승 박사의 『고등문법』에서 빼놓을 수 없는 것은, 상기 다)의 '어간에 붙는 어미의 변화로 존경하는 뜻을 나타내는 경우'이다. 이를 이희승 박사는 존비법(尊卑法)이라 이름하고, 다음과 같이 5가지로 분류하였다. 즉, 해라체 · 하게체 · 하오체 · 합쇼체 · 하소서체가 그것이다. 이 결어법(結語法) 중심의 높임의 등분이 후술할 '청자대우(聽者待遇)의 격식체(格式體)'에 영향을 주지 않았나 생각된다. 그러나 필자는 이러한 결어법 중심의 높낮이 등급에 대하여 찬성하지 않는다. 그것은 우리말에 있어서의 결어법은 비단 상기의 5가지뿐만 아니라, 그 어미(語尾)가 다양하기 때문이다. 이 점에 대하여는 다음에서 다시 논의하기로 한다.

김종훈(金鍾塤)은 『국어 경어법 연구』(1958)에서 높임의 등분을 '높임법'과 '낮춤법'으로 분류하여 다음과 같이 살펴본 바 있으나, 『國語 敬語法의 形態』[41]에서는 '높임법(尊待法)'과 '낮춤법(下待法)'을 통합하여 '높임의 등분(等分)'으로 바꾸어 설정하였다. 그리하여 존대법에는 '아주높임'과 '예사높임', 하대법에는 '예사낮춤'과 '아주낮춤'으로 나누었다. 그리고 '겸손법(謙遜法)'을 따로 설정하였다. 결국 최현배 박사나 정인승 박사의 등분 분류와 비슷하나, 단지 어휘 분류와 결어법(結語法)에서 차이가 있다고 하겠다. 한 예로 이미 「높임말 당신에 대하여」(1962)에서 밝힌 바 있지만, '당신'을 '아주높임'으로 인정하지 않았으며, 또한 '예사높임'에서도 '당신'을 입말(口語)에서는 높임말로 인정할 수 없다 하였다. 이미 앞에서 밝힌 바 있지만, 정인승 박사도 '당신'을 제2인칭에서 '반말'로 인정하고 있는 것이다.

(1) 존대법

높낮 / 가리킴	아주높임	예사높임
첫째가리킴		
둘째가리킴	어르신네, 당신(-네, -들)	당신(-네, -들)

41) 金鍾塤 編, 『國語 敬語法 硏究-국어 경어법의 형태』, 집문당, 1984, 363면.

셋째가리킴	가까운 가리킴	어른(-들), 당신(-들)	이분(-들), 이(-들), 이이(-들), 이양반(-들)
	먼 가리킴	저 어른(-들), 당신(-들)	저분(-들), 저 양반(-들), 저이(-들), 저(-들)
	떨어진 가리킴	그 어른(-들), 당신(-들)	그분(-들), 그이(-들), 그(-들), 그 양반(-들)
	모른 가리킴	어느 어른(-들), 아무 어른(-들), 어떤 어른(-들)	어느 분(-들), 어느 양반(-들), 아무 분(-들), 아무 양반(-들), 어떤 분(-들), 어떤 양반(-들)
	두루 가리킴	당신, 자기	자기, 다른 분, 다른 이

(2) 하대법

가리킴 \ 높낮		예사낮춤	아주낮춤
첫째가리킴		나, 우리	저, 저희
둘째가리킴		자네(-들), 그대(-들)	너, 너희
셋째가리킴	가까운 가리킴	이 사람(-들), 이이(-들)	이놈(-들), 이애(-들)
	먼 가리킴	저 사람(-들), 저이(-들)	저놈(-들), 저애(-들)
	떨어진 가리킴	그 사람(-들), 그이(-들)	그놈(-들), 그애(-들)
	모른 가리킴	누구, 어느 사람, 아무 사람, 어떤 사람	누구
	두루 가리킴	저, 저희, 남	저, 저희, 남

그러나 최현배 · 정인승 · 이희승의 견해와는 달리, 김민수 교수는 다음과 같이 '높임의 등분'을 설정하고 있다.[42]

① 겸칭어

상칭(上稱):	저/제가(代) 소인/소생(名)	…	하나이다/합니다/하오(用) 여쭙는다/아뢴다/뵙는다(動)
하칭(下稱):	나/내가(代)	…	하게/해/해라(用)

② 존칭어

상칭(上稱): 중칭(中稱):	어른께서(名)/당신께서(他稱)(代) 당신(對稱)(代)/이분(他稱)(代)	…	~시(用) 듭신다/주무신다(動)
평칭(平稱): 하칭(下稱):	자네(對稱)(代) 너(對稱)(代)/얘(他稱)(代)	…	든다/잔다(動)

김민수 교수는 주부(主部)와 술부(述部)의 일치를 요하고 있다. 화자(話者)가 높여야 할 인물이나 그 소속이 중심어(中心語)이면 그 속성어(屬性語)를, 속성어면 그 중심어를 일치되게 높여야 한다고 하였다. 김 교수의 이러한 호응규칙은 외솔 선생의 '높임의 서로맞음(尊敬의 相應)'과 일치한다고 하겠다. 따라서 겸칭어와 존칭어로 분류하였는데, 겸칭어는 아마 '겸양어'를 가리킨 듯하며, 존칭어의 하위 분류를 상·중·평·하칭으로 구분한 것은 4등분의 용어를 달리 표현한 듯하다. 어쨌든 김 교수는 존대·하대·겸양의 대우등급이 골자인 듯하다.

---

42) 金敏洙, 『國語文法論』, 일조각, 1974, 299면.

유목상(柳穆相) 교수는 명칭을 존대법(尊待法)이라 하고, 이를 다음과 같이 세 가지로 분류하였다.[43]

1) 행위(行爲)·상태(狀態)의 주체를 받드는 언어표현(言語表現)
2) 행위주체(行爲主體)의 행동이 미치는 대상을 받드는 언어표현
3) 화자(話者)가 청자(聽者)를 받드는 언어표현

허웅 교수의 명칭대로라면 1)은 주체존대법(主體尊待法), 2)는 객체존대법(客體尊待法), 3)을 상대존대법(相對尊待法)이라 이르는 것인데, 유 교수는 1), 2)의 경우는 경어(敬語)로 운용되는 데 대하여, 3)은 겸양(謙讓)의 말로 사용되므로, 이를 주체경어법(主體敬語法)·客體敬語法·謙讓法(相對敬語法)이라 한다 하였다.

3) 청자대우와 격식성

허웅 교수는 『존대법사 연구』(1956)에서 '상대존대'·'주체존대'·'객체존대'라는 용어를 사용한 바 있다. 그리고 『우리 옛말본』(1970, 117면)에서는 '높임의 대상'이 되는 것은 크게는 두 가지로 나눌 수 있다고 하였다. 하나는 말 듣는 사람(들을이)이고, 하나는 말에 등장하는 인물이다. 말에 등장하는 인물을 높이는

43) 柳穆相, 『韓國語文法 理論』, 일조각, 1990, 317면.

경우도 두 가지로 나뉘는데, 하나는 그 인물이 말의 임자말(주어)로 등장하였을 때요, 하나는 '객어'(부림말 · 위치말 · 방편말 따위)로 등장했을 경우이다. 들을이를 높이는 일을 '상대높임'이라 하고, 임자말로 등장한 것을 '객체높임'이라 한다 하였다. '주체높임', 객어로 등장한 것을 높이는 일을 '객체높임'이라 한다 하였다. '말할이나 들을이나, 그 밖의 제삼의 인물(이나 물건)도, 다 주체나 객체로 등장할 수 있다.'라 하였다. 그리하여 이러한 용어는 오늘날 많은 후학들이 사용하고 있다.

그런데 허웅 교수(1995)는 「들을이 높이법의 등분」[44]에서 "말할이의 들을이에 대한 태도는 크게는 '낮춤'과 '높임'의 두 갈래로 나뉘고, 높임은 '아주높임'과 '예사높임'으로 나뉜다." 하였다. 즉,

(가) 낮춤 (나) 높임
예사높임; 들을이를 예사로 높이는 방법이다.
아주높임; 들을이를 아주 높여 대우하는 방법이다.

그리하여 허웅 교수는 높임의 등분을 '아주높임 · 예사높임 · 아주낮춤'의 세 갈래로 나누어 놓았다. 그리고 "외솔의 『우리말본』에서는 낮춤을 다시 '예사낮춤'과 '아주낮춤'으로 나누고, 다

44) 허웅, 『20세기 우리말의 형태론』, 샘문화사, 1995, 524면.

시 '반말'을 내세우고 있으나, 이러한 갈래를 세우기가 어려운 경우가 많으므로, 이것들을 모두 '낮춤'으로 묶어서 풀이하기로 하는데, 이것은 한힌샘의 방법을 따른 것이다."라 하였다. 허웅 교수의 사람대이름씨의 '가리킴과 높임'을 표로 보이면 다음과 같다.

	낮춤	예사높임	아주높임
첫째가리킴	저, 저희, 나, 우리	-	-
둘째가리킴	너, 너희, 자네	그대, 당신	어른, 어르신
셋째가리킴			
(잡힘)	(이 사람) (그 사람) (저 사람)	이, 이분, 이이 그, 그분, 그이 저, 저분, 저이 어느 분, 어떤 분	
(모름)	누구, 아무	어떤 이	

허웅 교수는 한힘샘 선생의 방법을 따른 것이라 전제하고, 높임의 등분을 3등분으로 분류하였지만, 사실 '저와 나', '저희와 우리' 그리고 '너와 자네'를 '낮춤'의 등분으로 같이 처리할 수는 없을 줄 믿는다. 그러나 제2인칭의 '아주높임'으로 '당신'을 처리하지 않은 점은 필자와 같으나, 그 반면 '당신'을 제3인칭으로 설정하지 않았다. 그것은 아마 '어른 · 어르신'은 결혼한 사람을 가리키고 '당신 · 자기'는 한자말에서 온 것이며, '남'은 본래 이름씨라는 점에서 순수 대이름씨가 아니라는 데서 대이름씨에

서 제외시킨 듯하다(302면). 또한 외솔 선생의 "자기 · 당신은 여러 가지 쓰임이 있으니, 구별해야 할 것이다"(235면)도 참고한 듯하다.

그러나 '당신'은 오래전부터 제3인칭으로 쓰여왔고, 또한 제2인칭에서도 근래 그 필요가 간절하여 쓰여왔다는 것은 주지의 사실이다.[45] 따라서 외솔 선생의 『우리말본』 이후 현대문법에서 대체적으로 높임의 등분도 4등분으로 분류하고 있으며, 그 용어도 여러 가지로 바뀌고 또한 대우등분 설정에 다양한 이론과 많은 학설 등이 발표되었다.

먼저 성기철(成耆徹) 교수의 『현대국어의 대우법 연구』(1985)에 나타나 있는 '화계(話階)'를 소개하면 다음과 같다.

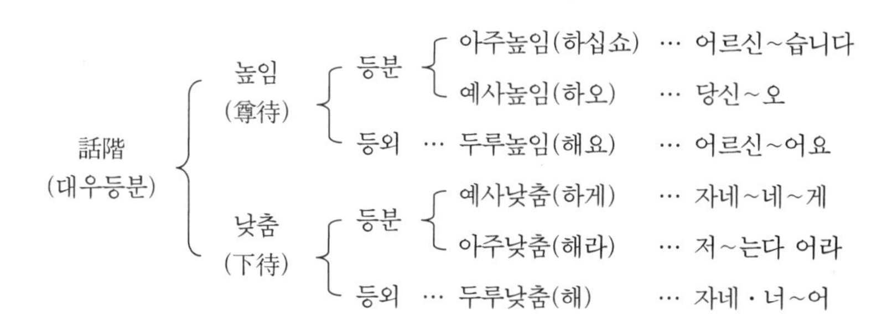

45) '당신'이 언제부터 제2인칭의 높임말로 쓰였느냐 하는 문제는 졸고(拙稿) 「존칭사 '-님'에 대하여」(『국어 화법과 대화 분석』, 화법연구학회, 2000)에서 밝혔지만, 이는 박승빈(朴勝彬) 선생의 『朝鮮語學』(1935, 187면)에 "啓明俱樂部에서 제2인칭 대명사 보편적 용어 '당신'을 사용하기로 결의하야씀에 인하야 그 말이 만히 유행되는 상태이라"에서 찾아볼 수 있음.

성기철의 화계 설정이다. 주로 4원적 체계에 '두루높임'과 '두루낮춤'을 등외(等外)로 설정하고 있다. 특히 두루높임 '-요'는 반말과 호응관계를 가지고 높임 일반에 두루 쓰인다고 분석하고 있다.

또한 '반말'이 낮춤 일반에 두루 쓰이는 '두루낮춤'이라는 점이다. 그러나 '두루높임' · '두루낮춤'이라는 용어 즉, '두루높임'에 있어서의 '당신'과 '어르신', '하오'와 '해요'의 호응관계, 나아가서 '두루낮춤'의 '자네'와 '너', '하게'와 '해'의 호응도 등분상에 있어 아무런 차이를 느끼지 못한다고 하겠다. 특히 '하게'할 자리에 '해'를 사용했을 경우, 이는 어디까지나 '반말'의 등분이기 때문에 불쾌한 감정을 자아낼 것이다.

다음은 박영순 교수의 『국어 경어법의 사회언어학적 연구』에 나타나 있는 화계 분류표이다.

화계(speech level)	격식체(formal)	비격식체(informal)
존대형(deferential)	하십니다	하세요(하셔요)
준존대형(quasi-deferential)		해요(하오)
친숙형(familiar)		해(하네)
평교형(plain)	하다	해

박영순(1976) 교수의 화계 분류표를 살펴보면, 존대어에서 존대형과 평교형만을 '하십니다'와 '하다'만으로 예시하고, 종결어미를 격식체와 비격식체로 분류한 것이 특이하다. 그리고 '해체'

를 친숙형과 평교형으로 2등분하여 친숙형 '해' 안에 격식어 '하네'를 포함시킨 점도 특별하다. 또한 '해요'와 '하오'를 동일시하고, '해'와 '하네'를 동일시한 점 등도 이해가 안 된다.

한편으로 서정수 교수(1972)는 청자대우의 구분을 존대자질(±Respect)과 격식성(±Formal)의 조합으로 표시하는 방안을 다음과 같이 제시하였다.

〔+Respect, +Formal〕	격식적 존대	합쇼체 상당
〔+Respect, -Formal〕	비격식적 존대	해요체 등 상당
〔-Respect, -Formal〕	비격식적 비존대	해체 등 상당
〔-Respect, +Formal〕	격식적 비존대	해라체 상당

서정수 교수의 이러한 청자대우 표시 방식은 높낮이 등급을 위주로 기술하였던 것을 격식성과 비격식성을 함께 가미하여 나타내야 한다는 것을 의미한다고 하였다. 이것은 앞에서 말한 Martin(1954)과 박창해(1964)에서 비롯되었던 문체 양식을 바탕으로 한 청자대우 기술을 더욱 발전시킨 것이라 하였다. 그 뒤 많은 연구 논저에서는 청자 대우를 격식체와 비격식체로 나누어 기술하였다. 서정수 교수가 간추린 것을 소개하면 다음 표와 같다.

청자대우의 격식체와 비격식체의 구분

	격식체				비격식체			
박창해(1964)	평교어 해라	중간어 하게	정식어 합쇼		평교어 반말 해		정식어 반말 해요	
S. Chang(1973)			formal -pni-ta		plain -ta	intimate -e	familiar -ey	blunt -o
이익섭(1974)	반말체	하오체	합쇼체		해라체	하게체	해요체	
박영순(1974)	평교형 해라		존대형 하십니다		평교형 해	친숙형 해/하네	비존대 해요/하오	존대 하세요
조준학(1976)	비존대 〔무표:다/유표:오〕		존대 ㅂ니다		비존대 〔무표:어/유표:네〕		존대 요	
이정민(1981)	낮춤 해라	권위 형태 하게/하오		높임 합쇼	낮춤 해		높임 해요	
서정수(1984)	아주낮춤 해라	예사낮춤 하게	예사높임 하오	아주높임 합쇼	두루낮춤 해		두루높임 해요	
한길(1986)	아주낮춤 해라	예사낮춤 하게	예사높임 하오	아주높임 합쇼	안높임 해		높임 해요	

결국 이러한 골격의 화계(話階)는 최현배・이희승 등 선학(先學)들의 학설을 바탕으로 하여 형성되었으나, 위 표에서 보는 바와 같이 격식체의 구분은 다양하다. 그 내용은 대체로 '해라・하게・하오・합쇼'의 4대 등분을 그대로 인정하거나, 이는 이미 앞에서 밝힌 바와 같이 이희승 박사의 다섯 갈래의 존비법(尊卑法)에 근거한 것으로 일부 가감 조정하는 양상을 보이고 있다고 하겠다. 이것은 또한 서정수 교수(1994)가 밝힌 것처럼 전통적인 청자대우 등급을 거의 그대로 반영하고 있다고도 하겠다. 그러나 비격식체의 경우는 거의가 '해체'와 '해요체'로 기술하고 있는

데, 이 두 형태는 대부분의 논저에서 비격식체의 대표 형태로 인정하고 있는 듯하다.

성기철·박영순 교수뿐만 아니라, 고영근 교수(1974)도 역시 4원적 체계로 '해라·하게·하오·합쇼체'를 들었으며, '요' 통합형(統合形)과 '요' 합가능형(統合可能形)의 2원적 체계로 양분했다. 또한 서정수 교수도 화계를 격식체와 비격식체로 양분하여 2원적 체계로 분석하였다. 그리고 이주행 교수(1996)는 화계 설정상 의견이 분분한 이른바, '해체'와 '해요체', '하오체', '하세요체' 등에 한정해서 이것들의 화계 설정상 타당성 여부와 화계 구분에 관하여 지역 방언과 사회 방언을 고려해서 고찰하였다. 아울러 북한(北韓)의 화계와도 비교 논의한 바 있다(353~354면). 그 밖에 격식체로 '합쇼체' 하나만을 인정하고 그 나머지는 모두 비격식체로 인정한 S. Chang을 비롯하여 이익섭 교수(1974)·한길 교수(1986)·손호민 교수(1983)·서정목 교수(1988, 1990) 등 제씨의 논의가 있었고, 또한 이상복 교수(1976)의 청자대우의 간소화와 관련하여 가장 중요한 기능을 가지고 있는 '요'에 대한 연구도 이미 서정수 교수(1994)가 『대우법』에서 상론한 바 있으므로 본고에서는 생략한다.

4) 반말체

외솔 최현배 선생은 『우리말본』(254면)에서 '반말체'를 등외로 처리하고 "반말은 '해라'와 '하게', '하게'와 '하오'의 중간에 있는 말이니, 그 어느 한쪽임을 똑똑히 들어내지 아니하며, 그 등분의 말맛을 흐리게 하려는 경우에 쓰히느니라" 정의하고 반말의 어미(씨끝)를 '-아, -어, -지'를 들었다. 一石 이희승 박사는 5가지 존비법 외에 '반말'을 설정하고, 해라도 하게도 하오도 아니요, 말을 그저 어물어물하여 끝을 아물리지 않는 말이라 하였다. 그리고 평서법·의문법들의 구별이 없고, 말끝의 발음을 높이고 낮추고 하여, 문체법의 다름을 구별한다 하였다. 또한 정인승 박사는 『표준 고등말본』(1956)에서 '반말'을 포함하여 높임의 등분을 5등분하고 외솔·일석과 같이 어느 한쪽을 높이거나 들어내지 아니하는 말이라 하였다. 그러나 근자에는 전술한 바 있지만, 성기철 교수(1985)가 '반말'을 낮춤 일반에 두루 쓰이는 '두루낮춤'으로 처리했는가 하면, 서정목 교수(1989)는 반말체 형태 '-지'의 형태소를 재확인하는 등 '반말체'에 대하여 화계(話階) 등급에서 이설(異說)이 분분하다.

이와 같이 '반말체'에 대하여 어떤 분은 등외(等外)로 처리하기도 하고, 어떤 분은 비등외(非等外)로 처리하고 있는데, 이는 '반말체'가 등분으로서 자리잡을 수 있을 만큼 독자적인 화계의 기본요소가 아직 갖추어져 있지 않다는 것을 의미할 것이다. '반말'의 이론 중 가장 쟁점이 된 것은 무엇보다도 어느 등급의 화계로 처리할 것이냐일 것이다. 그리하여 한길(1988) 교수가 '반말'에 대하여 집중적으로 연구 발표하였고, 이규창(1992) 교수는 특히 '반말'과 '놓는말'과의 상관관계에 대하여 발표한 바 있다.

이미 「정읍 지역어와 반말(半語)에 대하여」(1998)에서 밝힌 바 있지만, 한길 교수(1988)는 「반말에 관한 연구」에서 "높이거나 낮추거나 하는 뜻을 분명히 나타내지 않고 어름어름하는 말이다"라 정의하였다. 또한 일반적으로 반말은 입말에서 주로 쓰이기 때문에 씨끝 등이 생략되어 쓰이는 일이 빈번하여 말할이가 들을이를 어느 정도 등분으로 대우하기 곤란한 경우에 그저 어물어물하면서 발화할 때 쓰인다고 하였다. 따라서 '반말'은 들을이의 높임형의 한 등분으로 첫째, '반말'은 형태 배합상 들을이 높임토씨 '-요'가 통합될 수 있는데, '-요'의 통합 여부에 따라 들을이 높임의 정도가 달라진다. 둘째, 반말을 나타내는 종결접미사가 뒤에는 월 끝에 놓이는 절종결 얽힘 형태소가 놓여 통어적으로도 완결된 월의 기능을 가진다. 셋째, 들을이 높임의 정도는 '안높임'을 나타내며, 넷째 반말은 상관적 장면에서 주로 입말에 사용된다고 하였다.

이규창은 『국어존대법론』(1992)에서 '반말'에 대한 개념・기능・자질 등, 반말에 대하여 비교적 상론하였으며 특히, '놓는말'을 설정하여 이와의 비교를 시도하였다. '놓는말'은 흔히 어른이나 지체가 높은 사람이나 손윗사람에게 손아랫사람(手下者)이 '말씀 놓으십시오・말씀 낮추십시오'라고 말하는 데서 착상된 용어인 듯하다.[46]

---

46) 손아랫사람이 손윗사람에게 '말씀 놓으십시오'에서 착상(着想)한 용어인 듯하다.

'반말'은 예사높임과 예사낮춤의 화계에서 추출(抽出)된 비격식체의 말이나, '놓는말'은 당당한 격식체의 말씨라 하였다. 흔히 '반말'은 '하오 · 하게 · 해라'체까지를 포괄적으로 처리하였는데 비해서, '놓는말'에서는 '하소 · 하게'체만이 사용되기 때문에, '반말'과 '놓는말'을 대비시킬 때 '놓는 말'을 '반말'보다 높은 화계로 인정하였다. 따라서 '반말'은 선택되는 화계가 예사낮춤이나 두루낮춤말만 아니라, 때로는 비하어(卑下語)까지도 쓸 수 있는 데다 격식마저 수반되지 않기 때문에 버릇없는 말이 될 수 있다. 그러나 '놓는말'은 상하관계에서 윗사람이 아랫사람에게만 선택될 수 있는 말이다. 뿐만 아니라 말하는 사람은 듣는 사람에게 얕보여서도 안 되며, 농할 사이도 아니어서 격식을 갖추어 예절(禮節)을 차리는 말씨라 하였다.

'반말'과 '놓는말'을 대비시킨 내용을 소개하면 다음과 같다.

항목	놓는말	반말
1. 격식	격식어	비격식어
2. 화계	하소(오)체 · 하게체	
3. 어미형태	(하)소 (하)게 (하)게나	(하/하)아/어, 게, 지, 고, 어라
4. '-시' 삽입	자연스럽다	자연스럽다

이는 조어성(造語性)이 강하다고 본다. '말씀 낮추십시오' 하면, '반말'을 '낮춤말'이라고 할 수 있겠는가. 따라서 필자는 '반말'과 '놓는말'은 그 위계(位階)가 같아야 된다고 본다.

5. 사용대상	상하관계에서 아랫사람에게 주로 쓰나 때로는 대응한 사람끼리도 씀.	대응한 관계 그러나 하게·해라·해체까지 두루 쓸 수 있는 대상
6. 사용자	尊位者(上位者)	상위자(上位者)·평교간(平交間)·때로는 상위자(上位者)가 하위자(下位者)에게
7. 사용폭	현대국어에서 사용폭이 엷어져 간다.	해요체에 밀리나 폭이 두터워져 간다.

따라서 이규창 교수는 '반말'과 '놓는말'의 위계(位階)를 다음과 같이 설정하고, '놓는말'을 '반말'보다 높은 자리에 설정한 것이 특징적이라 하겠다.

격식성 / 높임의 정도	격식체	비격식체
높임	아주높임 예사높임	두루높임
(높임·낮춤 경계)	놓는말	
낮춤	예사낮춤 아주낮춤	반말 두루낮춤

이미 선학(先學)들이 언급한 바 있지만, 필자는 '반말'을 등외(等外)로 설정코자 한다. 그것은 김종택(金宗澤, 1986)이 말한 것처럼 '먹어'는 '먹어라'의 단축형일 수도 있고, '먹어요'의 단축형

일 수도 있기 때문에 '반말'인 '먹어'를 '먹어요' 또는 '먹어라'의 변이형태(變異形態)로 볼 수 있기 때문이다. 따라서 '반말'에는 어떤 어말어미(語末語尾)의 첨가나 생략을 인정할 수 없다. 아울러 '반말'은 '높임(敬意)'도 '낮춤(卑意)'도 분명히 찾아볼 수 없는 특징적인 말씨라 하겠다.

우리는 흔히 손윗사람(上位者)에게 '말씀 낮추세요' 또는 '말씀 놓으세요'라는 말을 한다. 말을 '낮추거나 놓는 것'은 존대(아주높임・예사높임)에서 하대(예사낮춤・아주낮춤)로 격하(格下)시키는 것을 의미하기 때문에 '놓는말'은 '반말'과 등급면(等級面)에서 아무런 차이가 없다는 것이 필자의 견해이다.

'반말'의 성립은 말을 낮추거나, 놓을 수 있는 자리로서, 이미 앞에서 밝힌 고영근(高永根)의 '요 통합가능형(統合可能形)'들의 용법(用法) 예시(例示)와 한길 교수의 '반말'에 대한 정의(定義)가 참고 사항일 줄 믿는다. 그러므로 결과적으로 '반말(半語)'은 '해라'와 '하게'・'하게'와 '하오' 중간에 있는 등분으로서 주로 입말에서 어감(語感)이 분명히 드러나지 않는 독립된 화계(話階)라 하겠다.

5) 결언

필자는 1958년에 『국어 경어법 연구』를 발표한 바 있다. 그때부터 '높임의 등분'에 대하여 많은 관심을 가져왔다는 것이 필자의 솔직한 심정이다.

그러나 전술한 바와 같이 많은 학자들의 학설이 대두되어 이설(異說)이 분분하다. '높임의 등분'이 국어 존대법의 중심을 이루고 있기 때문이겠지만, 서정수 교수가 『대우법』(1994)에서 이미 지적한 것처럼 '전통문법 · 구조주의 언어학 · 변형 생성 문법 · 담화 분석 · 발화 분석 · GB 이론' 등 여러 가지 다양한 이론과 방법론으로 청자대우의 형태들을 면밀히 고찰하였다. 그러나 이 방면의 연구에는 많은 사람들이 많은 모델들을 제시하고 있어, 대표적인 모델의 확립을 위해서는 앞으로도 많은 연구가 지속적으로 이루어져야만 되겠다. 따라서 '높임의 등분'은 최현배 선생의 『우리말본』에서 비롯되었으나, 그보다는 주시경 선생의 '높임의 서분(序分)'에 그 바탕이 있다고 하겠으며, '청자대우의 격식체'는 이희승 선생의 5가지 존비법 즉, '해라체 · 하게체 · 하오체 · 합쇼체 · 하소서체'의 결어법(結語法)에 바탕을 두고 있다고 하겠다.

또한 '반말체(半語)'는 특히 '반말체'의 화계(話階) 등급 문제를 비롯하여, 대우등급 형태소들의 세밀한 분석, 청자대우 등급의 간소화 현상, 새로운 언어학 이론에 입각한 청자대우 등급의 연구가 요청된다고 하겠다.

제3장
칭호(호칭)와 존대법

1. 존대칭호(존칭)

1) 서언

우리가 일상생활에 있어서 남을 부를 때 그의 성명만을 부른다는 것은 그 사람의 인격을 좀 가볍게 여기는 감이 있으므로, 반드시 그의 성명 아래에 어떠한 칭호(稱號)를 붙이는 관습이 있는데, 그것은 무엇보다도 상대방의 인격을 존중하고 나아가선 자기 자신을 겸양한다는 미풍(美風)에서 우러나온 우리 민족성 그대로의 표현이라고 볼 수 있다. 그러나 만약 우리말에 있어서 이러한 미풍이 없다면 인간 상호간의 관계는 오직 단순한 대명사(代名詞)의 인칭(人稱)에 불과할 것이다. 그러므로 스스로 존경하는 사람, 또한 품격을 잃지 않으려고 애쓰는 사람, 지체가 높은 사람 등은 상하를 통해서 칭호의 사용을 잊지 않는다. 그리하여 우리나라 사람과 중국 사람은 그 사람의 벼슬 이름과 존비귀천에 따라 여러 가지 칭호가 있었는데, 이것은 일반적인 것이

되지 못할 뿐만 아니라, 계급과 벼슬 등의 층하를 없애려는 오늘에 있어서는 마땅치 않고 오직 일반적으로 두루 쓰이고 있는 것은 '님'·'씨'이며 가까운 벗끼리는 '형'을 쓰며, 또 어떤 경우에는 '선생'을 쓰기도 한다.

그런데 어떤 사람들은 지금까지도 일어(日語)의 '상(樣)'을 쓰고 있는데, 이는 우리의 감정으로든지 또한 체면(體面)으로 보아서 도저히 용서할 수 없는 일이라고 본다. 그리고 8·15 해방 이후 무모하게 영어(英語)의 Mr.·Miss·Mrs. 등을 쓰고 있는데 이것은 우리말에 맞지 않을 뿐만 아니라, 우리의 생활감정에 어울리지 않는 칭호인 만큼 우리는 경우에 따라서 적절한 칭호를 사용하는 일이 무엇보다도 중요한 일이라고 본다. 그것은 예의(禮儀)와 사교생활에 있어서 상대방의 감정 문제에 절대적인 것이기 때문이다.

필자는 얼마 전에 '부녀자(婦女子)의 칭호'에 관한 것과 '비칭(卑稱)'에 관한 것과의 2편의 졸고(拙稿)를 중앙대학교 문리과대학 발행인 『문경(文耕)』 제6집과 제7집에 발표한 바 있다. 그러므로 이제 존칭(尊稱)을 살펴봄으로써 칭호(稱號) 관계는 미숙하나마 그 대략을 고찰한 셈이 된다. 그러나 앞에서 논한 것도 그렇지만 이제 말하려는 존칭에 대해서도 그 대부분이 선배 제현들의 설(說)에 의거함이 많을 뿐만 아니라, 미비(未備)한 점이 허다하니 제현들의 기탄없는 편달을 바라마지 않는다.

2) 수장(帥長)과 존칭

고대 문헌을 살펴보면, 역대의 왕(王)을 높이어 부르던 존칭이 많았는데, 이것들이 순수한 우리말로 표현되어 있음을 엿볼 수 있다.

> 始祖姓朴氏 諱赫居世 … 號居西干辰言王(或云呼貴人之稱) (삼국사기 赫居世居西干條)
> 因名赫居世王 蓋鄕言也 或作弗矩內王 言光明理世也 位號曰居瑟邯 或作居西干 … 自後爲王者之尊稱 (삼국유사 권1 신라시조)

'居西·居瑟'은 모두 '갓'(俗音 것)의 음차(音借)이니, 대동여지도에 기록된 지명으로 강원도 평창 서방에 '居瑟岬'과 양구 북방에 '去叱串嶺' 등이 있는데, 이 지명은 삼국유사의 '嘉瑟岬'(加西·嘉栖)와 '古尸'의 동일어(同一語)이다. '居西·居瑟·去叱·古尸·嘉瑟·加西·嘉栖' 등은 모두 '갓'의 음전(音轉) '것·곳·갓'에 해당한다. '居'가 '가'에 해당함은 다음의 기록에서 엿볼 수 있으니

> 居塞蓮(鷄頭實) (향약집성방)
> 芡, 蔆가싀련 俗呼鷄頭 (훈몽자회 상)

또 균여가(均如歌)에 '가닥'을 '居得'이라 쓴 예가 있고, 대동여지도에 기사(記寫)한 '居次山'(충청·鴻山 北方), '居山'(전라·泰仁

南方)을 '갓뫼'라고 하는 것이 그 확증(確證)이다.(양주동 저, 『고가 연구』)

'干'에 대해서 살펴보면 다음과 같은 기록이 있다.

> 三國史記亦作翰◯李齊賢曰 新羅時其君稱麻立干 其臣稱阿干 至於鄕里之人例以干連名呼 蓋相尊之辭 (이두편람)

이와 같이 '干'이 존칭(尊稱)임은 확실한데, 이 '干'은 '한'으로서 '漢-汗-干'으로 바뀌어져 '漢'과 '汗'의 동의어(同義語)가 아닌가 생각한다. 그것은 '成吉思汗'의 '汗'으로 미루어 보아 '干'에 틀림없을 뿐만 아니라, 동한역어(東韓譯語)에 '芝峰曰按我國方言干音汗音如 …'라 한 것으로 보아 더욱 확실한 것 같다. 그러므로 '居西干'은 '갓한'으로[1] '始祖王'(始君, 元君)의 뜻으로 존칭을 삼았다.

그런데 삼국사기의 「신라시조혁거세(新羅始祖赫居世)」條에 혁거세가 커다란 알(卵) 속에서 나왔는데 그 아이가 처음 입을 열었을 때, '閼智居西干'이라 하였으므로 '居西干'이라고 불렀다는 말이 있으나, 이것은 하나의 속설(俗說)에 불과하다.

또한 혁거세를 '諱赫居世'라고 한 바와 같이 '諱'라고 했는데 '諱'가 아니라, 이것도 존칭(尊稱)이 아닌가 생각한다. '赫'은 광명

---

1) '갓'이 '初, 始'의 뜻임은 '갓난이(初生兒)' 등에서 엿볼 수 있다.

(光明)·명철(明哲)·현명(賢明)의 뜻인 '밝'의 차훈(借訓)이요, '居世'는 '居西干'의 '居西'·'居瑟'·'吉支'와 같은 말일 것이므로, 혁거세도 또한 존칭이 아닌가 생각한다.(이병도 역주, 『삼국사기』)

'居西干'과 같이 또한 임금에 대한 존칭으로서 '次次雄'이 있었다.

> 次次雄或云慈充 金大問 方言謂巫也 世人以巫事鬼神 尙祭祀 故畏敬之遂稱尊長者 爲慈充 (삼국유사 권1·신라기 1)

일인(日人) 鮎貝房之進의 설(說)에 의하면 후세 남승(南僧)에 대한 방언(方言) '중'은 동방고어(東方古語)로서 자충(慈充)에서 유래된 말로 자충은 합음(合音)하면 '중'이 된다고 하였다(잡고 제1집, 次次雄條). 이 '중'(慈充)은 무엇인가 하면 '스승'의 음전(音轉) '스승'으로서 원래 '巫'의 뜻으로 근세에 '師'를 뜻한 것이다(양주동 저, 『고가연구』).

> 녜님구미 스승ᄉᆞ로ᄆᆞᆯ 삼가시고(前聖焚巫) (두시언해 권10·25)
> 스승듀믄 녜롤 마초ᄡᅳ디 아니ᄒᆞᆫ 이리로라(鞭巫非稽古) (두시언해 권12·41)

이 次次雄은 赫居世居西干의 아들 南解王만이 가졌던 존칭이다.

또한 이사금(尼師今)이 있었는데

儒理尼師今 … 初南解薨 儒理當立以大輔脫解素有德望 推讓其位 脫解曰 神器大寶 非庸人所堪 吾聞聖智人多齒 試以餅噬之 儒理齒理多 (신라본기 제1, 儒理尼師今條)

삼국유사의 노례왕조(弩禮王條)에는 '朴弩禮尼師今'이라 하고 탈해왕조(脫解王條)에는 '脫解齒叱今'으로 되었는데, 이것은 '잇금'(齒理)의 뜻으로 풀이한 김대문(金大問)의 說인 '齒叱今'에 구애(拘碍)된 부회속설(附會俗說)에 지나지 않고, 이 '尼師今'도 어디까지나 순수한 우리말로서 그 원뜻은 '居西干'이 '갓한' 곧 시조(始祖)의 뜻임에 대하여 '잇금'(尼師今)은 '嗣王·繼君'의 뜻이니, '잇'의 원형(原形)은 '닔' 곧 '繼·嗣'의 훈(訓)이다. 그러므로 왕위계승 문제에서 나온 말로서 '居西干'(居瑟邯), '자충(慈充)'과 같은 왕에 대한 존칭인 것이다(이병도 역주, 『삼국사기』).

기타에도 婆沙尼師今·祇摩尼師今·逸聖尼師今·阿達羅尼師今·伐休尼師今·奈解尼師今·助賁尼師今·沾解尼師今·儒禮尼師今·味鄒尼師今·奈勿尼師今·實聖尼師今·基臨尼師今 등 모두 17 '이사금'이 있었다. 이 '이사금'이 16대(代) 동안 계속해 내려오다가 제17대 눌지(訥祗)에 이르러서 그 칭호가 '마립간(麻立干)'이란 존칭으로 바뀌었다.

'麻立干'은 '말한'으로서 고구려의 관직명(官職名) '막리지(莫離支)'(말치)와 같이 '麻立'은 '말, 마라'(頭·上·宗)의 차자(借字)에 불과하다(양주동 저, 『고가연구』).

이 '麻立干'은 '頭監 · 上監'의 뜻으로(이병도 역주, 『삼국사기』), '陛下 · 殿下'의 자의(字義)와는 다르지만 존칭으로서는 마찬가지라 할 수 있다. 그리고 후세의 임금을 '上監瑪楼下(抹樓下)'(마루하)라 함은 '麻立干'이 전화(轉化)한 말인 듯하고 또 하인이 벼슬아치에 대한 존칭으로 '大監마님', '令監마님', '나리마님'이라고 하는 '마님'은 곧 '마리 · 마루님'의 준말로서 모두 이 '麻立干'에 어원을 둔 것 같다.

그런데 '麻立'을 '橛'의 훈(訓)으로서 '말'이라고 한 것은 하나의 속설인 것 같다.

> 訥祇麻立干立 金大問云 麻立者 方言謂橛也 橛謂諴操 准位而置 則王橛爲主 臣橛列於下 因以名之 (삼국사기 권3 · 신라기 3)
> 新羅稍王 … 或曰麻立干 金大問云麻立者 方言謂橛也 橛標准位而置 則王橛爲主 臣橛列於下 因以名之 (삼국유사 권1 · 남해왕)

중국사서(中國史書)에는 이 '麻立干'을 '樓寒'으로 기재한 곳이 있다(양주동 저, 『고가연구』).

> 新羅 秦書曰符堅建元十八年 新羅國王樓寒遣使 衛頭獻美女 (태평어람 권781, 동이)

이 '麻立干'이란 존칭은 눌지왕(訥祗王)을 비롯하여 자비(慈悲) · 조지(照知) · 지증(智證)의 겨우 4대(四代)만을 계속했을 뿐이요, 법흥왕(法興王, 신라 제23대)에 이르러 중국식 칭호인 '王'으로 바뀌어 줄곧 이어 써내려 왔다.

끝으로 한 가지 더 말하고자 하는 것은 지금까지 '신시(神市)'라는 것을 환웅천왕(桓雄天王)이 천부인(天符印) 삼개(三個)와 무리 삼천 명을 거느리고 태백산(太白山) 신단수(神壇樹) 아래에 내려왔는데, 이곳을 '神市'라고 한 점에 대해서, 얼마 전 전북 이리상고(裡里商高) 교장인 김규승(金奎承) 씨가 '神市'는 수장(師長)에 대한 존칭이라는 것을 조선일보 지상(紙上)에 밝혔는데, 필자는 김규승 씨의 설을 좇아 여기에 다시 소개코자 한다.

> 馬韓 各有長帥 大者自名爲 <u>臣智</u> … (위지 동이전)
> 辰韓 諸小邑別 各有長帥 大者名 <u>臣智</u> (후한서 동이전)

'臣智'와 '神市'에 있어서 '智'(지)와 '市'(시)의 음(音)은 다르기는 하지만, '지' 음과 '시' 음을 설치호전음(舌齒互轉音)으로 인정하고 제례(諸例)를 들었으니 즉, 고구려시대의 안시성(安市城)은 일명(一名) '安地'로 기록되었음을 지적하고 '智'(지)와 '市'(시)를 동일시하였으며, 또 정인보(鄭寅普) 저 『朝鮮史研究』에 「대동운부군옥」과 「용비어천가」에 나타난 '神志'는 삼국지(三國志) 위지(魏志)의 '臣智'에 해당하는 것이라는 데 더욱 자신을 갖고 고대에 있어서는 동일음에 여러 가지 한자로 표기한 예를 들고 '神市'는 수장(師長) 중 대자(大者)를 가리킨 존칭이라고 하였는데, 필자는 김규승 씨의 고견(高見)을 좇는 바이다.

기타에도 고구려에서 '古鄒加·加等', 발해국에서 '可毎夫'(커두후) 등이 있으나, 자세한 것은 후일로 미룬다.

3) 관직과 존칭

중국 사람들과 같이 우리나라 사람들도 벼슬 이름으로서 존칭을 삼았으니, 먼저 가까운 조선시대를 살펴보기로 하는데 여기에 그 몇 가지만을 가지고 그 표준을 삼아보면 다음과 같다.

판사(判事): 의금부의 종1품 벼슬
판서(判書): 육조의 우두머리, 종2품 벼슬
참판(參判): 육조의 종2품 벼슬
첨지(僉知): 첨지중추부의 준말로 중추부의 정3품 벼슬
참봉(參奉): 능, 원, 종친부, 빈부, 빈사, 전옥서 등의 종9품 벼슬
재상(宰相): 2품 이상의 관원
생원(生員): 소과의 종장에 급제한 사람
진사(進士): 소과의 초장에 급제한 사람
대감(大監): 정2품 이상의 관원(마님을 덧붙여서 대감마님이라고도 함)
나으리(進賜나으리): 비천한 사람의 당하관 곧 종3품 이하의 관원에 대한 존칭
보국(輔國): 보국종록대부의 준말로 종친의빈 문무관의 정1품 벼슬

이상과 같은 벼슬이름을 성(姓)이나 이름 아래에 붙여 존칭을 삼았다. 그 반면에 벼슬이 없는 사람은 노소관동(老少冠童)에 따라 '××서방', '××도령', '××총각' 등을 사용하였다. 그리고 이러한 벼슬 이름은 죽은 뒤에도 존칭으로 삼았으며, 벼슬이 없었던 사람은 '학생(學生)'이라고 하였다. 이에 대해서는 지금도 제사 때 붙이는 지방(紙榜)이나 축문(祝文) 같은 데서 엿볼 수 있다.

이상 조선시대에 있어서 벼슬 이름이 존칭으로 사용되었음을 밝혔는데, 이것은 비단 조선시대에 이르러서만이 존칭으로서 사용하기 시작한 것이 아니라, 그 이전부터 사용해 온 것이 아닌가 생각된다. 그러므로 가까운 조선시대의 벼슬 이름이 존칭으로 사용되었음을 이해하는 데는 상고시대(上古時代)의 벼슬 이름을 살펴보는 데서 더욱 확실한 것이 드러날 줄 믿는다.

신라시대(新羅時代)의 벼슬 이름을 살펴보면 다음과 같은 것이 있었다.

伊伐飡(或云伊罰干 或云干伐飡 或云角干・或云舒發翰・或云舒弗邯)
迊飡(或云迊判・或云蘇判)
波珍飡(或云海干・或云破彌干)
阿飡(或云阿尺干・或云阿粲)
一吉飡(或云乙吉干)
(삼국사기 권38・직관상)

이것들이 어떠한 벼슬자리인가를 대략 살펴보기로 하는데 양주동의 『古歌硏究』에 의하면 伊伐飡(或云伊罰干 或云干伐飡 或云角干・或云舒發翰・或云舒弗邯)의 '伊罰干・角干・舒發翰・舒弗邯'은 셜한, 셜자한이요 '伊伐飡・干伐飡・角粲'은 '셜한(뿔한)・셜찬(뿔찬)'으로 모두 '京長'의 뜻이다.

迊飡(或云迊判・或云蘇判)은 '城干'인 '잣한'이 바뀐 '잡한'(城의 訓은 잣(ㅅ-ㅂ)의 音轉)이다. 迊判은 '齊旱・迊干' 등으로도 썼는데, '齊旱'은 원음(原音) '잣한'(齊는 濟와 같이 城의 새김 잣)이며 '迊判・迊干'은 그 음전(音轉) '잡한, 잡판'으로 '迊飡'은 '잣자한'의 줄은 '잡찬'에 해당하는 것인데, 모두 '城長'을 뜻한다. 波珍飡(或云海干・或云破彌干)은 '바돌찬・바돌한'으로 '珍'은 '돌'이다. 그러므로 '破珍'은 '바둘의' 속음(俗音) '바돌'에 해당하는 것으로 '海干' 곧 '海長'의 뜻이다.

阿飡(或云阿尺干・或云阿粲)은 '앗찬'(앗자한)으로 '閼粲'과(高麗史百官志) 또는 遏粲과 같다. 이 '앗'은 '小・弟・次' 등의 원뜻이니, '韓粲(高麗史百官志)'이 '大相'임에 대하여 '阿粲'은 '小'의 뜻임은 '孫' 또는 '姪・甥'의 옛말 '아찬아들'로서 알 수 있다.

孫曰 寸了姐 아촌아돌 (계림유사)
生男 姪 아촌아돌 (훈몽자회 상 32)

一吉飡(或云乙吉干)은 '웃길찬'(웃길한)으로 '吉士・吉次'(길

치)에 대한 '上吉干'의 뜻이며, 고구려 벼슬 이름 '乙耆次' 역시 뜻이 같은 말인 '웃길치-웃깃치'로서 '上使者'의 뜻이다.

이와 같이 신라시대의 벼슬이름은 '干'과 '飡'을 덧붙여 벼슬이름을 삼아 존칭으로 사용하였다는 것을 알 수 있는데, 비단 이 벼슬 이름뿐만이 아니라, 앞에서 고찰한 바와 같이 수장(帥長)의 존칭인 '居西干', '麻立干' 등에서도 엿볼 수 있다. 그런데 이 '干'은 비단 신라시대부터 사용한 것이 아니라 그 이전부터 사용하기 시작한 것이 아닌가 생각된다. 그것은 加羅六國의 自治會部員을 我刀干・汝刀干・彼刀干・五刀干・留水干・留天干・神天干・神鬼干・五天干이라 하여 모두 이 '干' 자를 사용하였으니, 이로 보아 신라 이전부터 사용해왔다는 것이 분명하다.

이 외에도 벼슬이름으로서 '進賜約正' 등도 있었는데, '進賜'는 '나ᄋᆞ리'(나으리로 바뀜)로 '進謁할이'의 뜻인데, 존칭으로 쓰였음이 분명하다.

> 進賜나으리○堂下官通稱進賜 (나려이두)
> 進賜나으리○堂下官尊稱也 (이두편람)

이것은 判任階級의 벼슬아치에 대한 존칭으로, 최근까지도 사용해 왔던 것이다.

'約正'은 '約正外邑而里任稱約正'이라 기록되어 있는 것으로 보아 향약(鄕約)의 임원(任員)에 대한 존칭인 것 같다.

이상 상고시대에 있어서 벼슬 이름으로 존칭을 삼았다는 것은 틀림없는 사실이다. 더구나 조선시대야말로 사대사상의 극치라고 볼 수 있으니, 중국의 문물제도라면 무조건 모방 인수(引受)하던 시대인 만큼, 이 벼슬 이름으로써 존칭을 삼은 점은 중국에서도 일찍부터 있었던 사실이니, 우리나라에서야 두말할 나위도 없다.

4) 일반적 존칭

남을 존경하여 부름에는 비단 벼슬 이름만이 아니고 어떤 특수한 말을 성명 아래에 붙여서 나타낸 것이 있었는데, 일찍이 신라시대부터 사용한 것으로 고대사적(古代史籍)이나 금석문(金石文) 같은 데서 흔히 찾아볼 수 있다.

閼智 卽鄕言小兒之稱也 (삼국유사 권1・김알지)
薛聰字聰智 (삼국사기・설총전)
儒禮尼師今 一作世里智王 (삼국유사・왕력)
居陀知 (삼국유사 권2・거타지)
左人鄕之皆叱知 言奴僕也 (삼국유사 권2・모죽지랑)
舍知, 稽知, 大烏知 (삼국사기 권38・직관상)
炤智(知) (삼국사기 권3・신라기3)
□□ 折□智 一尺干

喙 □□天智 迊干
沙喙 武力智 迊干
沙喙 □叔智 一吉干
沙喙 忽利智 一□□
喙 □□智 沙尺干
喙 □述智 沙尺干
沙喙 宿欣智 及尺干
喙 次叱智 奈末
沙喙 另下智 及尺干
喙 居七夫智 一尺干
沙喙 順□夫智 奈□ (삼국유사 · 창녕비)
喙部 服冬知 大阿干
沙喙部 另知 大舍
喙部 非知 沙干
沙喙部 丑知 奈末 (삼국유사 · 황초령비)

이상은 인명(人名)을 빌려 적은 것인데, '武力智 · 忽利智 · 服登知 · 服冬知' 등은 인명이며, '智'(知)는 존칭이다. 그리고 이름 위에 있는 '喙 · 沙喙 · 喙部'는 그 사람들의 족관(族貫)이며, 그 아래에 있는 '一尺干 · 一吉干 · 及尺干 · 迊干 · 奈末' 등은 그 사람들의 직품(職品)과 벼슬 이름이다.

이 '智'(知)는 우리말의 '지'(치)를 한자로 음역(音譯)한 것으로서, 오늘날에도 '아버지 · 김지 · 이지 · 그치' 등으로 그 흔적을 찾아볼 수 있는데, 이는 이미 말한 바와 같이 우리 조상 때부터 사용해 온 순수한 우리말의 존칭이다. 그런데 이 '智'(知)는 비단 존칭뿐만 아니라 비칭(卑稱)으로도 사용하였으니, 이에 대해서는 『文耕』 제7집에 「卑稱에 관한 小考」라는 졸고(拙稿)를 참조해주기 바란다.

또 '智'(知)와 더불어 '선'(仙, 善)이란 존칭이 있었다. 이 '선'은 옛날 우리 선교도(仙敎徒)를 가리킨 말로 고구려시대의 벼슬 이름인 '皀衣先人'에서 유래된 것으로, 신라시대 화랑(花郞)을 가리켜 '국선(國仙)'이라든가 또는 '사선(四仙)'이라고 부르던 '선(仙, 善)'이다. 이 '선'은 그 지조가 고결하므로 한자로 이를 적을 때에 음의(音義)가 근사한 '善'을 빌려 써서 '근역선인(槿域善人)'이라 기록하고, 또는 의역(意譯)하여 '군자(君子)'라 일컬었으니, '東方有君子不事之國'이라 한 것이 바로 그것이다. 이 '선'이란 존칭은 고려시대까지도 사용했음을 알 수 있으니, 鷄林類事에 '士曰進'이라 한 것으로 미루어 보아 알 수 있고, 또 조선시대에 와서는 '선' 아래에 '비'를 더해서 '선비'라고 하여 사용하였으니, 이것은 '선' 중에서도 가장 장한 이를 부르던 우리말 고유의 존칭이었다.

또한 오늘에 있어서 가장 일반적인 것으로 두루 사용할 수 있는 '님'과 '씨'가 있었는데, '님'은 일찍이 '主'의 새김으로 썼다.

善化公主主隱 (서동요)

文懿皇后主 大娘主願燈立景文大王主繼月光 (개선사석등기)

'님'이 '主'의 새김임은 다음과 같은 기록에서 엿볼 수 있다(양주동 저, 『고가연구』).

長堤郡 本高句麗主夫吐郡 (삼국사기 권35 · 지리 2)
主님 (훈몽자회 상)
主谷里 (忠北 · 永同) 님실

'主夫吐'는 '님자터', '主谷'은 '님실', '前谷'의 뜻으로 '任實'과 뜻이 같다.

이와 같이 '님'은 '主'의 새김으로서, 존칭을 삼아오다가 조선시대에 와서는 순수한 '님'으로서 나타났다.

므슴다 錄事 니믄 녯나롤 닛고신뎌 (악학궤범 · 동동)
아바님이 받즈붏제 (侍宴父皇) (용비어천가 91)
어마님이 그리신 눉므를
어룬님 오신날 밤이여드란 구뷔구뷔 펴리라 (청구영언)
여보 서방님 내 몸 하나 죽는 것은 설운 마음 없소마는 서방님이 지경이 웬일이요 (춘향전)

또한 존칭 '님'은 '主'의 새김뿐만 아니라, '君'을 사용한 예도 있다(양주동 저, 『고가연구』).

妹者照文皇太后君妳在旀 (갈항사 석등기)
俗釋君字曰尼音今, 此語本出新羅 (지봉유설 권16 · 방언)

그런데 존칭 '님'은 '主' 외에 그 음을 빌려서 '任'을 사용하고 있는데, 이 '任' 자 속용(俗用)의 유래가 꽤 오래인 것 같다. 그러므로 오늘날에도 이 '任' 자 사용을 허다히 볼 수 있는데, 이는 어디까지나 '님'의 속용에 지나지 않으니, 삼가야 할 문제이다.

끝으로 '씨'(氏)에 대해서 살펴보면, 이 '氏'도 '님'과 같이 오늘날에 있어서 가장 일반적으로 두루 쓰이고 있는 존칭인데, 이 '씨'는 순수한 우리말이라기보다는 한자어로서 어느 때부터 들어왔는지는 확실한 것을 알 수 없으나, 아무튼 오래 전부터 사용해 온 존칭이다.

> 琉璃王一作累利 又(孺)留 東明子立壬寅 理三十六年 姓解氏 (삼국유사 권1 · 왕력)
>
> 父赫居世 母閼英 姓朴氏 妃雲帝夫人 (삼국유사 권1 · 왕력 · 남해차차웅)
>
> 始祖東明聖帝姓高氏諱朱蒙 (삼국유사 권1 · 고구려)

이와 같이 오래전부터 사용하기 시작했음을 알 수 있는데, 이 '氏'를 하나의 존칭이라기보다는 족칭(族稱)으로 인정하실 분이 있을지 몰라도 족칭으로는 항상 성(姓) 아래에 '家'를 붙여서 '李家', '金家'라고 불렀다. '씨'가 족칭이 아니고, 존칭이란 점에 대해서 다음 기록을 보면 더욱 확실한 것이 드러날 줄 믿는다.

> 或曰. 氏字本若, 代其名者然書氏而又書名如何. 旦氏字似尊稱

> 以至庶民亦稱之. 無乃不可乎. 曰不書氏字 則無辨於男女矣. 且氏 所以別其姓也. 貴賤通用何嫌. 蓋上古 庶人無姓 唯分土封國者 錫之以姓 然後有姓. 中古 有封邑勳德者 又命以邑號. 若祖字爲氏 以別其族焉 此所以唯貴者 有姓若氏也. 自周末以後 以至今日 則子傳父姓 貴賤皆同而氏字 只爲別其姓之稱 此則雖後王有作 在所不易者也. 苟爲別其姓也 則貴賤通用 有何不可乎. 若以爲尊之稱 則版籍者上於君上者也 雖卿大夫妻 豈可書氏耶. (반계수록 호적)

위에 보인 가운데 '氏字似尊稱'이라든가 '以爲尊之稱' 등으로 보아 이것은 족칭(族稱)이 아니고, 하나의 존칭이 분명하다. 그 자취로 오늘날에 있어서 유달리 서울에서 '金氏', '李氏'라고 하는 것은 여기에 기인하는데, 오래전부터 사용해 온 관습이다.

5) 결언

이상 수장(帥長)에 대한 존칭을 비롯하여 벼슬 이름으로서의 존칭 및 기타의 존칭에 대해서 살펴보았다. 수장에 대한 존칭은 한자음차표기(漢字音借表記)로 우리말을 순수하게 기록해 보겠다는 거룩한 정신이 깃들어 있는 듯하다. 그러나 물밀듯이 밀려들어 오는 한문화(漢文化)를 막을 재간은 없었기에 한문화가 수입되자 이것마저 자취를 감추고 한문화와 한자어(漢字語)에 사로잡히고 말았다. 뿐만 아니라, 오늘날에 있어서는 완전히 그 자취를 감추고 말았다.

벼슬 이름으로서의 존칭은 지금도 그 자취로서 직위에 따라서 '각하(閣下)', '국장(局長)', '사장(社長)', '과장(課長)', '학장(學長)' 등을 사용하고 있음을 볼 수 있으나, 이는 일반적으로 두루 쓰이는 존칭은 되지 못하고, 오직 일반적으로 두루 쓰이는 존칭은 '님'과 '씨'인데, '님'은 우리 민족과 같이 살아온 우리 민족 고유의 존칭이다. 그리고 '씨'는 우리말이라기보다도 본래 한자어에서 유래된 것인데, 이것이 우리의 역사를 통하여 피가 되고 살이 되었다면 이도 역시 우리의 것이다. 그러나 무모한 외국어에 사로잡혀 우리의 생활과 감정에 맞지 않는 칭호(稱號)를 사용한다는 것은 이해할 수 없는 일이다. 우리는 언제나 문화적 노예가 되어야 할 숙명적 존재이며, 언어생활의 자주성을 스스로 포기하는 민족성의 소유자는 아닐 것이다. 그러므로 조속한 시일에 민족의식과 문화감성을 높여 우리의 생활감정에 맞는 칭호를 사용하는 것이 무엇보다 긴요한 일이다.

2. 하대 칭호(비칭)

1) 서언

봉건시대(封建時代)에 계급의식(階級意識)이 투철하였다는 것은 주지(周知)의 사실이다. 봉건시대야말로 이 계급에 따라서 지위(地位)와 직업(職業)과 대우(待遇)가 달랐으며, 또한 거주지(居住地)까지도 따로 있었던 것이다. 이 계급은 생활수준(生活水準)·교양(教養)·관직(官職)의 유무(有無)에 따라 생긴 사회적 귀천(貴賤)의 등급으로서 같은 계급에도 적서(嫡庶)의 차별(差別)이 있었으며 또한, 상호간의 언어 사용도 달랐던 것이다. 그 중 천인계급(賤人階級)은 사회적으로 계급이 가장 낮아 천대(賤待)를 받던 사람들로서 대개 이들은 특별한 직업을 가지고 있었던 사람들이다. 그러므로 여기에 비칭(卑稱)이란 이 천인계급에 속하는 사람들의 특별한 직업을 중심으로 하여 나타난 것을 가리킴이다.

2) '干·尺·赤·房'과 비칭

오늘날 우리가 그 자취를 찾아볼 수 있는 것은 '한'(안)·'쟁이'·'지기' 등인데, 이것들이 고문헌(古文獻)에는 '干'과 '尺'으로 나타나 있다.

> 李睟光曰我國方言謂種蔬者爲園頭干 漁採者爲漁夫干 造泡者爲豆腐干 大抵方言以大者爲干故也○今通稱賤人爲干皆名分僭訌之致故俗用則代以漢學 (이두편람)
> 家人伴黨舍主爲頭處干(小作人)等亦威勢乙憑伏良民乙侵害爲旀 (대명률)
> 烽火干·田干 (이조사지)

時浦邊有一嫗，名阿珍義先乃赫居世王之海尺之母 (삼국유사 권1・탈해왕)

笳尺・舞尺・尺羅時樂工皆謂之尺 (삼국유사 권32・악지)

水尺무자이○外邑汲水漢也○亦有山尺今爲炮手산자이 (이두편람)

墨尺먹자이○監察陪隷也○新羅時樂工謂之尺如曰琹尺舞尺笳尺歌尺而外此又有食尺鉤尺弓尺之稱故云 (이두편람)

墨尺司憲府隷 有墨尺之名卽監察漆門時使令者 (고금석림 권지27)

倉庫上直官員及斗尺庫直人等七只不送心(倉庫直宿攢笳斗庫子不覺盜者) (대명률 권7・8)

刀尺칼자이○外邑治膳漢也 (이두편람)

刀尺今外邑掌廚供者謂之刀尺俗云칼자이 (고금석림 권지27)

墨尺・刀尺・津尺・水尺・楊水尺 (고려사)

揚水尺傺說我國妓種出於楊水尺楊水尺者柳器匠也 麗朝攻百濟時所難制之遺種也 素無貫籍賦役好逐水草遷徙無常惟事田獵編柳爲器販鬻爲業後 李義旼之子至宋遂籍其名於妓妾紫雲仙而徵貢不已至榮死崔忠獻以紫雲仙爲妾 計口賦斂滋甚故遂降於丹兵矣 後隷邑男爲奴女爲奴女爲婢多爲守宰○寵故飾容裝習歌舞曰之以妓 (고금석림 권지28)

尺三國史樂志有琹尺歌尺舞尺羅時樂工皆謂之尺 (고금석림 권지25)

鉤尺三國史古官家典幢四人鉤尺四人 (고금석림 권지27)

위에 보인 바와 같이 '干'과 '尺'은 특수한 직업자 및 기술 계통의 천인(賤人)에 대한 비칭(卑稱)임이 분명하다. '園頭干'(원두한), '漁夫干'(어부한), '豆腐干'(두부한)과 같이 채소나 과일을 가꾸어 팔고 생선이나 팔며 또한 두부를 만들어 파는 사람들에게 이 '干'(한)을 비칭으로 사용하였던 것이다. 그런데 이 '干'이 뒤에 와서는 'ㅎ' 음이 탈락(脫落)되어 '원두안', '어부안', '두부안'으로 바뀌어 최근까지도 사용된 흔적을 찾아볼 수 있다.

'尺'(자이)도 또한 천인(賤人)들의 특수한 직업을 가리킨다는 것은 두말 할 것 없으나, 이것도 주로 기술 계통의 천인을 가리키는 것 같다. 그것은 '羅時樂工謂之尺'이라든지 '柳器匠也'라든가 '今庖奴名曰刀尺'이라 한 것으로 보아 알 수 있다. 이 '尺'(자이)가 변하여 '쟁이' · '지기'가 되었는데, 이는 최근까지 '고리쟁이' · '대목쟁이' · '산지기' · '나루지기'라는 칭호를 써 왔던 것이다.

이와 같이 '干'과 '尺'을 비칭으로 사용하였음이 분명한데, 이것은 또한 존칭에도 사용되었다.

> 三國史記亦作翰○李齊賢曰新羅時其君稱麻立干其臣稱阿干至於鄕里之人例以干連名呼蓋相尊之辭 (이두편람)
> 始祖姓朴氏諱 … 號居西干辰宮王(或云呼貴人之稱) (삼국사기 신라본기 제1 · 혁거세거서간)
> 因名赫居世王蓋鄕言也或作弗矩內王言光明理世也位號曰居瑟邯或作居西干 … 自後爲王者之尊稱 (삼국유사 권1 · 신라시조)

이와 같이 '干'이 존칭으로 사용되었음을 알 수 있는데, 그럼

어째서 이 '干'이 존비칭(尊卑稱)에 두루 쓰이게 되었는가. '干'이 존칭으로 사용한 시대는 오직 신라시대에만 있었던 사실이며, 麗朝부터는 전연 찾아볼 수 없는 현상이다. 그것은 이두문(吏讀文)이 사용하기에 불편하다는 점도 없지 않겠으나, 무엇보다도 한자의 영향이 큰 줄로 생각한다. 더욱이 우리 민족은 일찍부터 사대주의(事大主義) 사상에 사로잡혀 중국의 것이라면 무조건 모방(模倣) 인용(引用)하였으니, 종래 우리의 것은 버리고 또한 천시(賤視)하여 중국의 것만을 취하게 되었으니, 일례를 들어 신라시대에 왕의 칭호로 사용하였던 '마립간(麻立干)', '거서간(居西干)', '이사금(尼師今)' 등은 겨우 22대 지증왕(智證王)까지 사용하고 23대 법흥왕(法興王)부터는 중국식의 칭호인 '王'으로 변경되어 줄곧 이어 써내려 왔던 것이다. 관직명(官職名)에 있어서도 신라시대 이두(吏讀)로써 표기하였던 것이 麗朝에 와서는 전부 중국식 관직명으로 바뀌고 단 몇 가지의 칭호만이 이어내려 왔던 것이다. 그런데 이 '干'의 어원(語源)은 '漢－汗－干'의 과정을 밟아 바뀐 것으로, '漢'과 '汗'은 동의어(同義語)인 것이다. 그것은 '成吉思汗'의 '汗'으로 미루어보아 '干'에 틀림없을 것 같다.

> 芝峯曰按我國方言干音汗如謂種蔬者爲園頭干漁採者爲漁夫干造泡者爲豆腐干大抵方言以大者汗故謂干爲汗亦此也 (고금석림 권27)

'尺'에 대한 존칭을 살펴보면 신라 관명(官名)에 다음과 같은

것이 있었으니

阿飡或云阿尺干或云阿粲 (삼국사기 권38 · 직관상)
一尺干 及尺干 沙尺干 (삼국유사 · 창녕비)
伊伐飡或云伊罰干或云角干或云角粲 (삼국사기 권38 · 직관상)
伊尺飡或云伊飡 (삼국사기 권38 · 직관상)

기타 '迊飡 · 波珍飡 · 大阿飡 · 一吉飡 · 沙飡 · 級伐飡' 등이 있는데, 이 '飡'은 그 음이 '찬'으로 '尺干' 곧 '자한'의 합음(合音) '찬'으로서, '干'과 마찬가지로 尊卑稱에 쓰였다(양주동 저, 『고가연구』).

그런데 이 '찬(飡)'이 삼국유사에는 '喰'으로 기록되어 있다.

海官波珍喰 (삼국유사 권2 · 만파식적)
新羅官爵凡十七級 其第四曰波珍喰 亦云阿珍喰也 (삼국유사 권2 · 원종흥법)
重阿喰金志誠愷元伊飡薩喰聰敏 (삼국유사 권3 · 남월산)

이와 같이 '喰'으로 되어 있으나, '飡'과 동의어인 것이다.

비칭으로 또한 '丁'과 '치'(赤)가 있었다.

白丁卽無動級之勞者也屠牛漢俗稱 … ○在前朝 … 或稱禾尺或稱才人或稱韃靼悶其不齒齊民稱 … 屬軍伍今卽屠牛者稱白丁以其造柳器故亦稱楊水尺

白丁東俗稱屠牛者曰白丁 (고금석림 28)
閑丁卿民之隷軍伍者謂閑丁 (고금석림 27)
火丁今舟人中掌炊者謂之火丁火卽火伴之火也 (고금석림 27)

이와 같이 '丁'도 이미 신라 때부터 비칭(卑稱)으로 사용되었음이 분명한데, 이는 우리말이라기보다는 한자어로서 우리말에 침투되어 최근까지도 '백정'이라든지 '한쟁이'라는 말을 사용해 왔던 것이다. 그런데 '백정'을 고대(古代)에는 '水尺', '禾尺' 등으로 기록하였으나, 모두 '무자이'라고 읽는 이두로서, '水尺(禾尺)'의 기원은 대개 역사시대 이후 북방 민족의 부로(俘虜) 혹은 투화인(投化人)에서 나온 것 같으며, 고려시대에는 유기제조(柳器製造)로써 업(業)을 삼고 그 女는 기녀(妓女) 노릇을 하였으며, 麗末로부터 屠牛業을 겸하여 이로부터 일반의 천대(賤待)가 극심(極甚)해진 것 같다. 그 중에서도 성악(聲樂)과 잡기(雜技)를 직업으로 하는 창우(娼優)의 일부분이 갈려 나와 이를 '재인(才人)'이라 일컬어 합하여 '화척재인(禾尺才人)'이란 말이 천인의 뜻으로 법전(法典)에 상용(常用)하게 되었다. 그러다가 조선시대에 와서는 '禾尺'과 '才人'이 아주 분리되어서 '禾尺' 곧 '백정'은 거주지뿐만 아니라, 의복까지 준엄(峻嚴)한 제한이 있었으며, 才人은 '백정'보다 좀 완화(緩和)한 대우를 받았다. 조선시대에 있어서의 '백정'은 유기(柳器)를 만들어 사회에 이바지하는 한편, 도우(屠牛)와 판육(販肉)으로 생업(生業)을 삼았으며, 도우를 많이 하던 한경(漢京) 같은 데서는 숙육(熟肉)과 그 부산물인 '설렁탕'을 공급하기도 하였다. 그리고 才人을 속칭 '광대(廣大)'라 하며 성기(聲技)를 업으로 삼는 동시에 무녀(巫女)의 지아비 노릇을 하였다.

'치'(赤)는 그 어원이 신라시대 존칭으로 사용하였던 '지'(知・智)가 바뀐 것으로, 이 '지'(知・智)는 원음이 '디'였으며, '지'와 통음(通音)된 것이다(양주동 저, 『고가연구』).

閼智卽鄕言小兒之稱也 (삼국유사 권1・김알지)
薛聰字聰智 (삼국사기・설총전)
儒禮尼師今 一作世里智王 (삼국유사・왕력)
居陀知 (삼국유사 권2・거타지)
左人鄕之皆叱知 言奴僕也 (삼국유사 권2・모죽지랑)
舍知, 稽知, 大烏知 (삼국사기 38・직관상)
炤智(知) (삼국사기 권3・신라기 3)
□□ 折□智 一尺干
喙 □□天智 迊干
沙喙 武力智 迊干
沙喙 □叔智 一吉干
沙喙 忽利智 一□□
喙 □□智 沙尺干
喙 □述智 沙尺干
沙喙 宿欣智 及尺干
喙 次叱智 奈末

沙喙 另下智 及尺干
喙 居七夫智 一尺干
沙喙 順□夫智 奈□ (삼국유사 · 창녕비)
喙部 服冬知 大阿干
沙喙部 另知 大舍
喙部 非知 沙干
沙喙部 丑知 奈末 (삼국유사 · 황초령비)

이상은 사람 이름을 빌려 적은 것인데, '居陀' · '居柒夫' · '福登' · '服冬' 등은 인명이며, '智(知)'는 존칭이다. 그리고 금석문(金石文)을 보면, 이름 위에 '喙' · '沙喙'이 붙어 있는데, 이것은 그 사람들의 족관(族貫)을 나타낸 것이며, 그 아래에 있는 '一尺干', '及尺干', '沙尺干' 등은 그 사람들의 직품(職品)과 벼슬 이름을 적은 것이다.

이 '智'(知)는 우리말의 '지'(치)를 한자로 음역(音譯)한 것으로서, 오늘날에도 '아버지 · 金지 · 李지' 등으로 그 흔적을 찾아볼 수 있는데, 이는 이미 말한 바와 같이 우리 조상 때부터 사용해 온 순수한 우리말의 존칭이다.

그런데 양주동 박사는 '智 · 知' 이외에 아래와 같은 제례(諸例)를 들었다.

辰韓諸小別邑各有渠帥大者名臣智次有險側次有樊祇次有殺奚次有邑借 皆其方名 (후한서 · 동이전)

> 腆支王或云直支 (삼국사기 권25·신라기 3)
> 新羅王佐利遲 (日本書紀·應神天皇 23)
> 百濟 … 久爾辛立爲王, 王年幼木滿致執國政 (日本書紀·應神天皇 25)
> 日應吉士, 還自高麗獻工匠須流枳奴流枳等 (日本書紀·仁賢天皇六年)

상례(上例)에서 '險側'는 '검치' 혹은 '큰치', '樊祇·邑借'는 '발치·골치', 고구려 관명(官名)인 '막리지(莫離支)·을지(乙支)'도 역시 '마라치·웃치'와 같이 '치'인 것이다. 이 '치'는 원래 '上'의 고훈(古訓) '자'(城上 성자·還上 환자)의 주격형(主格形) '자히'의 축약어(縮約語)로서 마치 '尺干(자한)'이 '飡·粲'(찬)으로 축약된 것과 방사(倣似)하며, '치'가 존칭이었으나, 이것이 후세에 내려오면서 오늘날의 '거라치·장사치·양아치·저치·그치' 등과 같이 비칭으로 바뀌어졌던 것이다. 그런데 이 '치'는 북방계열의 '赤'(치)와 동의어인 것이다.

> 吹螺赤됴라치動駕時御前鼓吹手宣傳官員役 (이두편람)
> 怡自此置政房手干私第選文士屬之號曰必闍赤 (고려사 권1·열전)
> 다라치·차치·모도치·아올라치(農夫·司茶人·木匠·司小人) (금사어해·원사어해)
> 筆帖式비지치 (한청문감)

이 '치'(赤)는 또한 高麗 때 수입된 것이다.

> 元制必闍赤闍音含掌文書者華音秀才也今淸呼筆帖式東俗所謂色吏者自高己然呼非赤也卽必闍二合聲 (頤齊遺稿卷之三十五)
> 赤치○如鞍赤吹鑼赤赤本元時語 (나려이두)
> 芝峯曰我國鄕語奴婢收貢者謂之達化主此則因胡元達魯花赤而訛傳云 (고금석림 권지28)

위의 기록 가운데 '元制必闍赤', '今淸呼筆帖式', '赤本元時語'며 또한, '因胡元達魯花赤' 등으로 보아 이것이 확실히 북방계어라는 것을 알 수 있다.

또한 비칭으로 '뱅이'가 있었으니, 오늘날 우리가 언어생활에서 늘 사용하고 있는 것으로, '앉은뱅이', '주정뱅이', '게으름뱅이', '가난뱅이', '느름뱅이', '장돌뱅이', '배뱅이', '놈뱅이' 등과 같이 허다한 예가 있는데, 이도 역시 오래 전부터 사용해 왔으니, 그 어원인즉 신라시대에 존칭으로 사용하였던 '방'(房)이 바뀌어져 비칭으로 된 것이다.

> 薯童房乙夜矣卯乙抱遣去如 (향가 · 서동요)
> 王遣使陪送至寺入門卽隱不知所在 … 王異之追封國師 … 至今稱曰國師房 (삼국유사 권5 · 迎如師)

이와 같이 신라시대로부터 사용해온 것을 알 수 있다. 이것도 또한 존비칭(尊卑稱)으로 양용(兩用)됨이 저 '干', '尺', '知 · 智'

와 동일한데, 그 어원(語源)에 대해서는 알 수 없으나 고대에 있어서 인명 아래에 '蛇卜・弓巴' 등을 흔히 사용하였음을 찾아볼 수 있다.

第四十五神武大王潛郎時 謂俠士弓巴曰 … 獲居大位 … 弓巴許之 (삼국유사 권2・弓巴)
弓福始張氏一名保皐 (삼국사기 권10・홍덕왕)
蛇童或作蛇卜又巴又伏等皆言童也 (삼국유사 권4・사복)
慈悲麻立干妃巴胡葛文王女 (삼국유사・왕력)

이 '巴'는 고음(古音)이 '바'이나, 대부분이 '보・부'로 바뀌어 '弓巴'는 '활보'(弓福・張保皐)이며, '蛇巴'는 '배얌보'(蛇卜・蛇伏)로서 '보'는 유사(遺事)에 '皆言童也'라 한 바와 같이, 신라시대로부터 인명 아래에 사용해온 것이다. 그 뜻은 광명(光明)으로서 '밝(볽)-배(빅)', '배-보'로 변화하여 그 주격형 '보이', '바이'에 비음 'ㅇ'이 개입(介入)하여 '붕이', '방이'로 된 것이다. 오늘날에 '손잡이-손잽이', '먹이-멕이', '박이 -백이' 등과 같이 'ㅣ'음 동화하여 '방이-뱅이'의 현상으로 나타난 것이다.

인명 아래에 '巴'가 쓰인 경우는 비단 남자들만이 아니고, 여자들에게도 사용하였으며, 때로는 '寶'로도 사용하였던 것이다.

惠恭王 … 先妃神巴夫人 (삼국유사 권1・왕력)
閔哀王 … 母貴巴夫人 (삼국유사 권1・왕력)

彌陀佛火光記云 … 亡妻古路里亡妹古巴里又爲妻阿好里等 (삼국유사 권3·남월산)

奉爲國主大王 … 亡妹古寶里又爲妻阿好里等 (甘山寺阿彌陀如來光背銘)

위에서 보인 바와 같이 '房' 이외에 인명 아래에 붙여 사용한 것을 알 수 있으며,이 '房'은 비단 칭호로서만 사용한 것이 아니라 '僧房'·'兵房'·'戶房'·'冊房' 등과 같이 처소(處所)를 가리키는 데도 쓰였다. 그리고 이것이 일본에 건너가서는 '赤坊·坊主·本因坊' 등과 같이 '坊'으로 사용되었던 것이다.

3) 결언

이상 비칭(卑稱)인 '干'·'尺'·'치'(赤)·'房' 등에 대해서 살펴보았는데, 이것들이 모두 존칭과 비칭에 사용하였던 것이다. 그 중 '干'과 '尺'은 같은 신라시대 존비 양칭(兩稱)으로 사용하였다. 그러나 이 '干'·'尺'·'赤'·'房' 등이 존칭으로 사용된 시대는 오직 신라시대뿐이며, 여조(麗朝)부터는 모두 비칭으로 전화(轉化)하고 말았으니, 그것은 무엇보다도 한자의 영향이 큰 줄로 믿는다. 이 점에 대해서는 이미 말한 바 있거니와 종래, 우리 조상들은 중국의 문물제도라면 무조건 모방(模倣) 인용(引用)한 데 기인한 것이다. 그러므로 우리의 것을 천시(賤視)하려는 태도에서 결국 이것들이 이두(吏讀)의 운명과 더불어 종래 존칭이었던 것이 모조리 비칭으로 바뀌어 사용되었다. '干'과 '尺'은 천인(賤人) 계급의 특수한 직업을 중심으로 한 것이며, '치'는 북방계어인 '赤'와 합용(合用)하게 되었으며, '房'은 일종의 해학적(諧謔的)인 칭호라고 할 수 있는 것이다. 어쨌든 우리는 고대 봉건사회의 존비귀천(尊卑貴賤)의 별(別)이 유달리 심하고 계급적 의식이 얼마나 강하였던가를 재인식시켜 줌과 동시에 또한, 우리의 존대법이 계급을 무시할 수 없다는 점을 시인(是認)하는 바이다. 그러나 오늘날에는 민주사상으로 말미암아 계급이 무너지고 만민평등의 사상으로 인하여 이 같은 고루(固陋)한 비칭은 완전히 자취를 감추고 말았다. 그리고 비록 말하는 자기 자신보다 손아랫사람이나 또한 지체(地體)가 낮다고 하더라도 그 인격을 존중한다는 미풍으로 말미암아, 오늘날은 일반적으로 '군'(君)·'양'(孃)·'-님'·'씨'(氏) 등의 존대칭호가 활발하게 쓰이고 있다.

3. 부녀자 칭호

1) 서언

오늘날은 민주사상과 더불어 남녀 동등권(同等權)을 부르짖고 있지만, 봉건시대에 있어서의 부녀자란 남존여비(男尊女卑)의 사상에 사로잡혀 그들의 온갖 권리는 오직 남성에게 빼앗겼고, 내외(內外)라는 사회적인 엄격한 격리(隔離)로 말미암아 자유로운 인간성의 가치발휘를 저지당하고, 규문(閨門) 안에서 침선방적(針線紡績)과 중궤봉사(中饋奉祀)를 일삼는 것이 유일지중(唯一至重)한 교양의 목표이면서, 이것은 굴레요 고역(苦役)이건만 도저히 벗어날 수는 없었다. 그것은 무엇보다도 유교(儒敎)와 도학사상(道學思想)이 가족제도에까지 미치어 남녀칠세부동석(男女七歲不同席)이라 하여 여자 일곱 살에 벌써 성(性) 문제와 교화론상(敎化論上)의 대상으로써 구속을 받기 시작했다. 그러므로 여자들에게 해방된 세계는 규방(閨房) 혹은 동방(洞房)이라는 육척사방(六尺四方)의 온돌(溫突)이었다. 그 밖은 세계를 달리한 신비로운 불가침(不可侵)의 곳이었던 것이다. 그래서 마치 농중조(籠中鳥)와 같이 바깥 세상을 그리워하고 지옥 생활을 연상했던 것이며, 여자 자신 도저히 이해하지 못할 제한과 장해에서 오는 괴로움을 견딜 수 없는 경우에는 내세(來世)의 존재를 믿고 다시 태어날 때는 반드시 남자로 태어날 망상(妄想)을 하였다. 이와 같은 심리상태는 심하면 종교적인 광열(狂烈)에까지 이르러 신경질이나 혹은 발광증(發狂症)으로 말미암아 죽게 되는 것이다. 과거 우리나라의 여류시인을 문헌상(文獻上) 상고(詳考)하면 십중팔구(十中八九)는 단명요사(短命夭死)했는데, 그것은 봉건시대의 가족제도에 기인하는 하나의 커다란 비극이었다. 남자들 같으면 가장 호화로운 시대에 여자는 세상에서 사라져 버리는 것이다. 그만큼 그들의 괴로움은 천 사람이면 천 사람, 만 사람이면 만 사람의 생활이 꼭 같았다. 그러니까 여류시인들이 읊은 시도 그것이 한자로 표현되었든 한글로 표현되었든, 규방생활을 원망하고 불우한 생애를 뉘우치고 심지어는, 자기를 지배하는 모든 것에 대하여 반항심을 내포하고 있는 점은 천편일류성(千篇一律性)을 띠고 있다. 이것이 규방여성들의 전모인 것이다.

일찍이 李星湖(瀷)는 근세의 유교에 통달(通達)한 사람인데, "婦人은 勤과 儉과 男女有別의 三戒를 알면 족하다. 讀書와 講義는 丈夫의 일이니, 婦人이 이를 힘쓰면 弊害 무궁하다."라고 절언(切言)하니, 이것이 당시 일반의 견해를 단적(端的)으로 표현한 것이다(성호사설 권3상 · 친속).

李德懋(雅亭)은 "婦人은 대강 書史와 論語 · 毛詩 · 小學 · 女四書나 읽어서 그 뜻에 통하고, 諸家姓氏와 歷代國號와 聖賢名字를 알면 족하니, 함부로 詩歌歌辭를 지어 外間에 傳播함은 불가하다."라고 말했다(사소절 권4 · 부의).

洪直弼은 "우리나라에서는 婦女子에게 한글만 가르치고 文字는 가르치지 않기 때문에 敎訓이 없는 소설을 읽어 이것을 사실로 믿으니, 慨嘆할 일이다. 家庭에서 이러한 소설을 금하고 모름지기 孝經 · 小學 · 女四書 등을 가르쳐 正道를 알게 해야 한다."라고 말했다(매산잡식 권상).

이로써 일반 여성관(女性觀)을 짐작할 수 있는데, 그들의 교양이란 문벌(門閥)에 따라 다소 달랐지만, 일반적으로 내훈(內訓)을 최고 수준으로 삼았다. 그러나 이 같은 몇 가지로는 부녀의

지성(知性)을 온통 만족케 할 수 없음은 물론이므로, 가정을 위한 한글 소설의 창작 번역이 속출하여, 도리어 이 같은 교훈서는 망각하기에 이르렀다. 그래서 그들의 총혜성(聰慧性)은 가끔 거석(巨石)을 뚫고 움을 내밀었으니, 시가・가사・예술 등 각 방면에 걸쳐서 가르치지 아니한 재주를 발휘했으니, 궁인(宮人)들도 있었지만, 그 중에서도 특히 기생(妓生) 출신에게 더 많았다. 그것은 기생 계급으로서 남자 앞에 나서려면 불가피한 것이었기 때문이다.

이상과 같은 질식적(窒息的) 억압하에서도 그들은 상대방의 인격을 존중하고 재능・지식・덕망(德望) 등을 존경하는 한편, 나아가서 자기 자신을 겸양(謙讓)했으니, 이는 그 당시의사회적인 계급의식이 가져온 점도 없지 않겠으나, 무엇보다도 일찍부터 우리 민족은 동방예의지국이라 하여 성가시리만큼 예의범절을 지켜 온 탓이며 또한, 우리 민족의 겸양하는 미풍에서 우러나온 생활 면의 여실한 표현으로 볼 수 있다.

필자는 지금까지 존칭과 비칭에 대해서 고찰한 바 있으나, 여러 가지로 미숙(未熟)한 점이 많았다. 그 중 특히 부녀자의 칭호문제에 대해서 구체성을 띠지 못하였다. 해량(海諒)있길 바란다.

2) 부녀자의 존비칭(尊卑稱)

우리가 남을 부를 때 그의 성명만을 부른다는 것은 그 사람의 인격을 좀 가볍게 여기는 느낌이 있으므로, 반드시 그의 성명 아래에 어떠한 칭호를 붙였던 것이다. 그것은 무엇보다도 상대방의 인격을 존중하고 나아가선 자기 자신을 겸양한다는 미풍에서 우러나온 우리 민족성의 표현이라고 볼 수 있다. 만일 우리말에 있어서 이러한 미풍이 없었다면, 인간 상호간의 관계는 오직 단순한 대이름씨의 가리킴에 불과할 것이다. 그러므로 옛적 부녀자들도 남자들과 못지 않게 스스로 존경하는 사람 또한 품격을 잃지 않으려고 애쓰는 사람, 지체가 높은 사람 등은 상하(上下)를 통해서 경어(敬語) 사용을 잊지 않았다. 그리하여 존비귀천에 따라 여러 가지 칭호가 있었는데, 이것은 계급과 층하를 없애려는 오늘에 있어서는 마땅하지 않고, 오직 일반적으로 두루 쓰이는 것이 이름씨로서 '부인(夫人)'·'아주머니'·'사모님'·'아가씨'이며, 가지말(接辭)로서는 '씨(氏)'·'님'·'양(孃)' 등인데, 어떤 경우에는 '여사(女史)'나 '선생(先生)' 등도 쓰인다.

그런데 어떤 사람들은 지금까지라도 일어(日語)의 '상(樣)'을 그대로 쓰고 있는데, 이는 우리의 감정으로든지 또한 체면(體面)으로 보아서 도저히 용서할 수 없는 일이라고 본다. 그리고 8·15 해방 이후 무모하게 영어(英語)의 Mr.·Miss·Mrs. 등을 쓰고 있는데, 이것은 우리말에 맞지 않을 뿐만 아니라, 우리의 생활감정에 어울리지 않는 칭호인 만큼 우리는 경우에 따라서 적절한 칭호를 사용하는 일이 무엇보다도 중요한 일이라고 본다. 그것은 예의(禮儀)와 사교생활에 있어서 상대방의 감정 문제에 절대적인 것이라고 생각한다.

(1) 이름씨(名詞)

① 높임말(尊稱)

오늘날에 있어서 이름씨로서의 높임말에는 일반적으로 두루 쓰이고 있는 것이 '아주머니'·'사모님'·'부인(夫人)' 등인데, 옛적 문헌을 살펴보면 남을 부르는 높임말이 한자어 그대로 사용한 것도 있지만, 대부분이 순수한 우리말로 나타나 있으니

> 抹樓下마노라○奴婢稱其主曰抹樓下 遂爲卑賤者號尊貴之稱(이두편람)
> 太太○마노라 (역어유해·존비보)
> 제죵이 ᄯᅩ 닐오ᄃᆡ 마노랏 부뫼 늘그시니 (其僕亦曰公父母春秋高) (삼강행실·若水効死)

이 '마노라'는 '抹樓下'에서 바꾸어진 것으로 이것은 '마로·마루(廳)'의 훈(訓)인데, '頭·首'의 훈인 '말·마리'와 '宗'(棟·脊樑)의 훈 'ᄆᆞᄅᆞ'와 같이 모두 '頭·上'의 원의(原義)로 동원어(同源語)인데, 존귀한 부인의 칭호인 것이다(양주동 저, 『고가연구』).

위에서 보인 바와 같이 이 '마노라'는 오래전부터 순수한 우리말로 쓰였으니, 오늘날에는 부인의 높임말로 바뀌었지만, 옛적엔 노비가 주인이나 상전을 높이는 말이었다. '上監마노라', '坤

殿마노라'는 그 예로서, 국왕·왕후를 가리키는 아주높임(極尊稱辭)말로 쓰였던 것이다. 또한 이 '마노라'는 조선시대에도 상류부인에 대한 존자(尊者)·장자(長者)를 '마노라님'이라 칭하였다. 그러다가 뒤에 차차 줄어져 '마나님', '마님' 등으로 부르게 되었다.

그런데 '上監마노라', '坤殿마노라'라고 하여 국왕·왕후에 대한 아주높임말이라고 했는데, 이 외에 '마마(媽媽)'라는 말을 썼다. 이 '마마'는 '마노라'와 같이 아주높임말로 쓰였는데, '上監마마', '公主마마', '別星마마' 따위로 이것은 일반사회라기보다도 궁중(宮中)에서 사용하는 궁중어로서, 고려시대에 수입된 몽고어(蒙古語)로 오늘날에는 완전히 자취를 감춘 말이다.

미혼 여성에겐 '아기씨'란 말이 있었으나, 이 '아기씨'는 남의 집 처녀나 손아래 시누이를 가리키는 말로서 조선시대 이후부터 줄곧 사용해 왔음을 알 수 있으니, 그것은 춘향전(春香傳)에서 향단이가 춘향이를 가리켜 '아기씨'라고 부른 점이라든가, 심청이를 주위 부인들이 '아기씨'라고 부른 점으로 보아 미혼인 처녀를 가리키는 높임말임이 분명하다. 그런데 이것을 준말로 '아씨'라고 하는데, 이 '아씨'를 한자로 취음(取音)하여 '阿氏'라고 하며, '아기씨'는 '阿只氏'라고도 했다. 또 '아기씨'나 '아씨'와 대등한 말로서 '아가씨'라는 말도 사용해 왔던 것이다.

오늘날에 있어서 가장 일반적으로 두루 쓰이고 있는 것은 부인을 가리키는 말로 '아주머니'라는 높임말이 있다. 이것은 옛 문헌에서 전연 찾아볼 수 없는 것으로, 해방 이후부터 활발하게 쓰이는 말이다. 이 '아주머니'는 어머니와 같은 항렬의 여자와 또한 자기와 같은 사람의 부인이나 형수 · 제수 · 계수 등을 가리킴이 원칙인데, 요즈음 '아주머니'를 쓰고 있는 모양을 보면 대개 50세 이하의 부인에 대해서는 이 '아주머니'로써, 두루 가리키고 있다. 아마 이는 필자가 생각건대 다른 사람의 부인일지라도 나의 친아주머니와 같이 대해주자는 미풍에서 우러나온 것으로 인정한 탓이 아닌가 여겨진다. 그러나 이는 어디까지나 속된 말로서 부질없는 것이니 삼사(三思)를 요함과 동시에 삼가야 할 문제인 것이다. 이미 말했지만, 오늘날은 민주사상과 더불어 계급과 층하를 없애려는 마당에 앞에서와 같은 속된 칭호의 사용은 차라리 금하는 것이 좋겠다.

한자어는 '娘子 · 處子 · 小姐' 등이 쓰였는데, 이는 사대사상에 사로잡혀 중국의 것을 무조건 모방 인용하여 상용해 온 것들이다. 그러나 오늘날에는 이것들의 자취는 감추고 8 · 15해방 이후 '아주머니'와 동격으로 일반적으로 두루 쓰이고 있는 것으로 '師母님'이 있다. 이 '사모님'은 스승(先生)의 부인(夫人)을 가리킴이 원칙인데, 요즈음 스승의 부인이 아닌 '사모님'이란 높임말이 대유행하여 듣는 사람으로 하여금 꽤 어색한 감을 주고 있다. 그래서 스승의 부인으로서의 '사모님'은 마치 과거에 속한 상식인양 속된 경향으로 흐르고 있다. 이는 무엇보다도 부인들에 대한 적당한 칭호가 없는 탓이라고 보나, 그렇다고 해서 군수(郡守)

부인에게도 '사모님', 서장(署長) 부인에게도 '사모님', 사장(社長) 부인에게도 '사모님', 지점장(支店長) 부인에게도 '사모님', 군인(軍人) 상사의 부인에게도 '사모님'이라고 불러야 할 것인가? 물론 남편을 선생(先生)이라고 하는 마당에 있어서 '사모님'이란 높임말을 찬성하는 분이 있을지 모르겠지만, 남편에게는 다른 칭호를 사용하면서 하필 부인에게만이 '사모님'의 칭호를 사용한다는 것은 십분 고려해야 할 문제라고 생각한다(國語淨化敎本 先生・師母님條). 그래서 필자는 '사모님' 대신에 차라리 '부인(夫人)'이라는 칭호가 적합하지 않은가 생각한다.

② 낮춤말(卑稱)

낮춤말을 살펴보면 '召史'(조이)[2]가 있었으니 곧, 아래와 같은 기록을 찾아볼 수 있다.

召史方言조이 (이두편람)
召史○소사良民之妻稱召史 (나려이두)

그 어원에 대해서는 확실한 것이 나타나 있지 않으나, 신라・고려시대에 양민(良民)의 처(妻)를 가리킨 순수한 우리말인 것이다. 그런데 이 '召史'는 삼국사기나 고려사에서는 일절 발견할

2) '召史'는 이두어휘(吏讀語彙)로 '소사'로 읽지 않고 '조이'로 읽는다.

수 없고 조선시대에 나타난 것을 보면,

> 召史 年十六 其夫採薪爲虎所害 召史毁戚骨立 恐父母奪志 常自誓曰 我若有他將何以見舅姑 見亡人於地下 一日其父母困欲嫁 召史知之縊死 (동국여지승람 · 단성열녀)
>
> 召史 水軍朴春山妻 夫溺水死 召史求屍不得 並岸號哭仍投水死事聞旌閭 (동국여지승람 · 삼가열녀)

여지승람(輿地勝覽)에 효녀 열부(烈婦)로 수십 명이 나와 있으나, '召史'라고 밝혀 있는 것은 이 두 사람밖엔 없다. 그러므로 보통명사인 '召史'를 고유명사와 같이 사용하고 있는 점은 성씨가 일실(逸失)되어서 모녀(某女)의 의미로 사용한 것일까? 이 점에 대해서 다음 기록을 살펴보기로 하자.

> 奴婢主良女 李召史 圍[3] (萬曆三七年己酉 奴婢賣渡古文書)

이것으로 보아 성(姓)이나 '모녀(某女)'의 뜻으로 사용한 것이 아니며, 양민지처칭(良民之妻稱)이란 것을 알 수 있다.

---

3) 이것은 오늘날 지장(指章)과 같은 것으로 옛적에는 하류사회인(良民 · 賤人)은 손가락의 마디 모양을 성명 아래에 표시하여 재가(裁可)의 뜻으로 삼았던 것이다. 그래서 남자는 왼손 마디, 여자는 바른손 마디를 사용하였던 것이다. 특히 이것들은 노예매도증서에서 흔히 볼 수 있는 것이다.

㉠ 유부녀(有夫女)

權召史

三嘉民朴道經. 殺其妻權召史. ○判付曰. …

意使許多伉儷無難. 霎時間戕害. 其獰頑兇慝所罕見 …

金召史

安東民金驗尙. 殺其妻金召史 …

李召史

開城民徐仁行. 殺其妻李召史 …

李召史

信川民白同. 殺其妻李召史. ○査官報狀曰. 賤流之夫婦相鬪自是例事. 況其有行姪之跡乎. 長有爲妻. 結恩三好年合之情. 如膠如漆 …

㉡ 과부(寡婦)

鄭召史

根因. 古今島鄭士龍之妹鄭召史. 出嫁干莞島. 其夫死於非命. 只有遺腹女一個.

鄭女今年二十四. 志不嫁曰. 吾夫死於非命. 只有此一塊肉. 吾當盡心鞠養. 豈可他適 …

崔召史

載寧民李景輝. 逼崔召史母子七人致死. ○臣議曰 …

崔召史旣稱召史. 則是氓隷之賤流也. 李景輝與爲叔姪. 則亦氓隷之賤流也. 氓隷之賤. 喪其禾束. 枉疑隣戚. 與之勃谿. 此閭里之常事也. …

朴召史 鄉豪庇黨 嫠婦受殘

龍仁民金元喆. 殺朴召史. ○初檢跋詞曰. 金朴兩家均有班名.

㉢ 첩(妾)

金召史

海州趙命得等殺

海州趙命得等殺鄭景文○議曰全召史妾也. 吳召史妻也殺人一律也. 誣人律之罪永一律也. … (欽欽新書正宗朝丁若鏞)

㉠ 유부녀 ㉡ 과부 ㉢ 첩을 막론하고 상인(常人) 이하의 부인에게는 모두 '召史'라고 불렀다는 것이다. 그것은 ㉡ 과부의 崔召史를 "旣稱召史. 則是氓隷之賤流也"라고 하는 것으로 보아 명확하다. 그리고 ㉢ 朴召史에 "金朴兩家均有班名"이라고 되어 있는 '班名'은 양반을 가리키는 것으로 '召史'를 가리킨 모순(矛盾)은 없으나, 우리나라에는 일찍부터 '鄕班'이란 것이 있어, 비록 양반이라 할지라도 오랜 동안 시골에 묻혀서 벼슬도 하지 않고 줄곧 살고 있었기 때문에, 양반이라기보다도 상인(常人) 취급을 받아왔다는 것이다. 여기에 班名이라고 한 것은 이름만이 양반이라는 것이다.

이제 말한 바와 같이 '良民之妻稱'이란 것이 확실한데, 최근에 와서는 이 '召史'가 과부를 가리키는 칭호로 바뀌었다. 그것은 서민계급인 과부 집 문패에 '某召史'라는 것을 찾아볼 수 있었으며 또한, 문헌에 서민계급의 계후(笄後)의 여자라는 것으로 보아 이 '召史'가 서민계급의 과부를 가리키는 칭호로 바뀌었던 것이다. 그러나 오늘날에는 그 자취를 감추고 말았다.

미혼여성을 가리키는 낮춤말에는 '계집'이 있었으니, 우리의 옛말을 조사해 보면 '계집'은 본시 '겨집'이었다.

> 女子ᄂᆞᆫ 겨지비라 (월인석보 1・12)
> 늘근 겨지븐 죠히ᄅᆞᆯ 그려 쟝긔파ᄂᆞᆯ 밍ᄀᆞᆯ어ᄂᆞᆯ (두시해 7・4)
> ᄉᆞ나ᄒᆡᄅᆞᆯ ᄀᆞᄅᆞ치고 계집을 가ᄅᆞ치지 아니ᄒᆞ니 (여사서 1・6)
> ᄉᆞ나ᄒᆡ 녜ᄂᆞᆫ길흘 계집이츼도ᄃᆞ시 (송강단가)

이 '겨집'의 '겨'는 '在'의 뜻이요 '집'은 '家'의 뜻으로 '在家'를 의미하는 말로서, 'ㅑ－ㅒ, ㅕ－ㅖ'와 같이 'ㅣ'모음동화하여 '겨집'이 '계집'이 된 것이다.

그런데 '겨집'이 '在家'의 뜻이라고 했는데, 우리말에 있어서 '풀이씨+임자씨'의 언어 구성이 가능하냐에 대해서는 『한글』 119호에 실린 「김형규 교수의 說」을 참조해 주기 바란다. 어쨌든 우리말에서 '안해(妻)', '서방님', '내외(內外)'라는 말과 같이 이들이 그 거처하는 장소에서 나온 것을 볼 때 지나친 말이라고는 생각되지 않는다. 따라서 봉건 씨족사회(氏族社會)에 있어서의 외출을 금한 여자들에 대한 좋은 상징(象徵)이라고 하겠다.

방언(方言)을 살펴보면, 영남(嶺南)・호남(湖南) 지방의 방언으로서 '가시내'라는 말이 있으니, '계집애'라는 말과 병행하여 미혼 여아(女兒)의 뜻으로 여아들을 천시하는 낮춤말로 사용하고 있다. 이것은 서울에 오는 나그네의 입에서 흘러나올 때는 자못

흥미 있게 여기고 있다. 그런데 이 '가시내'는 여러 가지 민간 어원설이 있으니, 일인(日人)인 오구라 신페이(小倉進平)는 '가시내'를 '嫁僧俄'라고 했다. 이 '嫁僧俄'는 신라시대에 귀족의 가문에서 출가할 딸을 무녀(巫女)에게 문점(問占)을 하는데, 불길한 징조가 보이면 비밀리에 하룻밤을 사찰의 승려에게 동침을 시켰다 하여 '嫁僧俄'라고 했으며, 혹자는 '加僧愛'라고도 하는데, 오구라 신페이의 설에 대한 이음동의(異音同義)에 지나지 않을 것이다.

또한 『東寰錄』(동환록)에 "假男 今嶺湖南以女子未嫁者謂之假男兒"라고 기록되어 있다. 이것은 '가사나해(假男兒)'가 변하여 '가시내'가 되었다는 것인데, 대체로 민간어원설은 그럴듯한 고사(故事)를 인용하거나 조작해서 흥미를 중심으로 한 한자식 부회(附會)와 속설(俗說)에 지나지 않은 것이다. 따라서 한 언어의 어원이나 발음을 정확히 고찰하려면 이런 민간어원설은 허구성(虛構性)이 많아 도저히 밝힐 수 없기 때문에 문헌을 통한 면밀한 조사와 더불어 음운론적(音韻論的)・형태론적(形態論的)・의미론적(意味論的) 견지에서 과학적이고 종합적인 연구가 필요할 것이다. 옛 문헌을 살펴보면

> 내 平生애 그딋 가시 다외야지라. … (월인석보 1・보광불조)
> 妻는 가시라 (월인석보 1・12)

이 '가시'는 妻를 의미하는 것으로 그 어원인즉 '㊀'에서 전음(轉音)된 것이다. 그것은 우리말에서 흔히 볼 수 있는 '벌+이-버리(蜂)', '놀+이-노리(遊)', '먹+이-머기(餌)'와 같이 변화된 것으로, '初·겨우·新·淸'의 뜻이 있다. 그 예인즉, '갓난애(初生兒)·갓설흔(三十)·가시다(改)·가새다(更)' 등에서 엿볼 수 있는 것이다(전남일보 소재, 李珍模 論文). 그런데 訓蒙字會 31에 '氏는 각시씨'라고 되어 있는데, 오늘날에는 妻를 '각시'라고 하는 점으로 보아 그때는 '가시'와 '각시'를 병행하여 쓴 것 같다. 이것은 우리 민족도 씨족(氏族)의 중심인 여자 즉, 모계(母系)를 중심으로 한 씨족사회로부터 출발하였다는 것을 증명하는 한 좋은 자료인 것이다. 그러나 부계(父系)를 중심으로 한 부권사회(父權社會)로 넘어가자, 여자들은 온갖 권리를 남자들에게 빼앗기었고, 규방생활(閨房生活)을 하게 되자 규방생활을 상징하는 말이 '겨집'과 '안해'로 말미암아 '가시'라는 말은 점차 소멸하게 되었던 것이다. 그러므로 이 '가시내'는 '㊀'에서 발전한 '가시'에 '아이'라는 이름씨가 합한 것으로, '가시아이-가시내'로 바뀌어졌고, '가시'가 처를 의미하는 까닭에 '가시내'는 자연히 미혼 여아를 뜻하게 되어, 단지 방언으로서 여맥(餘脈)을 유지하면서 그 뜻마저 '머슴애'와 대응하는 낮춤말로 바꾸어졌던 것이다.

또한 '어미내'가 있으니, 이 '어미내'는 관북(關北)·관서(關西) 지방의 방언으로서, 이제 말한 호남·영남지방의 '가시내'와 동일한 것으로, '어미(母)'에서 온 말로 '어미+애'의 동음화로 된

미혼 여아에 대한 낮춤말인 것이다. 그런데 이것은 고문헌에서 전연 찾아볼 수 없는 것이다. 그 이유인즉 이곳에는 여진족(女眞族)이 오랫동안 살았고 또한, 우리 사회에서 이유없이 차별을 받아 이것이 표준어로서의 세력을 가지지 못하고, 단지 서북지방의 방언으로 남게 되었던 것이다(김형규 · 국어학사).

(2) 붙임말(接辭)

① 높임말(尊稱)

오늘날에는 부녀자에 대한 높임의 접미사로서는 가장 일반적인 것으로 '님', '氏', '孃' 등이 쓰이며, 또 경우에 따라서는 '女史', '先生' 등도 쓰인다. 그러나 고문헌을 살펴보면 역시 '님'이 있었으니, 이 '님'은 '主'의 새김으로 썼었다.

善化公主主隱 (서동요)
文懿皇后主 大娘主願燈立景文大王主繼月光 (개선사석등기)

'님'이 '主'의 새김임은 다음과 같은 기록에서 찾아볼 수 있다(양주동 저, 『고가연구』).

長堤郡 本高句麗主夫吐郡 (삼국사기 권35 · 지리 2)
主님 (훈몽자회 상)
主谷里 (忠北 · 永同) 님실

'主夫吐'는 '님자터', '主谷'은 '님실', '前谷'의 뜻으로 '任實'과 뜻이 같다.

이와 같이 '님'은 '主'의 새김으로서, 존칭을 삼아오다가, 후대에 와서는 순수한 '님'으로 나타났다.

> 므슴다 錄事 니ᄆᆞᆫ 녯나ᄅᆞᆯ 닛고신뎌 (악학궤범 · 동동)
> 아바님이 받ᄌᆞᄫᆞᆯ제 (侍宴父皇) (용비어천가 91)
> 어마님이 그리신 눉므를 (용비어천가 91)
> 어룬님 오신날 밤이여드란 구뷔구뷔 펴리라 (청구영언 · 황진이)

또한 높임말 '님'은 '主'의 새김뿐만 아니라 '君'을 사용한 예도 있다(양주동 저, 『고가연구』).

> 妹者照文皇太后君妳在於 (갈항사 석등기)
> 俗釋君字曰尼音今, 此語本出新羅 (지봉유설 권16 · 방언)

그런데 높임말 '님'은 '主' 외에 그 음을 빌려서 '任'을 사용하고 있는데, 이 '任' 자 속용(俗用)의 유래가 꽤 오래인 것 같다. 그러므로 오늘날에도 이 '任' 자 사용을 허다히 볼 수 있는데, 이는 어디까지나 '님'의 속용에 지나지 않으니, 삼가야 할 문제이다.

이상 높임말 '님'에 대해서 살펴보았는데, 이 '님'은 오랜 옛적부터 써내려온 우리 겨레의 생활감정 그대로 나타낸 높임말인 것이다.

또한 '氏'가 있었으니, 이 '씨'는 '님'과 같이 오늘날 가장 일반적으로 두루 쓰이고 있는 높임말인 것이다. 그러나 이 '氏'가 순수한 우리말이라기보다도 한자어로서, 어느 때부터 들어왔는지는 확실한 것을 알 수 없으나, 아무튼 줄곧 써내려온 높임말인 것이다.

> 父赫居世 母閼英 姓朴氏 妃雲帝夫人 (삼국유사 권1 · 왕력 · 남해차차웅)
> 始祖東明聖帝姓高氏諱朱蒙 (삼국유사 권1 · 고구려)
> 父南解母雲帝妃辭要王之女金氏甲申立理三十三年尼叱今或作尼師今 (삼국유사 권1 · 왕력제1)

이와 같이 오래전부터 쓰기 시작했음을 알 수 있다. 그런데 이 '氏'를 하나의 높임말이라기보다도 족칭(族稱)이라고 생각하실 분이 있을지 몰라도 족칭으로서는 항상 성 아래에 '家'를 붙여서 '李家', '金家'라고 불렀던 것이다. 이 점에 대해서는 다음 기록을 보면 더욱 확실한 것이 드러날 줄 믿는다.

> 或曰. 氏字本若, 代其名者然書氏而又書名如何. 且氏字似尊稱以至庶民亦稱之. 無乃不可乎. 曰不書氏字 則無辨於男女矣. 且氏 所以別其姓也. 貴賤通用何嫌. 蓋上古 庶人無姓 唯分土封國者 錫之以姓 然後有姓. 中古 有封邑勳德者 又命以邑號. 若祖字爲氏 以別其族焉 此所以唯貴者 有姓若氏也. 自周末以後 以至今日 則子傳父姓 貴賤皆同而氏字 只爲別其姓之稱 此則雖後王有作 在所不易者也. 苟爲別其姓也 則貴賤通用 有何不可乎. 若

以爲尊之稱 則版籍者上於君上者也 雖卿大夫妻 豈可書氏耶.
(반계수록 호적)

위에 보인 '氏字似尊稱'이라든가 '以爲尊之稱' 등으로 보아 이것은 족칭(族稱)이 아니며, 하나의 존칭이 분명한 것이다. 기타에도 '金石文'에 나타나 있는 '復寶氏', '藥婢氏' 등도 족칭이거나 복성(復姓)은 아니고 어디까지나 높임말인 것이다. 그리고 서민계급의 부녀자에게는 이미 말한 바와 같이 '召史'라는 칭호를 사용하였으며, 천인의 부녀자에게는 성을 사용하지 않고 이름을 사용했던 것이다. 그러므로 '씨'는 오직 상류(上流)의 부녀자에게만이 쓰였던 높임말인 것이다.

이와 같이 오래전부터 '씨'(氏)를 사용하기 시작했으므로, 오늘날에 와서는 이것이 우리말에 없어서는 아니 될 만큼 일반적으로 두루 쓰이게 된 높임말인 것이다.

그런데 요즈음 '女史', '先生', '孃' 등의 높임말이 쓰이는데 이것은 중국에서 사용하고 있는 것으로 일본을 거쳐 우리나라에 들어온 것 같다. '女史'는 시집간 여자나 사회적으로 이름이 있는 여자에게 사용하고, '先生'은 가르치는 사람을 말함인데, 오늘날 민주사상과 더불어 남녀동등권을 부르짖고 있어 여자도 사회적으로 활동을 하게 됨에 따라 주어진 높임말로, 사원(辭源)엔 "娘娘之尊稱"이라 기록되어 있다. 이것도 역시 중국의 것을 모방해서 사용하는 것에 지나지 않은 것이다.

방언으로는 '宅'이 있으니, 이 '宅'은 기혼 부녀자의 높임말로 호남·영남 지방에서 흔히 사용하는 것으로 친가(親家)가 서울이면 '서울宅', 부산이면 '부산宅'이라고 부르는 것이다. 그런데 이것은 오래전부터 사용해 왔음을 알 수 있으니, 磻谿隨錄의 "若今稱某宅某之類"라는 것으로 알 수 있다. 이는 무엇보다도 우리나라에 있어서는 중류(中流) 이상의 부인은 이름을 부르는 것을 싫어하고 일반적으로 洞名이나 宅名, 姓氏(漢民族의 모방 이후) 등을 사용한 탓이며 또한, 이름은 서민계급의 부인이나 혹은 유녀(幼女)나 여승에게만이 부를 수 있었기 때문이다. 그래서 상류사회의 부녀자가 이름을 부르는 것을 꺼리는 것은, 하천(下賤)의 부녀자시(婦女子視)하는 경향이 있으므로, 극단적으로 꺼리게 되었던 것이다. 더욱이 한민족의 성을 모방하여 사용하게 된 이후부터는 두말 할 것도 없었다.

② 낮춤말(卑稱)

낮춤말에는 이렇다는 것이 없고 이름을 부르는 것이 특징이었다. 그러므로 상류사회의 부녀자에겐 이름이 없었고, 막상 있었다고 하더라도 행할 수 없는 것이 과거의 습속(習俗)이었으니, 그 이유는 이미 말한 바와 같다. 단지 낮춤말이라고 들추어본다면 '연'이 있으니, '××년'이라 하여 아주낮춤말로 사용하였던 것이다. 오늘날에도 이 '연'은 쓰이고 있어 여자 전반에 걸친 아주낮춤말인 것이다. 그리고 방언으로서는 '집'이 있었으니, 이 '집'은

'宅'의 새김으로 손아랫사람이나 지체가 낮은 기혼 부녀자에게 동명(洞名)이나 이명(里名) 아래에 붙여서 '宅'의 용법과 같이 사용했던 것으로, 오늘날 호남・영남 지방 등에서 그 흔적을 찾아볼 수 있다.

3) 결언

이상 부녀자의 칭호에 대해서 살펴보았다. 질식적(窒息的)인 억압하(抑壓下)에서 마치 농중조(籠中鳥)와 같은 생활을 영위해 가면서도 그들은 교양을 쌓았고 또한 상대방의 인격과 자기자신을 겸양할 수 있는 예의범절을 잊지 않았다는 것이다. 그래서 그들이 사용하던 칭호가 순수한 우리말로 나타났으니, 첫째 이름씨로서의 높임말에는 '마누라'・'마나님'・'마님'・'마마'・'아기씨'・'아씨'・'아가씨' 등을 사용했으나, 오늘날에 와서는 자취를 감추고 '아주머니'가 두루 쓰이고 있다. 한자어로는 '낭자(娘子)'・'처자(處子)'・'소저(小姐)' 등을 사용했는데 이것들도 역시 자취를 감추고, '師母님'이 '아주머니'와 동격으로 일반적으로 두루 쓰이고 있다. 그리고 낮춤말에는 '召史'와 '계집'이 쓰였는데, 오직 '계집'만 남아, 오늘날 부녀자 전반에 걸친 낮춤말로 두루 쓰이고 있으며, 방언으로서 '가시내'와 '어미내'가 있다. 이것들은 모두 씨족사회에서부터 시작되어 다음의 가족제도를 갖추게 되고, 또 조선에 와서는 유교 봉건사회에서 다음의 서양의 문화가 들어와, 남녀동등권을 부르짖게 된 우리 사회의 변천을 그대로 반영한 것이다.

둘째로 접미사(接尾辭)에 있어서는 우리말에 '님', '씨'가 있는데, 이것은 비록 부녀자에게만 한하지 않고 우리 민족 전반에 걸친 높임말로 아득한 옛적부터 줄곧 써내려온 고유한 칭호로서 구김 없는 우리 민족성 그대로를 반영한 것이다. 한자어로는 '女史'·'先生'·'孃' 등이 있는데, 이것이 오늘날에 와서 부녀자의 칭호로서 가장 일반적으로 두루 쓰이고 있다. 그리고 방언으로서 '宅'이 있는데, 이것도 호남·영남지방에서 그 여맥을 간직하고 있는 것이다.

낮춤말은 봉건사회의 상하귀천이란 계급의식을 그대로 반영한 것이 이 낮춤말에 여실히 나타나 있다. 상인(常人) 이하의 계급에 속하는 부녀자에게는 칭호를 사용하지 않고 직접 이름을 사용했으니, 상류사회의 부녀자가 이름이 없고 또한 이름이 있어도 사용하지 않고 꺼리는 이유가 여기에 기인했던 것이다. 그러므로 단지 낮춤말이라고 하면 남성의 '놈'에 해당하는 '연' 이외는 없고 그저 방언으로서 '宅'의 새김인 '집'이 있으니, 자기보다 손아랫사람이나 지체가 낮은 부인에게 '宅'의 용법과 같이 쓰였던 것이다.

이와 같이 이 칭호는 어디까지나 아기자기한 우리 민족성과 시대성 그대로의 반영인 것을 알 수 있으며, 또한 우리의 생활 그대로인 것을 알 수 있다. 오늘날에 있어서 우리가 사용하고 있는 부녀자의 칭호에 대해서 일반성을 찾는다는 것은 한편 무리한 것도 같지만, 부자지간이나 또는 손윗사람이나 지체가 높은 사람에게는 어찌할 수 없는 문제인 것이다.

4. '마누라'의 어원

요즈음 '마누라'라는 말은 '나이 지긋한 아내'를 일컫는 말로 두루 쓰이고 있다. 또한 중년(中年) 이상의 여자를 가리키는 말로도 쓰인다. 따라서 '마누라'를 홀(忽)하게 일컫는 말로 '마누라장이(마누라쟁이)'가 허다히 쓰이는가 하면, 지역적으로도 여러 가지로 다채롭게 쓰이고 있다.

마누라: 전라 · 충청 · 제주 · 함남 · 황해
마누래: 평안 · 함남 · 경기
마누레: 경북 · 강원
마느래: 경상 · 강원

그런데 이 '마누라', '마노라'는 '抹樓下 · 瑪樓下'의 취음표기(取音表記)로 이는 노비(奴婢)가 자기의 주인이나 상전을 일컫는 말에서 근세에 형성된 것이다.

제 죵이 또 닐오ᄃᆡ 마노랏 父母ㅣ 늘그시니 (其僕亦慰解曰 公父母春秋高) (삼강 · 충신)

太太○마노라 (역어유해・존비)

抹樓下마노라○奴婢稱其主曰抹樓下 遂爲卑賤者號尊貴之稱 (이두편람)

노비가 그 주인을 이르되 抹樓下(마노라)라 한다. 그리하여 비천한 사람이 존귀한 사람을 부르는 칭호가 되었다.

'마노라'는 원래 '마로・마루'(廳)에서 파생된 말인데, 이는 머리(頭・首)의 옛말인 '말・마리'와 같은 뜻이다. 또한 'ᄆᆞᄅᆞ'(宗)(棟・脊樑)도 '말・마리', '마로・마루'와 같은 어원으로 모두 '頭・上・宗'을 일컫는 말이다. 이는 신라시대 지증왕(智證王)의 왕호인 '마립간(痲立干)'(말한)에서도 찾아볼 수 있다. '痲立干'(말한)이란 왕호는 신라 눌지왕(訥祗王)을 비롯하여 자비(慈悲)・소지(炤知)・지증(智證)의 4대에 걸친 왕호이다.

이 '痲立干'에 대하여 양주동 박사는 말하기를, '痲立干'은 '말한'으로서 고구려의 관직명인 '막리지(莫離支)'(말치)와 같이 '痲立'은 '말, 마리'(頭・上・宗)의 차자(借字)에 불과하다 하였다. 이병도 박사는 '痲立干'은 '두감(頭監・上監)'의 뜻으로 '폐하(陛下)・전하(殿下)'의 자의(字義)와는 다르지만, 존칭으로서는 마찬가지라 하였다. 그리고 후세의 임금을 '상감마루하(上監抹樓下)'라 함은 이 '痲立干'이 전화(轉化)한 말이라 하였다.

그런데 일찍이 신라시대의 김대문(金大問)은 다음과 같이 말하였다.

訥祗麻立干 金大問云 麻立者 方言謂橛也 橛標准位而置 則王橛爲主 臣橛列於下 因以名之 (삼국사기 권3 · 신라기 3)
麻立干者 金大問云 麻立者 方言謂橛也 標准位而置 則王橛爲主 臣橛列於下 因以名之 (삼국유사 권1 · 제2남해왕)

麻立干을 두고 金大問은 말하기를 麻立이란 우리말로 말뚝(橛)을 이른다. 말뚝을 표 삼아 자리의 서열을 정함으로 王말뚝이 으뜸이 되고 臣下말뚝들은 그 아래 벌려 선다. 그로 인하여 이런 이름이 생겼다.

사서(史書)에 인용된 김대문의 이러한 어원 해석은 일종의 민간어원(Folk-etymology)으로 그의 어원 해석은 대표적인 것이라 하겠다. 김대문을 비롯한 옛사람들의 어원 해석은 곧잘 보이는 '因以名之'나 '故因其名'이란 말로써 연기관적(緣起觀的) 어원 해석을 보여준 것이다.

'마노라'는 비단 노비가 자기의 주인이나 상전을 일컫는 말로만 쓰인 것이 아니라, '上監마노라 · 坤殿마노라 · 大妃마노라 · 大殿마노라 · 先王마노라 · 웃전마노라 · 內殿마노라' 등과 같이 가장 높은 존칭으로 특히 궁중(宮中)에서 왕의 직계와 비빈(妃嬪)들에게 상용되었다. 그러다가 이 '마노라'는 역시 최존칭인 '마마(媽媽)'로 바뀌고, '마노라'는 오늘날과 같이 노부녀(老婦女)를 일컫는 존칭으로 바뀐 것이다.

老婦女曰마루라者抹樓下者 粧樓也尊之之辭 (동언고략 상)

그러면 '마마(媽媽)'는 어떻게 형성된 말인가. 이는 원래 한자어로 ① 俗稱母曰媽媽(어머니를 '마마'라 한다.) ② 年老之婦人也(나이가 많은 부인을 일컫는다.)의 뜻으로 쓰였다(中文大辭典 참조). 이미 앞에서도 말한 바 있지만, 한자어인 '마마'가 '마노라'와 같이 궁중어(宮中語)로 채택된 것이다. 그 연유에 대해서는 후술하겠지만 그 사용례는 다음과 같다.

왕: 大殿마마 · 上監마마
王大妃: 大妃마마 · 慈殿마마 · 웃전마마
王妃: 中殿마마 · 坤殿마마 · 內殿마마
世子: 東宮마마 · 世子마마 · 東마마
世子嬪: 嬪宮마마 · 世子嬪마마

궁중어는 봉건사회 계급의 극치였던 궁중 소산(所産)으로, 보다 나은 왕실의 권위와 왕에 대한 존엄성을 높이기 위한 권력의 상징으로서 일종의 마력적인 효과를 가지고 있는 특수 집단어인 것이다. 그러므로 일반 민중과는 전혀 접촉이 없는 폐쇄적인 언어로서 일반 민중과의 Demonstration을 목적으로 조성된 것이라 하겠다. 그리하여 하나의 계급의식하에서 그들의 특수 언어사회를 조성하였으며, 또 절대권을 가진 황제가 거처하는 궁중이었던 만큼 집권상 또는 행정상 비밀을 보장하기 위한 수단이었을 것이다. 그뿐만 아니라, 봉건사회에 있어서의 궁중이란 마치 지상의 천국으로서 신성불가침(神聖不可侵)하는 지배계급 사회인 만큼 일종의 그룹 의식을 강화하기 위하여 조성된 것이라고도 하겠다.

그런데 궁중어를 살펴보면 순수한 우리말도 있지만, 대부분이 난해한 한자어가 많으며, 도한 중국어나 몽고어가 많이 나타나 있음을 알 수 있다. 이는 아마 일반 민중과의 접촉을 피하기 위한 수단이었을 것이다. 난해한 한자말이 많은 것은 우리나라는 중국과 이웃하고 있어 일찍부터 문화 발전에 많은 영향을 받았고, 더욱이 사대사상으로 한자의 수입뿐만 아니라 중국의 것이라면 무조건 모방 인수하였으니, 당시의 국어의 천시란 이루 말할 수가 없었다. 중국의 문물제도에만 눈이 어두웠고, 또 당시의 궁중이란 한문화 숭상의 온실이었던 것이다. 그리하여 지식층이 일반 민중과의 접촉을 피하는 데는 어려운 한자말이나 외국어인 중국어나 몽고어가 궁중어 조성의 첩경이었을 것이다(필자 「宮中語攷」(1969) 참고).

다음은 '높은 벼슬아치의 첩'에 대한 호칭으로서의 '마마'이다. 특히 조선시대에 일반적으로 쓰여 오다가 근자에 '마마님' 또는 줄여서 '마님 · 마나님' 등으로 바뀌었다. "부잣집 마나님(마님)께서 인색도 하셔."가 그 한 보기라 하겠다. 요즈음은 거의 사용되지 않고 간혹 사극 같은 드라마에서 그 사용례를 찾아볼 수 있다.

또한 '어머니에 대한 호칭'으로서 '마마'이다.

『中文大辭典』에는 "俗稱母曰媽媽"라 하였지만, '어머니'에 대한 어린이말로 'mamma'는 세계적으로 두루 쓰이는 공통어라는 것은 주지의 사실이다.

영국: mother, mamma
독일: muter, mama
프랑스: mere, mamma
라틴: mater
고오트: modher
산스크리트: mater
중국: mama
일본: mamma
한국: 엄마

필자가 『小兒語 硏究』(1975)에서 밝힌 바 있지만 'mamma'(엄마)의 첫소리 'm'(ㅁ)은 발음하기가 쉽다. 그것은 특히 어린이들에게는 태어나면서부터 어머니의 젖을 빤다거나, 우유 꼭지를 빠는 데서 입술이 발달되어 자연 순음(입술소리) 계통의 발음이 발달된다고 하겠다. 이러한 점에서 같은 어린이말인 '아빠'의 경우도 마찬가지라 하겠다. 어쨌든 '엄마 · 아빠'가 가리키는 바와 같이 'ㅁ'(m)은 여성을 뜻하고 'ㅂ'(p)는 남성을 뜻하는 것이 흥미로운 점이다.

남성: 할아비 · 아비 · 오라비 · 아재비 · 홀아비 · 술아비 · 중신아비 · 당골아비 · 지아비 …

여성: 할어미 · 할미 · 어미 · 아재미 · 홀어미 · 술어미 · 지어미 …

한가지 덧붙일 것은 마마(媽媽)의 세속어인 뜻이다. 그 확실한 원인은 알 수 없지만, 손님마마 · 역신마마 · 별성마마를 비롯하여 마마병 · 마마떡 · 마마딱지 등이 그것이다. 존대나 그 호칭으로 쓰였던 '마마'가 천연두의 별칭으로 쓰이는 일이다. 이는 아마 잔악한 천연두의 역신(疫神)을 무마하려는 데서 형성된 이칭(異稱)이 아닌가 생각한다.

끝으로 '마누라쟁이'에 대한 호칭이다. 이미 서두에서 밝힌 바 있지만, '마누라'를 홀(忽)하게 일컫는 말이 '마누라쟁이'라 하였다. 결국 '쟁이(장이)'가 붙어서 비칭이 된 것이다.

주지의 사실이지만, 요즈음 '쟁이(장이)'라는 호칭을 허다히 들을 수 있으니, '대목쟁이 · 미쟁이 · 뚜쟁이 · 고리쟁이' 등이 그것이다. 이 '쟁이'는 일찍부터 사용된 우리 고유의 호칭이었는데, 고대에는 '尺'(자이)가 기술 · 기능을 가진 사람에 대한 비칭이었다. 이는 다음의 기록과 같이 "羅時樂工皆謂之尺(신라 때 악공을 가리켜 尺이라 일렀다.)"라든가 "柳器匠也"라든가 "今庖奴名曰刀尺'이라 한 것으로 보아 알 수 있다.

> 笳尺 · 舞尺 · 尺羅時樂工皆謂之尺 (삼국유사 권32 · 악지)
> 水尺무자이○外邑汲水漢也○亦有山尺今爲炮手산자이 (이두편람)

刀尺칼자이○外邑治膳漢也 (이두편람)

揚水尺者柳器匠也 (고금석림 28)

尺(자이)는 또한 '쟁이' 이외에 '지기'로 바뀌어 오늘날 '山尺'은 '산지기', '津尺'은 '나루지기'라는 말로 바뀌어 쓰이고 있다.

『국어사전』(이희승)에 '마누라'를 '(속) ① 아내, ② 늙은 여자'라 하였다. '마누라'를 '아내'의 속칭(俗稱)으로 보았으나, 오늘날 주로 노령층(老齡層)에서도 '아내'(妻)에 대한 호칭(呼稱)으로 아직도 일반적으로 사용하고 있으며, 속칭으로 '늙은 여자'를 일컫기도 한다.

제4장
존대어휘와 접미사

1. 존대어휘의 유형과 형성

1) 서언

국어존대법은 존대와 비존대(하대) 그리고 겸양으로 대종(大宗)을 이루고 있으며, 주로 문법론·화용론·사회언어학의 연구대상이 되어 왔다. 따라서 초기의 연구 경향은 주로 문법론적 연구로 오랜 역사를 가지고 있으며, 70년대에는 주로 화용론적·사회언어학적인 면에서 그 연구가 시도되었다. 이미 『국어경어법연구』(김종훈 편, 1984)에서 밝힌 바 있지만, 필자는 국어존대법의 유형을 ① 칭호(稱號)와 경어(敬語) ② 존대어휘(尊待語彙)와 토 ③ '-숩' 따위와 경어 ④ 높임의 등분(等分) ⑤ 방언(方言)과 경어로 분류하였으나, 이를 아직 구체적으로 체계화하지 못했다. 특히, 존대어휘에 대해서는 밝히지 못했다.[1)]

그리하여 그동안 국어존대어휘의 실상(實相)을 분석 고찰하기 위하여 『국어대사전』(이희승)을 섭렵하였다. 주로 한자어이지만, 약 500여 어휘를 수집하였다. 본고는 이들 어휘의 특징과 내용상의 유형을 살펴, 존대어휘의 본질을 구명(究明)하고자 한다. 본고가 사계(斯界)에 일조(一助)가 된다면 행심(幸甚)으로 여기겠다.

2) 존대법 연구 경향

국어존대법에 관한 연구는 국어의 성격상 그동안 사계의 많은 관심거리가 되어왔다는 것은 주지의 사실이다. 그리하여 일찍이 국어문법론에서 주로 인칭대명사와 높임의 등분에 대하여 관심이 컸었고 마침내 小倉進平(1929)의 『謙譲の助動詞の變遷』과 「朝鮮語における謙譲尊待法の助動詞」(1938)가 국어존대법 연구의 효시(嚆矢)적 역할을 하였다.

그 후 김형규의 「敬讓詞의 硏究」(1947), 허웅의 「尊待法史」(1954)를 비롯하여 필자의 「國語敬語法 硏究」(1958), 전재관의 「-습 따위 謙讓詞의 散攷」(1958) 등이 발표되었다.[2] 주지의 사실이지만 小倉進平은 '-삽'을 '-숣'계의 겸양사의 조동사라고 하고, '-이'를 '-이'계의 겸양사의 조동사라 하여 주로 그 형태 변천

---

1) 拙稿(1962), 「높임말 당신에 대하여」(『한글』 130)를 발표 '당신'의 존대 여부에 대하여 고찰한 바 있다.

2) 김종훈, 『국어경어법연구』, 집문당, 1984.

을 밝혔으며,[3] 김형규도 접미사 '-숩'의 의의규정(意義規定)에 대하여 많은 이론적인 설명을 하였으나, 결론은 오구라(小倉)의 그것과 일치하였다.[4]

그런데 오구라 신페이와 김형규의 이러한 의의규정에 대하여 정면으로 비판하고 나선 연구가 허웅이었다. 허웅 교수의 「존대법사」는 많은 중세어 문례(文例)를 검토하면서, '-숩'은 객어(客語)를 높이는 존대법 곧 객체존대(客體尊待)의 접미사로 규정하였다. 그리하여 소위 객체존대란 신학설은 사계의 많은 호응을 얻었던 것이다.[5]

그러나 이러한 객체존대는 국어존대법 연구에 있어 논란의 대상이 되었다. 이숭녕은 「謙讓法硏究」(1962)와 「敬語硏究」(1964)를 발표, 존대법의 체계를 존경법(주체존대법)·겸양법(주체겸양법)·공손법(恭遜法)으로 분류, 허웅의 객체존대법을 '-숩' 개재(介在)의 이유가 설명되지 않는다 하여 이를 겸양법이라 하였다.[6] 안병희는 「主體謙讓法의 접미사 -숩에 대하여」(1961)에서 객체존대가 '-숩' 접미사를 설명하는 데 적합하지 않으며, 오히려 존대보다도 겸양의 뜻을 가지므로 이를 주체겸양법이라 한다 하였으며,[7] 김형규도 「敬讓詞問題의 再論」(1962)에서 '-숩'

---

3) 小倉進平, 「鄕歌及吏讀の硏究」, 『謙讓の助動詞の變遷』, 1929.
4) 김형규, 「敬讓詞의 硏究」, 『한글』 102, 한글학회, 1947.
5) 허웅, 「尊待法史」, 『成均學報』 1, 성균관대, 1954.
6) 이숭녕, 「敬語硏究」, 『震檀學報』 25·26·27, 진단학회, 1964.

을 경양접미사(敬讓接尾辭), '-니이'를 경양종결어미(敬讓終結語尾)로 수정 발표하였다. 그리하여 국어존대법은 존대법에 대한 분석체계와 객체존대라는 술어에 대한 논란에서 그 본질 파악의 한 단락이 지워졌던 것이다.

1960년대의 이러한 연구 추세와는 달리 1970년대에는 국어존대법에 대한 연구가 새로운 각도에서 이루어졌으니 곧, 현대국어를 중심으로 한 '높임의 등분'과 '방언에 나타난 존대법'의 연구였다. 종래의 아주높임과 예사높임, 아주낮춤과 예사낮춤과 같은 문법서에서 찾아볼 수 있는 등분 설정과는 달리 좀 더 구체적이고 분석적이었다. 성기철은 「國語待遇法硏究」(1970), 「尊待法의 한 考察」(1970)에서 주로 사원적(四元的) 체계에 '두루높임'과 '두루낮춤'을 등외로 설정하였으며,[8] 고영근도 「現代國語의 尊卑法 硏究」(1974)에서 역시 사원적 체계로 '해라·하게·하오·합쇼체'를 들고, '요' 통합형과 '요' 통합가능형의 이원적 체계로 양분하였다.[9]

따라서 요즘 지역어 연구가 활발하면서 각 지역어에 대한 연구도 활발하다. 졸저 『國語敬語法硏究』에서 밝힌 바 있지만, 이익섭의 『嶺東方言의 敬語法 硏究』(1973), 최태영의 『全北東

---

7) 안병희, 「主體謙讓法의 接尾辭 '-숩'에 대하여」, 『진단학보』 22, 진단학회, 1961.
8) 성기철, 『現代國語 待遇法 硏究』, 개문사, 1990.
9) 고영근, 「現代國語의 尊卑法에 대한 硏究」, 『語文硏究』 10(2), 서울대 어문연구소, 1974.

部地域語의 尊待法 硏究』(1973), 현평효의 『濟州道方言의 尊待法』(1977), 김영태의 『慶南方言終結語尾의 敬語法 硏究』(1977), 강신항의 『安東方言의 敬語法』(1980) 등을 소개한 바 있다.[10] 근자에 이주행이 『忠淸北道 方言의 相對敬語法 硏究』(1990), 『全羅北道 方言의 相對敬語法 硏究』(1990)에서는 등분을 화계(話階)라는 용어를 사용, '해라체 · 해체 · 하게체 · 하오체 · 해요체 · 하십시오체' 등 6등분으로 분류, 그 지역어의 경어법의 특징을 고찰하였다.[11] 이규창도 『現代國語 尊待法 硏究』(1990), 『現代國語 반말 · 놓는말에 대한 考察』(1991)에서 특히 '반말'의 등분 설정을 체계화하였다.[12]

3) 존대어휘의 유형

여기에서는 수집(蒐集)된 어휘를 유취분류(類聚分類)하여 그 실태를 밝혀보려 한다. 존대어휘는 역시 계급성(階級性)과 신분성(身分性) 표시의 어휘가 주류를 이루고 있음을 알 수 있다. 그것은 무엇보다 왕(王)과 비빈(妃嬪) · 궁중(宮中)에 관련된 어휘를 비롯하여 가족중심의 존 · 겸칭(謙稱)이 많으며, 성명 · 질병 · 사망 등의 어휘가 많기 때문이다.

---

10) 김종훈, 전게서, 1984.

11) 이주행, 『平沙閔濟敎授 華甲紀念論文集』, 1990.

12) 이규창, 『玄山金鍾塤博士 華甲紀念論文集』, 집문당, 1991.

(1) 왕(王)·비빈(妃嬪)

王·妃嬪을 비롯한 궁중 용어를 들 수 있다. 왕궁의 권위와 왕에 대한 존엄성을 높이기 위하여 특수 언어를 사용하였고, 신성불가침의 지배계급 사회였던 만큼 그들의 언어사회는 폐쇄적이었던 것이다. 특히 궁중어는 봉건사회 계급의 극치였던 궁중 소산(所産)으로 이는 하나의 계급의식하에 조성된 것이며, 우리 민족 고유의 전통성도 있지만, 주로 중국과 몽고의 궁중 풍속의 모방성 속에서 형성된 특수 집단적인 것이다.[13] 본고에서는 王·妃嬪에 대한 제호칭(諸呼稱)과 이에 관련된 어휘만을 소개코자 한다. 먼저 왕을 지칭하는 접두사에는 '啓-, 敎-, 內-, 大-, 寶-, 聖-, 御-, 玉-, 龍-, 綸(윤)-, 薨(훙)-' 등을 찾아볼 수 있으며, 왕의 존칭으로 '君父·君主·君王·君長·主上·上監·大王·大殿·大帝' 등을 비롯하여 '極尊·殿下·聖朝' 등이 있으며, '朕(짐)·寡君(과군)·寡人·孤' 등의 왕의 자칭(自稱)도 있다는 것은 주지의 사실이다. 또한 왕비의 존칭으로는 '令上陛下·內殿·坤殿' 등이 있고, '邸下'(王世子의 호칭), '妃氏'(왕비로 간택된 아가씨의 존칭), '樊祇'(번기, 삼한시대 군장의 한 호칭)와 같은 특수 존칭도 있다.

---

13) 김종훈, 「宮中語攷」, 『국어국문학』 42·43, 국어국문학회, 1969.

(2) 가족 칭호

가족호칭어는 주로 한자어로 이루어진 특수 어휘이지만, 국어 존대법의 본질적 기능의 발로이다. 李崇寧(1964)은 '경어법은 언어사회의 특이한 신분성표시(expression of social relationship)라는 규범일 것이다'라 하였지만, 씨족사회에 있어서의 가족 호칭의 발달은 필연적이다. 그리하여 부모・형제・자매・부부・자녀 등 육친 중심의 어휘가 발달되어 있다.

- 부친(父親)

尊稱: 春堂・春府・春府大人・春庭・春府丈・春丈・令尊・父君・尊公・尊待人
謙稱: 家君・家大人・家父・家嚴・家尊・家親・嚴君・嚴親
亡父의 尊稱: 先考・先大人・先父君・皇考

- 모친(母親)

尊稱: 令堂・慈堂・萱堂・慈闈・尊堂・尊媼・母堂・母夫人・大夫人・聖善
謙稱: 家慈・慈親・慈母

- 형(兄)

尊稱: 伯氏・令兄
謙稱: 家兄・家伯・舍兄・舍伯・愚兄

• 제(弟)

尊稱: 介弟 · 令弟 · 弟氏 · 季氏

謙稱: 舍弟 · 愚弟

• 자(姉)

尊稱: 令姉 · 姉氏

謙稱: 愚姉

• 매(妹)

尊稱: 令妹 · 妹氏

謙稱: 愚妹

• 처(妻)

尊稱: 貴夫人 · 內相 · 夫人 · 令閨 · 令夫人 · 閤夫人 · 賢夫人 · 賢閤 · 後屋(後娶) · 如夫人(妾) · 令寵(妾)

謙稱: 愚妻 · 拙妻 · 拙荊 · 荊妻

• 자(子)

尊稱: 貴息 · 令郎 · 令息 · 子弟 · 賢息

謙稱: 家豚 · 迷豚 · 家兒 · 豚兒 · 迷兒 · 迷息 · 愚息

• 여(女)

尊稱: 令嬌 · 令女 · 令孃 · 令愛 · 玉女

謙稱: 愚女

• 기타

老人丈노인장: 노인을 맞대고 부르는 존칭

老兄노형: 동년배·10년배에 대한 존칭

同知동지: 직함이 없는 노인의 존칭

妹兄매형: 손위 누이의 남편의 존칭

執事집사: 貴人에 대한 존칭

盟兄맹형: 친구의 존칭

大兄대형: 편지에서 친구의 존칭

査夫人사부인: 사돈댁의 존칭

査丈사장: 사돈집 웃어른의 존칭

尊舅존구: 시아버지의 존칭

尊姑존고: 시어머니의 존칭

尊翁존옹: 노인의 존칭

長老장로: 덕과 나이가 많은 사람의 존칭

上老人상노인: 상늙은이의 존칭

岳丈악장: 丈人의 존칭

令壻영서: 남의 사위에 대한 존칭

令孫영손: 남의 손자의 존칭

吾兄오형: 편지에서 벗 사이의 존칭

阮丈완장: 남의 伯·仲·叔·季父의 존칭

王考丈왕고장: 작고한 祖父의 존칭

王大夫人왕대부인: 남의 祖母의 존칭

王丈왕장: 남의 祖父의 존칭

王大人왕대인: 王丈

王尊丈왕존장: 王丈

渭陽丈위양장 : 남의 外叔의 존칭
婦翁부옹 : 사위에 대한 장인의 겸칭
舍姪사질 : 자기 조카의 겸칭
咸氏함씨 : 남의 조카의 존칭

(3) 종교

종교 어휘는 주로 불교 어휘가 많으나 유교·기독교·대종교 등에서도 찾아볼 수 있다. 불교 어휘는 지존(至尊)하신 부처님을 비롯하여 보살·고승(高僧)의 존칭과 학문·덕행에 대한 어휘가 주류를 이루고 있다.[14] 따라서 유교나 기독교도 주로 공자나 예수에 대한 존칭과 입도(入道)와 수도(修道)에 대한 어휘가 특징을 이루고 있다.

• 불교
講伯강백 : 강사의 존칭
客님객님 : 절에서 客僧을 존칭하는 말
大覺世尊대각세존 : 불타의 존칭
牟尼모니(범muni) : 仙人이란 뜻으로 석가의 존칭
無上尊무상존 : 부처의 존칭
文殊菩薩문수보살 : 文殊의 존칭
法友법우 : 法師의 겸칭

14) 홍철기, 「佛敎 語彙 硏究」, 『金鍾塤博士華甲紀念論文集』, 집문당, 1991.

法兄법형 : 한 스승에게서 법을 같이 받은 사람을 높이어 일컫는 말
菩薩보살 : 高僧을 높이어 일컫는 말
寶塔보탑 : 절에 있는 탑의 존칭
佛天불천 : 부처의 존칭
非人비인 : 세상을 피한 중의 겸칭
師主사주 : 중의 존칭
山僧산승 : 중의 존칭
首座수좌 : 國師의 존칭
示寂시적 : 보살 또는 高僧의 죽음의 존칭
琰魔法王염마법왕 : 염라대왕의 존칭
猊下예하 : 高僧의 존칭
愚禿우독 : 중이 자기를 겸손하게 일컫는 말
一代敎主일대교주 : 석가모니불의 존댓말
入道禪下입도선하 : 禪下는 禪師 또는 參禪하는 사람을 존칭
長老장로 : 禪宗에서 한 절의 住職 도는 和尙에 대한 존칭
慈氏尊자씨존 : 미륵보살의 존칭
尊者존자 : 학문과 덕행이 높은 佛陀의 제자의 존칭
尊前존전 : 神佛이나 귀인의 앞의 존칭
拙衲졸납 : 拙僧
拙僧졸승 : 僧의 겸칭
天台大師천태대사 : 智顗의 존칭
太古大師태고대사 : 太古國師의 존칭
軒號헌호 : 남의 당호를 높이어 부르는 말
和尙화상 : 중의 존칭

• 유교(儒教)

斯文사문 : 유학자의 존칭

尼父이부 : 공자의 존칭

子자 : 공자의 존칭

玄聖현성 : 공자의 존칭

顔子안자 : 顔回의 존칭

• 기독교(基督教)

聖徒성도 : 기독교 신자의 존칭

寶座보좌 : 하느님이 앉아 있는 높고 귀한 자리

教弟교제 : 教友 사이에 쓰이는 겸칭

聖下성하 : 〔천주교〕교황에 대한 존칭

殿下전하 : 〔천주교〕추기경에 대한 존칭

天上母后천상모후 : 〔천주교〕성모 마리아의 존칭

• 대종교(大倧教)

神兄신형 : 大倧教 신도들이 大宗師를 부를 존칭

宗師종사 : 成道闡理한 사람의 존칭

한얼님 : 檀君의 존칭

(4) 문장(文章) · 편지

편지에 쓰이는 어휘가 비교적 발달되어 있다. 이는 주로 문어체의 문장생활에서 형성된 것이 아닌가 생각된다. 상대방의 이름 아래 쓰이는 호칭을 비롯하여 봉투에 쓰이는 어휘, 편지 첫머리에 쓰이는 어휘, 편지 끝에 쓰이는 어휘 등이 특징적이다. 어휘 형성을 살펴보면 편지글의 특수성 그대로 본래부터 존대의 뜻을 가진 특수어휘도 있지만, 특수 한자의 접두사로 이루어진 어휘가 많다. 주로 언간(諺簡)이지만, 김일근(1974)은 '簡潔한 文體'·'尊待語의 완전한 保存'을 찾아볼 수 있는 것이 '親筆諺簡'의 특징이라 하였다.[15] 따라서 비단 편지글뿐만 아니라, 일반 문장이나 시가(詩歌)에 대한 특수 존대어휘도 있다. 특히 '남의 시가에 대한 존댓말', '남의 글이나 저서(著書)에 대한 존댓말', '자기 시문(詩文)에 대한 謙稱' 등이 쓰이고 있다. 이는 오랜 동안의 문어생활(文語生活)에서 타성적(惰性的)으로 형성된 어휘가 아닌가 생각된다. 참고로 몇 가지만 예거(例擧)하기로 한다.

- 편지에 대한 특수 어휘: 臺墨·大札·溫簡·雲翰·雲箋
- 편지에 대한 접두사 어휘
  尊稱: 貴紙·貴函·芳墨·芳書·玉札·玉書·玉章·尊札·尊翰·尊函·惠書·惠音·惠札·惠翰·惠函·華箋·華翰·華簡·華墨
  謙稱: 愚書·愚狀·愚札·寸簡·寸書
- 봉투에 쓰이는 특수 어휘
  尊稱: 升鑑·親展·惠展
- 이름 아래 쓰이는 호칭

15) 김일근, 『親筆諺簡總攬』, 경인문화사, 1974.

尊稱: 碩北 · 梧下 · 座下 · 足下 · 梧右 · 机下

- 편지글에 쓰이는 어휘

尊稱: 敬啓 · 敬具 · 敬白 · 敬復 · 貴體 · 謹啓 · 謹拜 · 謹封 · 謹上 · 謹言 · 謹緘 · 拜啓 · 拜具 · 拜白 · 拜復 · 復啓 · 伏慕 · 肅啓 · 肅拜 …

謙稱: 伏幸 · 小盲 · 伏白 …

- 문장 · 시가

尊稱: '高書 · 高詠 · 芳詠 · 芳吟 · 玉詠' · 玉韻 · 玉筆 · 尊詠 · 貴詠

謙稱: 拙詠 · 拙筆 · 拙書

- 原稿 · 著書

蕪草: 자기가 쓴 草稿의 겸칭

愚稿: 자기 원고의 겸칭

愚草: 자기 草稿의 겸칭

拙稿: 자기 원고의 겸칭

拙作: 拙著

拙著: 拙作

(5) 주거(住居) · 주택(住宅)

남의 주택이나 주거에 대한 존칭 어휘가 비교적 발달되어 있다. 이는 지체가 높은 사람이나 손윗사람에게는 항상 존대하고, 손아랫사람에게는 항상 겸양한다는 미풍에서 우러나온 생활면의 여실한 표현일 것이다.

주택에 대한 존칭을 살펴보면, '高-, 貴-, 尊-' 등의 접두사로 이루어진 어휘와 '陋-, 鄙-, 蝸-' 등으로 이루어진 '자기 집의 겸칭'도 있다. 또한 '片庵'(자기 집의 낮춤말)과 같은 특수 어휘도 있다.

尊稱: 高堂・高屋・貴宅・貴家・尊家・尊宅・尊邸・私宅・舍宅・宅 …
謙稱: 陋屋・陋宅・鄙舍・鄙第・蝸屋・蝸廬・蝸舍・舍第 …

주거에 대한 존칭을 살펴보면, '남의 사는 곳의 존댓말'로서 '貴地・錦地' 등의 특수 어휘가 있으나, 겸칭으로 '陋-, 鄙-, 弊-' 등의 접두사로 이루어진 어휘를 비롯하여 '寒鄕'(자기가 살고 있는 시골의 낮춤말)과 같은 특수어휘도 있다.

謙稱: 陋地・陋巷・鄙地・鄙處・鄙邊・弊邑・弊鄕 …

(6) 질병(疾病)·사망(死亡)

'질병(疾病)'에 대한 존칭은 다음과 같이 특수 어휘로 이루어진 것이 특징이다. 참고로 몇 가지만 예거하면 다음과 같다.

感患감환: 감기의 존칭
美愼미신: 남의 병의 존칭
微恙미양: 자기 병의 겸양
疾患질환: 어른의 병의 존칭

患候환후 : 웃어른(王)의 질환
愼節신절 : 남의 병의 존칭
眼患안환 : 남의 안질의 존칭
閤患합환 : 남의 아내의 병환의 존댓말

'사망'에 대한 존칭으로는 일반적으로 한자어인 '別世・棄世・下世' 등 존대의 의미가 있다 하겠으나, 다음과 같은 존대어휘도 있다.

逝去서거 : 死去의 높임말
逝世서세 : 別世의 존댓말
捐世연세 : 사망의 존칭
薨逝홍서 : 王公貴人의 죽음을 높이어 일컬음. 薨去・薨御(홍어)
崩御붕어 : 王・王妃의 죽음
昇遐승하 : 상동
登假등가 : 天子의 붕어
登霞(遐)등하 : 上皇의 붕어

(7) 성명(姓名)・용모(容貌)

성명에 대한 존칭이 비교적 발달되어 다양하다. 특히 성명에 대해서는 그 작명사상이 조상숭배와 연계되어 존경인의 함자(啣字)를 함부로 호명하지 못하는 습속(習俗) 등에서 형성되었을지도 모른다. 한자어 인명일수록 수복강녕(壽福康寧)과 길상경조

(吉祥慶兆)를 기원하는 작명이 많았다.[16] 그리하여 오늘날도 마찬가지지만, 우리의 선인들은 사람의 이름(姓名)을 중히 여겨 남의 성명에 대한 존칭이 형성되었을 것이다. 몇 가지만 예거하면 다음과 같다.

高名고명 : 남의 이름의 존댓말
芳名방명 : 남의 이름에 대한 존칭
芳啣방함 : 상동
姓啣성함 : 성명의 존칭
令名영명 : 남의 이름의 존칭
尊啣존함 : 상동
銜字함자 : 남의 이름을 한문투로 높여 일컬음.

용모(얼굴)에 대한 존칭으로서 특수어휘가 있다. 남녀의 구별, 미모(美貌)와 추모(醜貌)에 대한 구분이 없이 쓰이고 있다. 그러나 '임금의 얼굴'은 임금에 대한 다른 어휘와 마찬가지로 '임금'을 뜻하는 접두사로 형성되어 있는 것이 특징이다.

臺顔대안 : 남의 얼굴의 존칭
芳容방용 : 남의 용모에 대한 존칭
神色신색 : 顔色의 존칭

---

16) 김종훈, 『韓國固有漢字硏究』, 보고사, 2014, 111면.
최범훈, 『漢字音訓借用表記體系硏究』, 동국대 한국학연구소, 1977.

尊顔존안 : 남의 얼굴의 존칭
玉顔옥안 : 임금의 얼굴
天顔천안 : 상동
龍顔용안 : 상동

이상 수집한 존대어휘를 유형 중심으로 분석, 고찰하였다. 한두 가지 유형을 추가한다면, 어휘수가 많지 않으나, '스승'을 존칭으로 '師父·師丈·師君', '나이'의 존칭으로 '年歲·年齒·春秋'를 비롯하여 '寶令'(왕·왕비·왕세자의 나이)이 있으며, '文人'의 존칭으로 '辭宗·詞兄·詩宗' 등을 들 수 있다. 그리고 이삭을 줍는 어휘로 '忌辰(忌日)·喪配(喪妻)·生辰(生日)·醫伯(醫師)·畫伯(畫家)·孝中(喪中)' 등을 들 수 있다.

4) 존대어휘의 형성

(1) 특수어휘

국어는 고유어와 한자어의 이중구조로 이루어졌다는 것은 주지의 사실이다. 존대어휘도 고유어가 아주 열세(劣勢)이기는 하지만, 고유어와 한자어로 이루어졌다. 국어존대법이 어미·조사 등 문법 형태도 있지만, 어휘적 방법에 의하여 실현되는 경우도 있다. '-시·-옵'으로 존대가 실현되는 것이 아니라, 어르신(어른)·진지(밥)·주무시다(자다)·春府丈(아버지)·咸氏(조카) 등과 같이 본래부터 존대의 의미를 가지고 있는 특수어휘를 가려 써서 존대를 나타내는 것이다.

국어존대법은 비단 존대의 경우뿐만 아니라, 비존대(하대)의 경우와 자기 겸손의 겸양을 들 수 있다.[17] 이를 흔히 객체존대와 상대존대라 하여 특수어휘를 가려 사용하고 있다. '뵙다(보다)·드리다(주다)·모시다(데리다)·바치다(내주다)' 등과 '저(나)·저희(우리)·家親(자기 아버지)·豚兒(자기 아들)' 등이 그것이다. 그러므로 존대어휘는 무엇보다도 존대의 뜻을 가진 특수 어휘와 겸양어가 있다는 것이 어휘상의 한 특징이다.

① 고유어

전술한 바 있지만, 고유어는 한자어에 비하여 그 수량 면에서 아주 열세이다. 그것은 고유어가 일반적으로 '-시·-옵'으로 존대가 실현되는 어휘가 많기 때문에, 따로 존대의 뜻을 나타내는 어휘는 많지 않은 것이다. 이러한 점에서 국어존대법은 어휘적 방법에 의하여 실현되는 경우보다 어미·조사 등 문법 형태의 경우가 보다 조직적이고 구체적이다. 고유어로서 존대의 뜻을 가진 특수어휘를 소개하면, 다음과 같다.

계시다: 있다의 높임말
굿기다: 죽다의 높임말

---

17) 김종훈, 전게서.

드리다: 주다의 높임말
무르와가다: 물러가다의 높임말
자시다: 먹다의 높임말
장님: 소경의 높임말
주무시다: 자다의 높임말
지위: 목수(木手)의 높임말
진지: 밥의 높임말
말씀: 말의 높임말
꾸짖다: 야단치다의 높임말
돌아가시다: 죽다의 높임말
모시다: 데리다의 높임말
여쭈다: 말하다의 높임말
바치다: 내주다의 높임말

② 한자어

존대어휘는 한자어가 주류를 이루고 있다 해도 과언이 아니다. 어휘형성도 원래 존대의 뜻을 가진 특수 어휘가 있지만, 허다한 어휘가 접사로 이루어져 있다.

존대어휘의 구조도 한자어의 구조와 다를 바 없다. 한자어의 구조에 대하여 제설(諸說)이 있지만, 최규일(1988)은 다음과 같이 밝힌 바 있다.[18]

---

18) 최규일, 「韓國語 語彙 形成에 관한 硏究」, 성균관대 대학원, 1989, 121~125면.

融合관계: 身體 · 正直 · 逃走 …
竝列관계: 風雲 · 晝夜 · 信任 · 眞善美 …
對立관계: 貴賤 · 男女 · 旦夕(朝夕) …
修飾관계: 美人 · 人情 · 古書 · 新春 …
主述관계: 日出 · 鳥飛 · 家貧 · 山高 …
述目관계: 讀書 · 愛國 · 求人 · 給水 …
述客관계: 登山 · 下山 · 登校 · 下校 …
述補관계: 有效 · 難解 …
述體관계: 所願 · 不美 · 不老 …

위의 '融合'에서 '主述'까지의 한자어는 국어와 어순이 같으므로 한자 순서대로 풀이하며, '述目'에서 '述體'까지의 한자어는 국어와 어순이 다르므로, 우리말 어순에 맞도록 풀이해야 한다. 위의 한자구조에 일치하는 것은 아니지만, 존대의 뜻을 가진 특수 어휘를 몇 가지만 예거하기로 한다.[19]

錦地금지 : 상대방의 거주지에 대한 높임말
美愼미신 : 남의 병의 높임말
辭宗사종 : 文人 · 學者에 대한 높임말
生庭생정 : 生家의 높임말
聖善성선 : 어머니에 대한 높임말

19) 어휘 해석에 있어, 존칭 · 경칭 · 높임말 · 공대말 또는 공손어 · 겸양어 · 겸칭 · 낮춤말 등은 사전 풀이 그대로임을 밝혀 둔다.

詩宗시종 : 詩人에 대한 높임말

愼節신절 : 남의 병의 높임말

雁行안행 : 남의 형제에 대한 높임말

碩北석북 : 편지봉투에 받는 이의 이름 밑에 쓰는 높임말

捐世연세 : 사망의 높임말

渭陽丈위양장 : 남의 외숙의 높임말

慈闈자위 : 어머니의 높임말. 慈親

峻命준명 : 君命에 대한 높임말

僉尊첨존 : '여러분'의 높임말

閤患합환 : 남의 아내의 병환의 높임말

孝中효중 : 남의 상중(喪中)의 높임말

同知동지 : 직함이 없는 노인의 높임말

師丈사장 : 스승의 존칭. 師君. 師父.

蕪草무초 : 자기가 쓴 草稿의 낮춤말

微恙미양 : 자기 병의 낮춤말

婢子비자 : 여자 자신의 낮춤말

寒鄕한향 : 자기 고향의 낮춤말

이러한 존대어휘는 오랫동안 한자화의 전통에 길들여온 특수 어휘들이다. '年齒'(나이의 존댓말) · '寢睡'(잠의 존댓말) · '坐定'(앉다의 존댓말) · '逆情'(성의 존댓말) 등과 같이 단순히 한자어로서의 존대성을 지닌 어휘는 아닌 듯하다. 그러나 이러한 어휘는 시대성의 차이는 있지만, 무엇보다도 난해성으로 인하여 잘 쓰지 않는다는 것은 주지의 사실이다. 앞으로의 통용성(通用性)이

걱정된다.

(2) 접두사 어휘

존대어휘에 있어서 어휘 형성의 한 특징은 접사의 기능이다. 한자어 형성에 있어 접사의 처리 문제는 이미 밝힌 바 있지만, 접두사와 접미사를 설정하기도 하고, 접두사는 인정하지 않고 접미사만 설정하는 경우도 있다.[20] 또한 준접두사와 준접미사를 설정하는가 하면[21] 접두사를 인정하되 그 의존적인 조어(造語) 성공이 되는 한자어의 처리 문제에 대한 어려움을 지적하였다.[22] 그러나 이러한 접두사를 단순히 복합어의 조어 성공으로만 처리할 수는 없을 줄 믿는다. 존대어휘에 있어서의 접두사 어휘를 예거하기로 한다. 존대어휘의 실상과 어휘집록(語彙集錄)을 위하여 좀 장황하지만, 이미 널리 알려진 일반 어휘까지도 소개하기로 한다. 해석은 큰 사전의 풀이를 따르기로 한다.

敬啓: 한문투의 편지 첫머리에 씀
敬謹: 공공하고 삼감
敬拜: 존경하여 공손히 절함
敬白: 공경하여 사룀

---

20) 최규일, 전게서, 131면.
21) 김규철, 「漢字語 單語形成에 관한 硏究」, 『국어연구』 41, 국어연구회, 1980.
22) 서병국, 「현대국어의 어구성 연구」, 경북대 대학원, 1974.

敬服: 공공하여 삼가 답장함
敬承: 삼가 받음
敬畏: 공경하고 두려워함
啓達: 임금에게 의견을 아룀
啓螺: 거동 때 吹打를 임금에게 아룀
啓本: 임금에게 보이던 서류
啓事: 임금에게 사실을 적어 올리는 서면
啓辭: 논죄(論罪)에 관하여 임금에게 上奏하는 글월
啓上: 윗사람에게 말씀을 올림
啓沃: 충성된 마음으로 임금에게 사룀
啓奏: 임금에게 아룀
啓請: 임금에게 알려 청함
啓稟: 啓奏
啓下: 임금의 재가를 받음
高見: 남의 의견의 높임말
高談: 남의 말의 높임말
高堂: 남의 집의 높임말
高覽: 남이 보는 것을 높이는 말
高論: 남의 언론의 높임말
高名: 남의 이름의 높임말
高文: 남의 문장의 공대
高聞: 남의 들음의 높임말
高配: 남의 배려를 높이어 일컫는 말
高批: 남의 비평을 높이어 일컫는 말
高庇: 남의 비호를 높이어 일컫는 말

高書: 남의 글이나 저서의 높임말
高說: 남의 학설의 공대말
高詠: 남의 시가의 공대말
高屋: 남의 집의 공대말
貴官: 관리를 공경하여 부르는 말
貴校: 남의 학교의 존댓말
貴國: 남의 나라의 존댓말
貴女: 남의 여자에 대한 존댓말
貴宅: 남의 집의 존댓말
貴夫人: 남의 부인의 존댓말
貴賓: 손님의 존댓말
貴社: 남의 회사의 존칭
貴息: 남의 자식의 존칭
貴臣: 상대방의 산하에 대한 경칭
貴意: 남의 의견을 높이어 일컬음
貴地: 남의 사는 곳의 경칭
貴紙: 남의 신문・편지의 경칭
貴誌: 남의 잡지의 경칭
貴體: 상대방의 몸에 대한 경칭
貴側: 상대편의 경칭
貴品: 남의 물품의 경칭
貴翰: 남의 편지의 경칭
貴兄: 편지글에서 벗을 높이어 부르는 존칭
臺墨: 남의 편지의 존칭
臺上: 하인이 주인을 높이어 부르는 말

臺顔: 남의 얼굴의 존칭
大王: 임금의 높임말
大殿: 임금의 높임말
大帝: 황제의 존칭
大札: 남의 편지의 존댓말
大兄: 편지글에서 벗을 높이어 일컫는 말
大訓: 임금이 신하에게 주는 훈고를 높이어 이르는 말
內相: 남의 아내의 존댓말
內殿: 왕비의 존칭
內奏: 임금에게 내밀히 上奏함
內旨: 임금의 은밀한 명령
內寵: 궁녀에 대한 임금의 사랑
內帑庫: 임금의 사사재물을 넣어두는 곳간
內下: 임금의 물건을 내리어 줌
芳名: 남의 이름의 존칭
芳命: 남의 명령의 존칭
芳墨: 남의 편지의 존칭
芳書: 남의 편지의 존칭
芳詠: 남의 詩의 존댓말
芳容: 남의 용모의 존댓말
芳吟: 남의 시가나 吟詠의 존댓말
芳啣: 芳名
拜啓: 절하고 사뢴다는 뜻으로 편지 첫머리에 쓰는 말
拜具: 편지 끝에 써서 경의를 표하는 존댓말
拜讀: 남의 글을 공손히 읽음의 존댓말

拜命: 명령을 삼가 받음

拜聞: 공경하는 마음으로 삼가 들음

拜白: 엎드리어 사뢰의 뜻

拜別: 작별의 공대말

拜伏: 엎드려 절함

拜復: 편지 답장의 첫머리에 쓰는 공대말

拜賜: 삼가 공손히 받음

拜謝: 삼가 사례함

拜辭: 삼가 사양함

拜上: 삼가 올림

拜謁: 삼가 높은 어른께 뵘

拜呈: 공손히 드림

拜察: 공손히 살핌

拜聽: 공손히 들음

拜稟: 삼가 아룀

拜披: 편지 같은 것을 공손히 폄

寶運: 천자의 운명을 높이어 부르는 말

寶位: 제왕의 자리

寶祚: 寶位

寶座: 하느님이 앉아 있는 높고 귀한 자리

寶禮: 편지에서 상대방을 높이어 일컫는 말

寶塔: 절에 있는 탑의 존칭

肅敬: 삼가 존경함

肅啓: 삼가 아뢴다는 뜻으로 편지 첫머리에 씀

肅拜: 윗사람에게 절하고 뵙는다라는 뜻으로 편지 첫머리에 씀

肅謝: 정숙하게 사례함
肅恩: 肅謝
令監: 면장 · 군수 · 국회의원 등에 대한 존칭
令閨: 남의 아내의 경칭
令女: 令孃
令堂: 남의 어머니의 존칭
令郎: 남의 아들의 존칭
令名: 남의 이름의 존칭
令夫人: 남의 부인에 대한 존칭
令嗣: 남의 사자(嗣子)에 대한 존칭
令壻: 남의 사위에 대한 경칭
令孫: 남의 손자의 존칭
令室: 令夫人
令愛: 令孃
令胤: 남의 아들의 존칭
令姉: 남의 누님의 경칭
令弟: 남의 동생의 경칭
令尊: 남의 아버지의 존칭
令兄: 남의 형의 존칭
玉女: 남의 딸의 경칭
玉步: 남의 걸음걸이에 대한 존칭
玉書: 남의 편지의 존칭
玉詠: 남의 詩歌에 대한 경칭
玉韻: 玉詠
玉章: 남의 편지에 대한 존칭

玉趾: 남의 발의 존댓말
玉札: 남의 편지의 존댓말
玉筆: 남의 글씨나 詩文의 경칭
尊家: 타인의 집의 경칭
尊公: 손윗사람의 아버지의 존칭
尊舅: 시아버지의 존댓말
尊堂: 남의 어머니의 존댓말
尊顔: 남의 얼굴의 존댓말
尊詠: 남의 詩歌의 경칭
尊媼: 老母의 경칭
尊翁: 老人의 경칭
尊儀: 불타 · 보살의 형체 또는 貴人의 위패 · 초상 등의 경칭
尊者: 학문의 덕행이 높은 불타의 제자의 경칭
尊邸: 상대방의 집의 경칭
尊前: 神佛이나 貴人의 앞의 경칭
尊照: 높은 사람의 화상이나 사진의 경칭
尊札: 남의 편지의 존댓말
尊宅: 남의 집의 존댓말
尊翰: 尊札
尊啣: 남의 이름의 존댓말
尊函: 尊翰
尊兄: 벗을 높여 부르는 칭호
尊候: 남의 체후를 높이는 말
尊號: 남의 호를 높이는 말
賢覽: 남의 관람이나 열람의 존댓말

賢慮: 남의 思慮의 높임말

賢命: 윗사람이나 남의 명령의 높임말

賢夫人: 남의 부인의 경칭

賢息: 남의 아들의 높임말

賢閤: 令夫人

賢兄: 친구를 높이어 일컫는 말

惠慮: 남의 염려의 높임말

惠展: '어서 보십시오'의 뜻으로 편지 겉봉에 씀

惠札: 남의 편지의 존댓말

惠翰: 惠札

惠函: 惠札

기타 '御 · 王 · 台' 등이 있으나, 어휘 수가 많지 않으므로 생략한다. 특히 '御'의 경우는 일본어와 같이 존대의 뜻이라기보다는 '임금'의 뜻으로 쓰인 접두사이다. 다음은 겸양어휘에 대해 살펴보기로 한다.

家君: 자기 아버지의 겸양

家豚: 자기 아들의 겸양

家尊: 자기 아버지의 겸칭

家親: 자기 아버지의 겸칭

家夫人: 자기 아버지의 겸손말

家父: 상동

家嚴: 상동

家伯: 자기 형을 가리키는 겸손말

家兄: 상동

謹啓: 삼가 아룀의 뜻으로 편지 끝 이름 아래 씀

謹白: 삼가 아룀. 謹拜

謹拜: 삼가 절함의 뜻으로 편지 끝 이름 아래 씀

謹上: '삼가 올림' 편지 끝에 씀

謹肅: 삼가 공경함

謹言: 삼가 말씀드림. 편지 끝에 씀

謹呈: 삼가 증정함

謹弔: 삼가 조상함

謹請: 삼가 청함

謹聽: 삼가 들음

謹賀: 삼가 축하함

謹緘: 삼가 편지함

謹話: 삼가 말씀드림

陋見: 자기 의견이나 생각의 겸칭

陋室: 자기 방의 겸손어

陋地: 자기가 사는 곳의 겸칭

陋宅: 자기 집의 겸손어

陋巷: 자기 동네의 겸손어

微軀: 자기 몸의 겸손어

微臣: 임금에 대한 신하 자신의 겸칭

微恙: 자기 병의 겸양어

薄酒: 자기가 내는 술의 겸칭

薄謝: 자기 예물의 겸칭

薄品: 상동

伏慕: 삼가 사모하는 마음 그지없음. 편지글에 씀

伏白: 엎드려 사뢲

伏謁: 삼가 엎드려 뵘

伏願: 삼가 공손히 원함

伏幸: 자기의 다행함을 겸손하게 편지에 씀

鄙見: 자기 의견의 겸양어

鄙舍: 자기 집의 겸양어

鄙人: 자기의 겸칭

鄙庄: 자기 전장(田庄)의 겸손어

鄙第: 자기 집의 겸칭

鄙族: 자기 겨레붙이의 겸칭

鄙地: 자기 사는 곳의 겸칭

鄙處: 鄙地・鄙邊

鄙懷: 자기 소회의 겸칭

小官: 관리가 자기 자신을 겸손하게 일컫는 말

小盲: 맹인이 편지에서 자기를 겸손하게 일컫는 말

小生: 자기 자신을 겸손하게 일컫는 말

小僧: 중이 자기를 겸손하게 일컫는 말

小人: 윗사람에 대한 자기의 겸칭

小子: 부모에 대한 자기의 겸칭

小店: 자기 가게에 대한 겸칭

愚見: 자기 의견의 겸칭

愚考: 자기 생각의 겸칭

愚稿: 자기 원고의 겸칭

愚女: 자기 딸의 겸칭
愚論: 자기 이론의 겸칭
愚妹: 자기 여동생의 겸칭
愚生: 자기의 겸칭
愚書: 자기 편지의 겸칭
愚僧: 중의 자기 겸칭
愚息: 자기 아들의 겸칭
愚臣: 임금에 대한 신하 자신의 겸칭
愚案: 자기 안의 겸칭
愚姉: 자기 누님의 겸칭
愚札: 자기 편지의 겸칭
愚妻: 자기 처의 겸칭
愚筆: 자기 글씨의 겸칭
愚弟: 자기 동생의 겸칭
愚草: 자기 초고의 겸칭
愚兄: 자기 형의 겸칭
拙家: 자기 집의 겸칭
拙稿: 자기 원고의 겸칭
拙老: 愚老
拙論: 愚論
拙生: 小生・愚生
拙詠: 자기 詩歌의 겸칭
拙作: 拙著
拙妻: 자기 아내의 겸칭
拙筆: 자기 글씨의 겸칭

拙荊: 拙妻
賤息: 자기 아들의 겸칭
賤質: 자기 品性의 겸칭
賤妾: 부인의 자기 겸칭
賤品: 賤質
寸簡: 자기 편지의 겸칭
寸書: 상동
寸節: 자기 절조의 겸칭
寸忠: 자기 충절의 겸칭
弊邑: 자기 고향의 겸손어
弊店: 자기 점포의 겸손어
弊社: 자기 회사의 겸칭
弊校: 자기 학교의 겸칭
下生: 小生
下誠: 웃어른에 대한 자기 정성의 겸칭
下情: 웃어른에 대한 자기 심성의 겸칭

(3) 접미사 어휘

접두사와 마찬가지로 한자어에 있어서 접미사의 기능도 부정하는 경우가 있다.[23] 그러나 金宗澤(1982)은 다음과 같은 인칭 접미사를 제시하였다.[24]

23) 최규일, 전게서, 133면.
24) 김종택, 『국어화용론』, 형설출판사, 1982.

者: 學者・强者・候補者・配偶者 …
生: 學生・院生・新入生 …
子: 娘子・房子・婦女子 …
母: 食母・乳母・未婚母 …
君: 金君・李君・夫君・郎君 …
工: 木工・織工・技能工 …
士: 技士・博士・辯護士 …
師: 教師・醫師・美容師 …
家: 作家・大家・政治家 …
人: 文人・證人・參觀人 …
員: 教員・議員・組合員 …
夫: 馬夫・農夫・配達夫 …

따라서 고영근(1974)도 성명 아래 붙는 '君・孃・哥・氏・女史' 등을 고유어 존칭 접미사 '-님'과 기능상 차이가 없는 것으로 보았으며, 특히 '的・化'는 한자어에 있어서 접미사의 기능이 가장 분명하다 하였다.[25] 필자도 한자어에 있어서의 접미사의 기능을 인정하는 한편, 존대어휘 중에서도 다음과 같은 어례를 접미사 기능으로 인정할 수 있을 듯하다. 접미사 어휘는 존칭(높임말)과 겸칭(겸양어)로 분리하지 않는다.

閣下: 벼슬이 높은 사람에 대한 경칭

25) 고영근, 『국어접미사의 연구』, 백람출판사, 1974.

殿下: 왕 · 왕비에 대한 존칭
聖下: 〔천주교〕 교황에 대한 존칭
啓下: 임금의 재가를 받음
貴下: 상대방을 높여 이름 대신 부르는 말. 편지의 이름 밑에 붙여 쓰는 존칭
陛下: 황제나 황비에 대한 존댓말
內下: 임금의 물건을 내리어 줌
邸下: 왕세자의 존칭
足下: 편지를 받아 보는 사람의 이름 아래 씀
座下: 편지에서 평교간에 받아 보는 사람 이름 아래 붙여 쓰는 존댓말
戚下: 성이 다른 겨레붙이에 대하여 자기를 낮추어 부르는 말. 戚末
閣下: 정일품 벼슬아치에 대한 경칭
梧下: 편지 수신인 이름 밑에 써서 경의를 표하는 말. 梧右. 机下
机下: 梧下
妹氏: 남의 누이동생에 대한 존칭
伯氏: 남의 형에 대한 존칭
妃氏: 왕비로 간택된 아가씨의 존칭
姓氏: 남의 姓에 대한 존댓말
淑氏: 남의 형제에 대한 존칭의 하나
姉氏: 남의 누님에 대한 존칭
弟氏: 남의 동생의 존댓말
從氏: 자기(남의) 사촌형제의 존댓말
咸氏: 남의 조카의 존댓말

家兄: 자기 형의 겸칭

舍兄: 家兄 · 家伯

貴兄: 상대방을 친근하게 높여 부르는 말

老兄: 동배 사이에 열 살 이상 더 먹은 사람을 존대하여 부르는 말

盟兄: 친구의 존칭

法兄: 〔불교〕 한 스승에게서 法을 같이 받은 사람을 존대하여 일컫는 말

師兄: 나이나 학덕이 자기보다 높은 사람에 대한 존칭

神兄: 〔대종교〕신도들이 大宗師를 부르는 존칭

詞兄: 文士들끼리의 존칭

雅兄: 남자 친구끼리 상대방을 존경하여 부르는 경칭

令兄: 남의 형의 존칭

吾兄: 정다운 벗 사이에 편지에서 서로 존대하여 일컫는 말

愚兄: 자기 형의 겸칭

尊兄: 동배간 상대방을 높여 부르는 칭호

賢兄: 친구에 대한 존칭

卿子: 남을 높여 부르는 존칭

婢子: 여자 자신의 겸칭

顔子: 顔回의 경칭

公子: 귀한 집안의 나이 어린 자제에 대한 존칭

黑鬼子: 흑인에 대한 낮춤말

君主: 임금

父主: 아버님

師主: 〔불교〕 중의 경칭

天主: 하느님. 天父
兄主: 형을 높이어 일컫는 말
聘丈: 장인의 경칭
査丈: 사돈집 웃어른의 존칭
師丈: 스승의 존칭. 師君. 師父
先考丈: 돌아가신 아버지를 높이어 일컬음
先丈: 先考丈의 준말
岳丈: 남의 백·중·숙·계부의 존칭
王考丈: 돌아가신 남의 할아버지의 존칭
王尊丈: 남의 할아버지의 존칭
王丈: 王尊丈의 준말
渭陽丈: 남의 外叔의 경칭
尊丈: 지위가 자기보다 높은 사람의 경칭
主人丈: 주인에 대한 존칭
春府丈: 남의 아버지의 존칭
春丈: 春(椿)府丈
父君: 아버지의 존댓말
夫君: 남편의 존댓말
府君: 亡夫나 바깥 조상에 대한 존칭
使君: 왕명을 받들고 국외나 지방에 온 使臣의 경칭
師君: 스승의 경칭
先父君: 先考의 존칭
嚴君: 자기 아버지의 경칭
寡君: 신하가 다른 나라 임금이나 높은 이에 대하여 자기 나라
임금을 낮추어 일컫는 말

慈堂: 남의 어머니의 존댓말

萱堂: 慈堂

尊堂: 남의 어머니의 존칭

高堂: 남의 집의 존댓말

母堂: 남의 어머니의 경칭

令堂: 남의 어머니의 존칭

家尊: 자기 아버지의 겸칭

極尊: 임금의 존칭

世尊: 부처의 존칭

無上尊: 부처의 존칭

令尊: 남의 아버지의 존칭

慈氏尊: 미륵보살의 존칭

僉尊: '여러분'의 존칭

家伯: 자기 형의 겸칭

舍伯: 家伯

講伯: 〔불교〕강사의 존칭

夏伯: 禹王의 존칭

君上: 임금

主上: 임금

謹上: 삼가 올림. 편지의 끝에 씀

臺上: 下人이 主人을 높여 부르는 말

頭上: 머리의 존댓말

拜上: 편지에서 '삼가 올림'의 뜻으로 이름 아래 씀

啓上: '윗사람에 말씀을 올림'의 뜻

君長: 임금. 군주

老人長: 노인에 대한 존칭
尊長: 존대해야 할 나이 많은 어른
家親: 자기 아버지의 겸칭
母親: 어머니의 존칭
慈親: 자기 어머니의 겸칭
父親: 아버지의 존칭
嚴親: 자기 아버지의 겸칭
先親: 돌아가신 자기 아버지의 겸칭
兩親: 父親과 母親
老親: 나이 많은 어버이의 존칭

5) 결언

이상 수집한 존대어휘를 총망라, 이를 중심으로 몇 가지 형성 내용을 살펴보았다. 한마디로 말해서 순 한자어 중심이다. 이는 오랜 동안의 한문화권의 영향이라 하겠지만, 종래 고유어보다 한자어 사용의 우위를 인정한 데서 나온 타성(惰性)이 아닌가 생각된다. 순수 우리말보다 한자어 사용이 보다 점잖고 보다 존대가 되는 것으로 여겨 왔다는 것은 주지의 사실이다.

어휘 형성을 살펴보면, 존대의 뜻을 가진 특수 어휘도 있지만, 존대와 겸양의 접사(접두사)로 이루어진 어휘가 주류를 이루고 있다. 전술한 바 있지만, 접두사나 접미사로 쓰인 한자는 대체적으로 존대와 겸양의 의미를 내포하고 있는 것이 한 특징이다.

끝으로 존대어휘의 분석고찰 결과 대부분 한자어 중심으로 존대어휘가 몇 가지 유형에만 집중되어 있음을 알 수 있다. 이는 국어존대법이 역시 어휘적 방법에 의한 실현보다도, 어미 · 조사 등 문법 형태에 의한 실현이 보다 특징적이기 때문이다. 앞으로 많은 연구를 기대해마지 않는다.

2. 높임말과 '당신'

1) 서언

오늘날 둘째가리킴의 높임말로서 '당신'이란 말을 허다히 들을 수 있다. 그러나 이는 듣는 이로 하여금 불쾌한 감정을 자아내게 함이 예사이며, 또한 심한 경우에는 시비까지 일어나는 현상이 있다. 필자도 이 점에 대해서는 몸소 겪은 바가 있지만, 그 까닭이 어디 있는 것인가. 그것은 아직도 우리 사회에 있어서는 인간 상호간의 관계를 오직 단순한 대이름씨의 사람 가리킴만으로써 부른다는 것을 꺼리는 점일 것이며, 또한 언어사적으로 보아 '당신'이란 말을 높임말로 인정할 수 없다는 점일 것이다. 그러므로 필자는 이 '당신'이란 말에 대해서 그 한계를 분명히 하여 높임 여부를 밝히고자 하는 바이다.

2) '당신'과 높임의 등분

먼저 오늘날에 있어서 '당신'이란 말에 대한 정의와 사람 가리킴에 있어서의 등분을 살펴보기로 한다.

한글학회에서 지은 『큰사전』을 보면,

> 당신(當身)—①웃어른을 아주 높이어 일컫는 말, 셋째가리킴으로 씀. ②"하오"할 자리에 상대되는 사람을 일컫는 말

이라고 밝혔고, 국어국문학회 편 『국어새사전』에는,

> 당신(當身)—①웃어른을 아주 높이어 일컫는 데 쓰는 제3인칭 대명사. ②"하오"할 자리에 상대되는 사람을 일컫는 제2인칭 대명사.

라고 하였으며, 신기철 · 신용철 편저 『표준국어사전』에는

> 당신(當身)—①"하오" 하여야 할 자리에 상대되는 사람을 일컫는 말. ※그것은 —이 하오. ②그 자리에 있지 아니한 웃어른을 높이어 일컫는 말. ※어머니가 계실 때 늘 —께서 하셨다.

라고 하였다.

또, 선배들의 말본에 주로 나타난 사람 가리킴의 등분을 살펴보면, 최현배 박사는 다음과 같이 갈라놓았다(우리말본, 230면).

<table>
<tr><td colspan="3">높임등분
가리킴</td><td>아주높임</td><td>예사높임</td><td>예사낮춤</td><td>아주낮춤</td></tr>
<tr><td colspan="3">첫째가리킴</td><td></td><td></td><td>나(우리)</td><td>저(저희)</td></tr>
<tr><td colspan="3">둘째가리킴</td><td>어르신, 어른
당신(-네, -들)</td><td>당신(-네, -들)
그대(-들)</td><td>자네(-들)</td><td>너(너희)</td></tr>
<tr><td rowspan="4">셋째가리킴</td><td rowspan="3">잡힘</td><td>가까움</td><td>당신(-들)</td><td>이분(-들)
이이(-들)
이(-들)</td><td>(이 사람)</td><td>이애(-들)</td></tr>
<tr><td>떨어짐</td><td>당신(-들)</td><td>그분(-들)
그이(-들)
그(-들)</td><td>(그 사람)</td><td>그애(-들)</td></tr>
<tr><td>멀음</td><td>당신(-들)</td><td>저분(-들)
저이(-들)
저(-들)</td><td>(저사람)</td><td>저애(-들)</td></tr>
<tr><td colspan="2">안잡힘</td><td>〔어느 어른〕
〔아무 어른〕
〔어떤 어른〕</td><td>어느분(-들),
어떤분(-들),
어느이(-들)</td><td>누구(-들)
아무</td><td></td></tr>
<tr><td colspan="3">두루 가리킴</td><td>자기(이편)
당신(다른 어른)</td><td>자기(이편)
다른분, 다른이</td><td>저
남</td><td>저
남</td></tr>
</table>

정인승(고등말본, 210면)

<table>
<tr><td colspan="2">높낮
가리킴</td><td>아주낮춤</td><td>예사낮춤</td><td>예사</td><td>예사높임</td><td>아주높임</td></tr>
<tr><td colspan="2">첫째가리킴</td><td>저※저희</td><td>저※저희</td><td>나※우리</td><td>나※우리</td><td>나※우리</td></tr>
<tr><td colspan="2">둘째가리킴</td><td>너※너희</td><td>자네</td><td>그대, 당신</td><td>당신</td><td>어르신네</td></tr>
<tr><td></td><td>가까운 가리킴</td><td>이놈, 이애</td><td>이 사람,
이이</td><td>이, 이이,
이분(네)</td><td>이분,
이 양반</td><td>이 어른</td></tr>
</table>

셋째 가리킴	먼 가리킴	저놈, 저애	저 사람, 저이	저, 저이, 저분(네)	저분, 저 양반	저 어른
	떨어진 가리킴	그놈, 그애	그 사람, 그이	그, 거이, 그분(네)	그분, 그 양반	그 어른
	모른 가리킴	누구	누구	누구	누구	누구
	띄운 가리킴	아무	아무	아무	아무	아무
	도로 가리킴	저※저희	저※저희	자기	자기, 이녁, 이편	당신
	도로 다른 가리킴	남	남	남	남	남

이희승(고등문법, 128면)

인칭	제2인칭	제3인칭	미지칭	부정칭
예사말	저, 자네, 그대	이이, 그이, 저이	누구	아무
공대말	노형, 당신, 어르신네	이분, 그분, 저분 이냥반, 그냥반, 저냥반 이어른, 그어른, 저어른	어느분 어느 냥반 어느 어른	아무 분 아무 냥반 아무 어른

김윤경(나라말본, 40면)

첫째사람	나, 우리, 저, 저희
둘째사람	너, 너희, 당신, 그대, 자네
세째사람	저, 저희
모른의사람	아무, 누구

홍기문(朝鮮文法研究, 208~216면)[26]

人稱 / 數 / 格 / 類別			對尊稱	相對稱	對卑稱
第一人稱	單數	第一格	제	내	내
		第二格	저	나	나
		第三格	제, 저	내, 나	내, 나
	複數		저의	우리	우리
第二人稱	單數	第一格	당신	자네	제
		第二格	당신	자네	저
		第三格	당신	자네	제, 저
	複數		당신들	자네들	저의
變人稱	單數	第一格	당신	자긔	제
		第二格	당신	자긔	저
		第三格	당신	자긔	제, 저
	複數		당신들	자긔	저의

이상을 종합해보면, '당신'에 대한 정의와 사람 가리킴의 등분이 둘째가리킴과 셋째가리킴에 쓰이는 높임말로 나타나 있음을 알 수 있다. 그 가운데 특히 최현배 박사는 둘째가리킴의 예사높임(普通尊稱)과 아주높임(極尊稱)까지 인정하였다. 그러나 문장

26) 홍기문은 사람 가리킴의 등분을 제일인칭・제이인칭・제삼인칭・의문칭・부정칭・변인칭 따위로 갈라 놓았으나, 이 표에서는 제삼인칭・의문칭・부정칭은 생략하였음.

상에 있어서는 좀 인정이 된다하더라도 매양의 언어생활에 있어서, 손윗사람이나 지체가 높은 사람에게 둘째가리킴에 있어서 과연 '당신'이란 높임말을 사용할 수 있는가. 이는 아직 우리 사회에서 절대로 용납할 수 없는 말일 줄 믿는다. 그것은 비록 동등을 부르짖는 오늘이라 하지만, 이미 앞에서 말한 바와 같이 인간 상호간의 관계를 오직 단순한 대이름씨의 사람 가리킴만으로써 부른다는 것을 꺼리는 점일 것이다.

그런데 최현배 박사는 둘째가리킴의 아주높임(極尊稱)까지 갈라놓았으니, 둘째가리킴의 예사높임(普通尊稱) 되기에도 부족한 이 마당에 둘째가리킴의 아주높임까지 인정한다는 것은, 삼사(三思)를 요하는 점이라 생각하지 않을 수 없다. 아무리 근래에 와서 예사높임이나, 아주높임의 대이름씨에 대한 필요가 간절했다 하더라도, 둘째가리킴의 높임말로서 '당신'이란 말을 사용한다는 것은 우리의 사회뿐만 아니라, 언어사(言語史)적으로 보아 도저히 용납할 수 없을 줄 믿는다. 이와 같이 둘째가리킴에서는 높임말로서 인정할 수 없지만, 그 반면에 셋째가리킴에서는 훌륭한 높임말(예사높임, 아주높임)이 되니 그 실제의 사용을 보면 자기 자신이나 남의 부모 같은 어른이나, 나라의 임금을 가리켜 말할 때 쓰이게 되는 것이다. 이 점에 대해서는 다음에 좀 더 구체적으로 말하기로 한다.

지금까지 몇 개의 국어사전과 선배들의 말본에 나타나 있는 점을 살펴보았는데, 이제 또한 옛 문헌에 나타난 점을 살펴보기로 한다. 이 점에 대해서는 필자 자신이 무척 애썼음을 이 자리를 빌려 솔직히 말해 둔다. 무엇보다도 '당신'이란 높임말을 찾아볼 수 있는 문헌은 오직 계축일기(癸丑日記)와 한중록(閑中錄)의 두 편뿐이었다. 여기에 우선 그 몇 가지만을 들어보기로 한다.

> 이날 우히 드오시다가 년 메온 하인이 업더 년 기우러뎌 거의 ᄂᆞ려디오실번 ᄒᆞᄃᆡ 이런 줄을 ᄂᆡ뎐이 드ᄅᆞ시ᄃᆡ "엇디 ᄒᆞ오신고" 뭇도 아니 ᄒᆞ고 바로 당신 뎐으로 가니라. (강한영 교주, 계축일기 50)
>
> "대비ᄂᆞᆫ 별대비 냥ᄒᆞ여 대군을 나ᄒᆞ셔 지니디 못ᄒᆞ야 이런 셜운 일을 보아도 당신 타시어니와 나ᄂᆞᆫ 므ᄉᆞ 일노 이리 졸리고 살고 동싱 쪽하ᄂᆞᆫ 저희만 죠히 살고 날ᄂᆞᆫ 쏭구듸 빠디워 두고 아니 내이 가ᄂᆞᆫ고. ᄒᆞ나히나 아ᄌᆞ미ᄅᆞᆯ 혜ᄂᆞᆫ가" ᄒᆞ고 하 악을 쓰거ᄂᆞᆯ 혹이 듯다가 못ᄒᆞ야 ᄀᆞᆯ오ᄃᆡ "아니 내여 가믄 그ᄅᆞ거니와 상궁이 예에 사란디 삼십년이오 이런 시절의 대군 나시면 ᄇᆡᆨ번 그ᄅᆞ거니와 당신 셜니 되여디다 ᄒᆞ시며 우힌들 놈의게 잡혀디라 ᄒᆞ오실가 마ᄂᆞᆫ 원슈ᄅᆞᆯ 만나시니 ᄂᆡ인야 죽으나 사나 므어시 귀ᄒᆞ야 나라ᄒᆞᆯ 원ᄒᆞ시ᄂᆞᆫ고"

계축일기는 인목대비(仁穆大妃) 내인(內人)의 손으로 이루어진 조선 중기의 궁전에서 전개된 인정·풍속·생활 모습을 그린 아주 드믄 사실소설(寫實小說)이다. 작품 내용인즉, 선조(宣祖)의 서자(庶子)인 동궁 광해(光海)와 적출(嫡出)인 영창대군(永昌

大君)과의 왕위 계승 문제를 중심으로 한 다시 말하면, 영창대군의 일과 그 어머니인 인목대비의 심정을 자세히 그린 셋째가리킴의 작품인데, 많지도 않고 겨우 세 군데에 나타나 있는 '당신'이란 말은 모두 셋째가리킴으로 쓰였고, 높임의 등분도 모두 아주 높임으로 쓰였음을 알 수 있다.

> 伯祖겨오셔 당신 아오님을 멀리 사랑하오시는 뜻이오신지라 집안 뉘 흠탄치 아니하리오마는 … (가람 이병기 주해, 한중록, 10면)
>
> 당신 부모님 지속으로 본대 정성은 거룩하오시건마는 민첩지 못하시기로 이는 정성을 백분의 일분도 드러내지 못하시오니 부왕은 모르시고 미안 하오신 사색 매양 겨오서 … (동상, 80면)
>
> 당신은 이러하오시니 이모님 겨오셔 하오시는 일을 본실은 모르오시고 잘 못하는줄만 아오시니 두성모 아니 오시고 궐내 모양이 말이 못되니 더욱 망연하더니라 … (동상, 140면)
>
> 경모궁에서 아모리 왼처에서는 아오시면 큰 일이 날줄로 하오시다가도 어전에 미쳐서는 당신하오신 일을 바로 아뢰오시는 품이니 이는 천성의 가리움이 아니 겨오서 그러하오시던지 이상 하오시더니라 … (동상, 113면)
>
> "내가 학질을 앓는다 하라" 하고 세손의 "휘항을 가져오라" 하시거늘 내가 그 휘항은 작으니 당신 휘항을 쓰시고저하야 내인다려 당신 휘항을 가져오라 하니 … (동상, 146면)
>
> 임오화변이 만고의 없은 일이니 당신 겨오서는 천만불행하야 그 지경이 되오시나 아들두오서 당신자최를 잇고 상하자효가 무간

하니 다시야 무슨 일이 잇일줄 꿈이나 생각하여시리오. … (동상, 158면)

한중록에는 '당신'이란 말이 꽤 많이 나타나 있는데, 모두 셋째가리킴으로 쓰였다. 곧 영조대왕(英祖大王)의 둘째 아들로 영빈이씨(英嬪李氏)의 소생인 사도세자(思悼世子)가 그 스물여덟 살 되던 해 형조판서(刑曹判書) 윤급(尹汲)의 청지기(傔從) 나경언(羅景彦)의 고변(告變)으로 죄인이 되어 영조대왕은 세자를 뒤주에 넣어 궁정 한옆에 내쳐두고 이레 동안을 굶겨 풀로 띄워 죽인 것이다. 이 사실을 세자빈궁(世子嬪宮) 홍씨(惠慶宮)가 친히 지내고 겪으며, 보고들은 그대로 적은 눈물과 피의 기록인 것이다. 여기에 쓰인 '당신'이란 말도 모두 셋째가리킴으로 쓰인 아주높임인 것이다. 이와 같이 옛 문헌에는 '당신'이란 말이 둘째가리킴으로는 쓰이지 않았고 모두 셋째가리킴으로 쓰인 것이다. 그렇다면 둘째가리킴으로는 어떠한 말이 쓰였는가. 두말할 것 없이 이름씨로 된 높임말이 쓰였던 것이다. 이 높임말에 대해서는 「尊稱에 관한 小考」에서 발표한 바 있지만 참고로 여기에 그 몇 가지만을 들어보기로 한다.

옛 문헌에 나타난 높임말을 살펴보면, 수장(帥長)에 대한 특수한 높임말이 있었으며, 또한 벼슬 이름으로서의 높임말이 있었던 것이다. 여기에 그 몇 가지만으로써 표준을 삼아 보면,

判事: 義禁府의 從一品 벼슬
判書: 六曹의 우두머리, 從二品 벼슬
參判: 六曹의 從二品 벼슬
僉知: 僉智中樞府의 준말로 中樞府의 正三品 벼슬
參奉: 陵, 園, 宗親府, 賓府, 賓寺, 典獄署 등의 從九品 벼슬
宰相: 二品 이상의 官員
生員: 小科의 終場에 及第한 사람
進士: 小科의 初場에 及第한 사람
大監: 正二品 이상의 官員(마님을 덧붙여서 大監마님이라고도 함)
나으리(進賜나으리): 卑賤한 사람의 堂下官 곧 從三品 以下의 官員에 대한 尊稱
輔國: 輔國宗祿大夫의 준말로 宗親儀賓 文武官의 正一品 벼슬

이상 조선시대의 벼슬 이름을 몇 가지 들어보았는데, 이러한 벼슬 이름을 이름 아래 붙여서 높임말로 삼았던 것이다. 이 점은 비단 옛날뿐만 아니라 오늘날에도 관직명으로 높임말을 삼고 있으니, 그 직위에 따라서 각하·국장·사장·학장·과장 … 따위를 사용하고 있음을 알 수 있다. 그러나 이는 일반적으로 두루 쓰이는 높임말은 되지 못하고, 오랜 옛적부터 써 내려온 우리 겨레의 고유한 것이며, 또한 사양하기를 좋아하고 다투지 아니하며, 사람끼리 대함에 서로 꺼리고 헐지 않은 우리 겨레의 생활감정 그대로 나타낸 높임말이 있었으니, 옛적 문헌이나 금석문(金石文) 따위에서 그 자취를 엿볼 수 있다.

지(智・知)는 그 본디 음이 '디'인데, '지'에 음이 통합함으로써 '치'로도 바뀌어 사용되었다.[27]

閼智 卽鄕言小兒之稱也 (삼국유사 권1・김알지)
薛聰字聰智 (삼국사기・설총전)
居陀知 (삼국유사 권2・거타지)
舍知, 稽知, 大烏知 (삼국사기 38・직관상)
沙喙 武力智 迊干
喙 居七夫智 一尺干
沙喙 忽利智 一□□

이상은 사람 이름을 빌려 적은 것인데, '武力・忽利・居七夫・居陀・薛聰' 따위는 사람 이름이며 '지'는 높임말로서 우리말의 '지(치)'를 한자음으로 바꾸어 사용한 것이다. 이것은 오늘날에도 '김지・이지・그치' 따위에서 그 흔적을 찾아볼 수 있는 우리 조상 때부터 사용해온 순수한 우리말의 높임말인 것이다.

또 '지'와 더불어 '선'(仙・善)이란 높임말이 있었으니, 이 '선'은 옛날 우리 선교도를 가리킨 말로 고구려 때의 벼슬 이름 '皀衣先人'에서 유래된 것이라고 하지만, 그 이전인 신라 때 화랑을 가리켜 '국선(國仙)'이라든가 또는 '사선(四仙)'이라고 부른 '선'(仙・善)인 것이다.

---

27) 양주동, 『고가연구』, 박문사, 1956, 155면.

또한 오늘에 있어서 가장 일반적인 것으로 두루 쓸 수 있는 '-님'과 '씨'가 있었으니, '님'은 '주'(主)의 새김(訓)으로 썼었다.

善化公主主隱 (서동요)
文懿皇后主 大娘主願燈立景文大王主繼月光 (개선사석등기)

'님'은 '주'(主)의 새김(訓)으로 높임말을 삼아 오다가 조선 때에는 순수한 '님'으로 나타났던 것이다.

므슴다 錄事 니ᄆᆞᆫ 녯나ᄅᆞᆯ 닛고신뎌 (악학궤범 · 동동)
아바님이 받ᄌᆞᄫᆞᆶ제 (侍宴父皇) (용비어천가 91)
어마님이 그리신 눉므를 (용비어천가 91)

'씨'(氏)도 '님'과 같이 오늘날에 있어서 가장 일반적으로 두루 쓰이고 있는 높임말인데, 이 씨(氏)는 순수한 우리말이라기보다도 한자어로서 일찍부터 사용해왔던 것이다.

琉璃王一作累利 又(孺)留 東明子立壬寅 理三十六年 姓解氏 (삼국유사 권1 · 왕력)
父赫居世 母閼英 姓朴氏 妃雲帝夫人 (삼국유사 권1 · 왕력 · 남해차차웅)
始祖東明聖帝姓高氏諱朱蒙 (삼국유사 권1 · 고구려)

이와 같이 오래전부터 사용하기 시작했음을 알 수 있는데, 이 '氏'를 하나의 존칭이라기보다는 족칭(族稱)으로 인정할 사람이 있을지는 모르지만 족칭으로는 '가'(家)를 덧붙여서 '이가'(李家), '김가'(金家)라고 불렀다.

'씨'가 족칭이 아니고 존칭이란 점에 대해서는 다음 기록을 보면 더욱 확실한 것을 알게 될 것이다.

> 或曰. 氏字本若, 代其名者然書氏而又書名如何. 且氏字似尊稱以至庶民亦稱之. 無乃不可乎. 曰不書氏字 則無辨於男女矣. 且氏 所以別其姓也. 貴賤通用何嫌. 蓋上古 庶人無姓 唯分土封國者 錫之以姓 然後有姓. 中古 有封邑勳德者 又命以邑號. 若祖字爲氏 以別其族焉 此所以唯貴者 有姓若氏也. 自周末以後 以至今日 則子傳父姓 貴賤皆同而氏字 只爲別其姓之稱 此則雖後王有作 在所不易者也. 苟爲別其姓也 則貴賤通用 有何不可乎. 若以爲尊之稱 則版籍者上於君上者也 雖卿大夫妻 豈可書氏耶.
> (반계수록 호적)

위에 보인 가운데 '氏字似尊稱'이라든가 '以爲尊之稱' 등으로 보아, 이것은 족칭(族稱)이 아니고 하나의 존칭이 분명하며, 그 자취로서 오늘날 서울 지방에서 '김씨', '이씨'라고 하는 것도 다 여기에 기인하는 것이다.

기타에도 '선생'(先生), '귀형'(貴兄), '노형'(老兄), '형'(兄) 따위가 쓰이고 있는데, 이들은 원래 중국에서 유래한 것 같다. 참고로 중국어의 사람가리킴 대이름씨(人稱代名詞)를 여기에 소개코자 한다.

人稱 \ 數		單數	複數
自稱 (第一人稱)		我 咱 俺	我們 咱們 俺們
對稱 (第二人稱)		你 (너) 您 (同上敬語)	你們 (너희들) 客位 諸位 列位 } (同上敬語) 衆位 諸君
他稱 (第三人稱)	男性	他 (그대 · 그 사람) 他 (同上敬語) 這位 (이분) 那位 (저분)	他們 (그들 그 사람) 這幾位 (이분들) 那幾位 (저분들)
	女性	她 伊 } (그 여자)	她們 伊們 } (그 여자들)
	通性	他 (그대) 牠 (이것 · 저것 · 그것)	他們 (그대들) 牠們 (이것들 · 저것들 · 그것들)
	中性	牠 它 } (이것 · 저것 · 그것)	牠們 它們 } (이것들 · 저것들 · 그것들)

중국어에는 이 외에도 이름씨를 대이름씨로 사용하는 것이 있으니, 이것들을 대개 높임말과 낮춤말의 뜻을 나타낼 때 사용

하는 사교 용어로 잘 분별해서 사용하지 않으면, 큰 실례가 되는 것이다. 이것을 표로써 보이면 다음과 같다.

<table>
<tr><th>數
人稱</th><th>單數</th><th>複數</th></tr>
<tr><td rowspan="2">自稱
(第一人稱)</td><td>兄弟
小弟
敝人
鄙人 } (小生, 저)
(親友가 아닌 同輩之間에 使用)</td><td>兄弟們
小弟們 } (小生들・저희들)</td></tr>
<tr><td>屬員 (저) (上官에 대해서)
小侄 (저) (友人의 父・伯叔父 등에 대하여)</td><td>屬員們 (저희들)</td></tr>
<tr><td rowspan="2">對稱
(第二人稱)</td><td>先生
老兄
兄台
老哥
君
公
閣下 } (大兄, 貴君)
(親友가 아닌 同輩之間에 使用)</td><td rowspan="2">諸位 } 先生 老兄 兄台
衆位 } 先生 老兄 兄台 ┐
列位 } 先生 老兄 兄台 ┘ 여러분들
各位 } 先生 老兄 兄台
單數에 '諸位', '衆位', '列位', '各位' 등을 加用해서 複數를 만듦</td></tr>
<tr><td>部長
省長
局長
課長 } (上官에 대해서는 그 職名을 부른다.)</td></tr>
</table>

<table>
<tr>
<td rowspan="2">他稱
(第三
人稱)</td>
<td>尊稱</td>
<td>令尊(아버님)
令堂(어머님)
令兄(형님)
令弟(아우님)
令姉(누님)
令妹(매씨)
鄭夫人(부인)
令郎(아드님)
令愛(따님)
貴友(친구)</td>
<td>(相對方
과 관계가
있는
사람)</td>
<td>令尊・令堂 등과 같이 복수가 없는 것을 제외하고는 모두 '們' '諸位' 등을 붙여서 복수로 사용한다.</td>
</tr>
<tr>
<td>卑稱</td>
<td>家嚴(아버지)
家慈(어머니)
家兄(형)
舍弟(아우)
家姉(누나)
舍妹(누이)
賤內(家內)
小兒(아들)
少女(딸)
敝友(友人)</td>
<td>(自己와
관계가
있는
사람에
대해서)</td>
<td>家嚴・家慈 등과 같이 복수가 없는 것을 제외하고는 모두 '們'을 붙여 쓴다.</td>
</tr>
</table>

이상 사람 가리킴 대이름씨에 대해서 대체적으로 살펴보았는데, 거의 대부분이 우리나라에서 사용하고 있는 것과 일치하고 있음을 알 수 있다. 그것은 무엇보다도 한자어를 빌려 쓰고 있기 때문이리라. 그 가운데에서 특히 '선생'(先生)에 대해서 좀 더 말해 두고자 한다.

이 '선생'은 중국어에 있어서는 가르치는 사람을 가리키는 것만이 아니라, 우리나라에서 일반적으로 두루 쓰이고 있는 '님', '씨'와 같은 높임말인데, 우리나라에서는 '선생'이란 높임말을 사용하는 경우를 좀 구체적으로 살펴보면, 다음과 같은 경우인 것이다.

1. 고현(古賢)(退溪・栗谷)을 뒷사람인 우리가 말할 때, 그분들을 가리켜 '선생'이란 아주 높임말을 사용한다.
2. 자기의 스승 또는 선배를 셋째가리킴으로 일컬을 때 높임말이 된다.
3. 둘째가리킴에 있어서 이름을 부르기에는 좀 허물이 있는 예사 사이에 사용한다.
4. 손아랫사람이라도 이름을 부르기에는 허물이 있는 경우에 사용한다.
5. 직업이 교원인 경우에는 '선생'이 오히려 낮춤말이 된다. 그러므로 이때는 높임말 '님'을 붙여야 한다.

좀 장황했지만, 지금까지 옛 문헌에 나타난 높임말과 중국의 사람 가리킴 대이름씨에 대해서 살펴보았는데, 이러한 높임말들이 사용되었기 때문에 결국 둘째가리킴의 높임말로서 '당신'이란 말이 사용되지 않았던 것이다.

3) 결언

이상 '당신'에 대해서 대체적으로 살펴보았는데, 셋째가리킴에 있어서는 아주높임의 자리까지 쓰였으나, 둘째가리킴의 높임말로서는 쓰인 사실이 전연 없음을 알 수 있다. 이와 같이 역사적으로 보나 사회적으로 보아 '당신'이란 말은 아직 우리 생활

에 있어서 둘째가리킴의 높임말(예사높임, 아주높임)로서는 절대로 인정할 수 없는 것이다. 그것은 무엇보다도 언어에는 반드시 역사성과 사회성이 내재되어 있어야만 우리가 그것을 언어라고 할 수 있는 것이지, 아무리 그 필요가 간절하다 하더라도 그것을 하루아침에 언어로서 인정할 수 없기 때문인 것이다. 더욱이 영어의 'You'나 일본어의 'アナタ'의 풀이말로서 근래에 그 필요가 간절해졌으리라는 것을 미루어 생각할 때, 우리는 '당신'을 둘째가리킴에 있어서의 높임말로 절대로 인정할 수 없는 것이다. 하물며 둘째가리킴에 아주높임의 등분이야 두말할 나위도 없다. 그러나 한 가지 여기에서 말해 둘 것은 부부(夫婦) 사이에 사용하는 '당신'과 성경(聖經)에서 '당신'이란 말을 사용하는 경우이다. 이때는 양편이 모두 둘째가리킴만은 분명하다. 그러나 부부 사이에 사용하는 '당신'은 가장 다정한 처지에서 사용하는 경우인 만큼, 높임의 등분으로 말한다면 하나의 '반말'(정인승 선생님의 높임의 등분으로는 '예사'에 해당) 정도로 인정해야 할 것이며, 성경에 나타나 있는 '당신'은 신기철·신용철 편저 『표준국어사전』에 밝혀 있는 바와 같이, "그 자리에 있지 아니한 웃어른을 높이어 일컫는 말"의 경우에 해당하는 것이라고 하겠는데, 이는 엄격히 따져서 셋째가리킴의 경우라고 인정하는 것이 옳으리라고 생각한다.

어쨌든 필자는 이와 같이 하나의 국부(局部)적인 것으로서 높임말의 표준을 삼을 수는 없으리라고 생각한다. 그렇다면 이제 우리는 어떠한 말을 사용해야 할 것인가. 그것은 이미 앞에서 말한 바 있는 명사로서의 높임말을 사용할 수밖에 없을 것이다. 오히려 이것이 자기 자신이나 상대방의 인격에 도움이 되며, 또한 예의 바른 일이라고 생각한다. '당신'이란 말을 들었을 때의 불쾌감, 아마 이 자리에서 필자가 말하지 않더라도 독자 여러분은 짐작함이 있을 줄 믿는다. 그러므로 우리는 매양의 언어생활에 있어서 단 한마디의 말일지라도, 거기에는 반드시 높임과 낮춤의 등분이 있다는 것을 알고, 주의해서 시행해야만 될 줄 믿으며, 끝으로 한 가지 여러 선배님들에게 높임말 '당신'에 대한 재고가 있기를 이 자리를 빌려 감히 제언하는 바이다.

3. 존칭 접미사 '-님'에 대하여

1) 서언

우리는 일상(日常)의 언어생활에 있어 남을 부를 때, 그의 성명(姓名)만을 부른다는 것은 그 사람의 인격을 좀 가볍게 여기는 감이 있으므로, 반드시 그의 성명 아래에 어떠한 칭호를 붙이는 관습이 있다. 이는 무엇보다도 상대방의 인격을 존중하고 나아가서는 자기 자신을 겸양한다는 미풍에서 우러나온 우리 민족성 그대로의 표현이라고 볼 수 있다. 그러나 만약 우리말에 있어서 이러한 미풍이 없다면, 인간 상호간의 관계는 오직 단순한 대명사(代名詞)의 인칭(人稱)에 불과할 것이다. 그러므로 스스로 존경하는 사람, 또한 품격을 잃지 않으려고 애쓰는 사람, 지체가 높은 사람 등은 상하를 통해서 칭호의 사용을 잊지 않는다. 그리하여 우리나라 사람과 중국 사람은 그 사람의 벼슬 이름과 존비귀천에 따라 여러 가지 칭호가 있었는데, 이것은 일반적인 것이 되지 못할 뿐만 아니라, 계급과 벼슬 등의 층하를 없애려는 오늘에 있어서는 마땅치 않고 오직 일반적으로 두루 쓰이고 있는 것은 '님'·'씨'이며 가까운 벗끼리는 '형'을 쓰며, 또 어떤 경우에는 '선생'을 쓰기도 한다.

이러한 칭호에 대하여는 그동안 많은 논고(論考)가 있었다. 그러므로 본고에서는 오늘날 가장 일반적으로 두루 쓰이는 우리 고유의 존칭사 '-님'에 대하여만 살펴보기로 한다.

2) '-님'과 '主'의 자훈(字訓)

'-님'은 일찍부터 사용한 우리 고유의 존칭사이다. 고유문자가 없었던 신라시대에는 '主'의 자훈(字訓)으로 표기하였다는 것은 주지의 사실이다.

> 善化公主主隱 (서동요)
> 文懿皇后主 大娘主願燈立景文大王主繼月光 (개선사석등기)

그런데 '主隱'은 종래 주로 '-님'으로 읽어오다가 김완진 교수

(1980)가 처음으로 '니리믄'으로 해독(解讀)하였고, 강길운(1995)도 이에 동조(同調)하였다. 또한 日本書紀 武烈天皇 4年 4月條에는 "百濟人呼此嶋曰主嶋"의 '主嶋'를 'nirimusema'로 훈기(訓記)하였으며, 'nirimu'(主)를 '爾林'으로도 기사(記寫)하였다.

今各羅海中有主嶋王所産嶋故百濟人號爲主嶋 (일본서기 권16・무열천황 4년)
大興郡本百濟任存城新羅改任城郡 (동국여지승람 권20・대흥)
東韓者甘羅城高難城爾林城是也 (일본서기 권10・응신천황 16년)

특히 강길운 교수는 'nerri'(*<nerrim. 정상. 드라비다-타밀어)에 있어서 *nerrim>nerim>nirim>niim>nim(님)의 변천이 가능하여, '님'은 '니림'의 발달형으로 보았는데, '니림'이 '님'의 고형(古形)임에는 틀림없다 하겠다.[28)]

그런데 양주동 박사는 '-님'의 어원은 미상(未詳)이나 이 말은 '前'(御前)의 의미가 있는 듯하다 하였다.[29)]

빗고몰(船後待柁處) (역어유해)
빗니몰(船頭刺櫂處) (역어유해)
德으란 곰비에 밧잡고 福으란 림비에 받잡고 (악학궤범・동동)

28) 강길운, 『향가신해독연구』, 박문사, 1995, 37면.
29) 양주동, 『고가연구』, 박문서관, 1957, 434~439면.

紅裳을 니믜ᄎᆞ고 翠袖ᄅᆞᆯ 半만거더 (사미인곡)

비온날 니믜ᄎᆞᆫ 누역이 (송강가사 · 단가)

'빗고ᄆᆞᆯ · 빗니ᄆᆞᆯ'은 '船後 · 船頭'를 뜻하며, '곰ᄇᆡ · 림ᄇᆡ'는 '後復 · 前復'을 뜻하며, '님의ᄎᆞ'(蹇)의 '님'도 '前'(앞)의 뜻임을 알 수 있다 하였다.

또한 양주동 박사는 존칭사 '-님'은 '主'의 새김(訓) 이외에 그 음을 빌려서 '任'을 사용하는 일인데, '任' 자 속용(俗用)의 유래는 꽤 오래인 것 같다 하였다. 그것은 고지명(古地名)에서 '任那'를 '님ᄂᆡ', '任存城'을 '님잣', '任實'을 '님실' 등, '任'이 모두 '主' 또는 '前'의 뜻으로 쓰였음을 알 수 있다 하였다.

'님ᄂᆡ'(任那)는 원래 가락국(駕洛國, 지금의 金海) 남쪽에 있는 한 포구촌인 '主浦'(님ᄂᆡ · 님개)에서 유래되었다. '主浦村'은 『삼국유사』의 〈駕洛國記〉에 의하면 首露王后인 아유타국(阿踰陀國) 공주의 처음 상륙지에 의한 지명이라 한다. 그리하여 '主浦村'은 '前浦' 또는 '主國'의 뜻으로 쓰인 것이다. 『日本書紀』에는 '任那'를 'ミマナ'(彌摩那)라 기록하고 있다.

'任存城'은 '닛잣'으로 『日本書紀』에도 '任射岐'라 하여, '任'을 '主'의 뜻으로 사용하였으며, '任實'은 '님실'로 역시 '主谷 · 前谷'의 뜻으로 쓰였다. 『일본서기』에는 이를 '爾林城'으로 기록, 'ニリムサシ'로 훈독(訓讀)한 것은 '主'를 'ニリム'로 풀이하기 때문이다. 특히 『일본서기』에는 '爾林'(ニリム)이 '主'의 뜻으로 허다히 쓰였다.

그러나 양주동 박사의 '님'의 의미 즉, '前'(御前)이라는 상기와 같은 견해에 대하여 안병희 교수(1963)는 '-님'은 존대의 의미를 가지고 있다고 하였다. 이는 완전명사 '님'에서 허사화(虛辭化)한 것으로 형태 및 의미에 있어서 현대어와 대차(大差) 없다 하였다. 사실 15세기어에는 존칭 접미사 '-님'과 동일한 어형(語形)을 가지는 완전명사 '님'이 있었다. 이 '님'은 '임금·남편(연인)' 등의 의미가 있었다.

> 數萬里ㅿ니미어시니(數萬里主) (용비어천가 31)
> 고ᄫᆞᆫ님 몯 보ᅀᆞᄫᅡ 술읏 우니다니 (월인석보 8·87)
> 鴛鴦夫人이 놀애롤 블로ᄃᆡ … 님하 오ᄂᆞᆳ나래 넉시라 마로리어다 ᄒᆞ야늘 (월인석보 8·102)

그런데 상기 예의 '님'은 어형과 의미에서 접미사 '-님'과 공통성을 찾아볼 수 있으나, 접미사 '-님'에서는 '임금·남편'과 같은 의미는 소실되어 허사(虛辭)로 전성되었음을 알 수 있다. 安秉禧 교수는 '님'의 허사화 과정을 귀로(1958:44)의 이론을 원용하여 구체적으로 밝힌 바 있다.

존칭사 '-님'은 신라시대에는 〈서동요〉의 '善化公主主隱'과 〈석등기〉의 '文懿皇后主·大娘主' 등과 같이 '主'의 자훈표기로 되어 있다. 고려시대에는 〈사모곡〉과 〈동동〉에 '아바님·어마님·錄事님'과 같이 존칭사 '-님'이 사용되어, 신라와 고려가 15

세기어와 같은 존칭 접미사의 기능을 가지고 있음을 알 수 있다. 그러나 신라어에서는 15세기어와 같은 완전명사 '님'을 찾아볼 수 없다. 그러므로 존칭사 '-님'의 어원을 밝힐 수 없으며, 그 의미 기능에 있어서도 양주동 박사는 '前'(御前), 안병희 교수는 완전명사 '님'의 허사화(虛辭化)라는 견해 차이가 있게 된 것이다. 그러나 신라나 고려에 있어서도 완전명사 '님'과 존칭사 '-님'은 그 어형과 의미기능이 다음으로 보아 15세기어와 동일하지 않았나 생각된다.

長堤郡 本高句麗主夫吐郡 (삼국사기 권35・지리2)
主乙 完乎白乎(니믈 오올오술온) (도이장가)
向主一片丹心(님 향한 일편단심이야) (단심가)

안병희 교수는 '님'을 '님'(主) 또는 '임금'(王)으로 보았으며, '-님'은 '主'의 원의(原義)에서 손위나 제3자의 존칭 첨미어로 전용되었다 하였다.[30)]

3) '-님'의 사용례와 그 의미

고유문자가 탄생한 이후에는 '主'의 훈자표기는 사라져 조선시대에 와서는 순수한 '-님'이 사용되었다. 안병희 교수는 『중세

---

30) 박병채, 『고려가요의 어석연구』, 선명문화사, 1973, 66면.

국어의 존대법 접미사 '-님'』에서 다음과 같이 13용례의 '-님'에 대한 자료를 제시한 바 있다. 안 교수의 노고라 하지 않을 수 없다.

1) 한아바님<한아비(祖)
   羅雲이 ᄉᆞᆯᄫᅩᄃᆡ 내 한아비닚棺ᄋᆞᆯ 메ᅀᆞᄫᅡ지이다 (월인석보 10·10)
2) 아바님<아비(父)
   아바님 이받ᄌᆞᄫᆞᇙ제 어마님 그리신 눉므를 左右ㅣ ᄒᆞᅀᆞᄫᅡ 아바님 怒ᄒᆞ시니 (용비어천가 91)
3) 어마님<어미(母)
   어마님 드르신 말 엇더ᄒᆞ시니(維母新聞) (용비어천가 90)
4) 아자바님<아자비(伯·叔)
   아바닚긔와 아ᄌᆞ바닚긔와 아자바님내긔 다 安否ᄒᆞᅀᆞᆸ고 (석보상절 6·1)
5) 아ᄌᆞ마님<아ᄌᆞ미(妗·嫂)
   아ᄌᆞ마니ᄆᆞᆯ 大愛道ᄅᆞᆯ 니ᄅᆞ시니 大愛道ㅣ 摩耶夫人ㅅ 兄니미니 (석보상절 6·1)
6) 아ᄃᆞ님<아ᄃᆞᆯ(子)
   죽다가 살언 百姓이 아ᄃᆞ닚긔 袞服니피ᅀᆞᄫᆞ니 (용비어천가 25)
7) ᄯᆞ님<ᄯᆞᆯ(女)
   암사ᄉᆞ미 ᄒᆞᆫ ᄯᆞ니ᄆᆞᆯ 나하 두고 할타가 仙人ᄋᆞᆯ 보고 나ᄃᆞᄅᆞ니 (석보상절 6·25)

8) 兄님<兄
兄니ᄆᆞᆯ 모ᄅᆞᆯᄊᆡ 말자쵤 바다 남ᄀᆡ 빼여 性命을 ᄆᆞᄎᆞ시니 (월인석보 1·2)

9) 아ᅀᆞ님<아ᅀᆞ(弟)
淨飯王ㅅ아ᅀᆞ니ᄆᆞᆫ 白飯王과 斛飯王과 甘露飯王이라 (월인석보 2·1)

10) 누의님<누의(姉妹)
네 아ᄃᆞ리 各各 어마님내 뵈ᅀᆞᆸ고 누의님내 더브러 즉자히 나가니 (월인석보 2)

11) 스승님<스승(師)
무로ᄃᆡ 釋迦牟尼佛이 스승님ᄭᅴ 엇더시니잇고 (월인석보 23·84)

12) 즁님<즁(僧)
鴛鴦夫人이 울며 比丘ᄭᅴ 닐오ᄃᆡ 王과 즁님과ᄂᆞᆫ 男便 氣韻니 실ᄊᆡ (월인석보 8·93)

13) ᄃᆞ님<ᄃᆞᆯ(月)
金色 모야히 ᄃᆞᇙ光이러시다 (월인석보 2·51)

대체적으로 불경언해 중심의 딱딱한 15세기 문헌만을 대상으로 하였기 때문에 '-님'의 용례가 모두 13항이지만, 그 빈도상으로 보면 현대어와 동일한 비율이 될 것이라고 안 교수는 밝혔다. 따라서 다음과 같은 16세기 문헌에 나타난 '-님'의 용례를 살펴보면 더욱 일반화되었음을 알 수 있을 것이다. 그것은 15세기 문헌에 나타나 있지 않은 '한할마니'(曾祖母)이나 '할마님'(祖

母)・'싀어마님'(姑)과 같은 모계(母系) 친족어휘가 나타나 있기 때문이다.

> 山南의 한할머니 長孫夫人이 나히 만ᄒᆞ야 (소학언해 6・26)
> 할마님 唐夫人이 싀어미 셤교믈 효도로이ᄒᆞ야 (소학언해 6・26)
> 싀어마님 며느라기 (청구영언)

어쨌든 15세기에 있어서의 '-님'의 용례는 그 대부분이 친족관계 어휘에 널리 쓰이고 있다. 따라서 '-님'의 연결 어휘가 외래어가 아니며, 특히 고유어로서 보통명사라는 점이다. 고유명사에는 '-님'의 연결을 찾아볼 수 없다. 이러한 점에서 안병희 교수도 지적하였지만, '金님・李某님'과 같은 용법은 비단 15세기뿐만 아니라, 역사적으로도 우리 고유의 조어법이 아님을 밝혀 둔다. 이는 어디까지나 '金氏・李某氏'와 같은 종래의 관용적(慣用的) 표현을 국어순화라는 미명 아래, '金님・李某님'으로 대체한 것에 지나지 않는다.

이미 앞에서 밝힌 바 있지만, 고유명사에 연결되는 존칭사는 '-님'이 아니라, '氏'가 주로 사용되었다.[31] '氏'는 한자이기 때문

---

31) 朴勝彬(1935:176~177)은 보통명사에는 '-님'이 쓰이고 고유명사에는 '氏'가 쓰인다고 하였다. 따라서 고유명사에 보통명사가 첨가될 경우에는 '尹先生님・崔學長님'과 같이 '-님'이 쓰인다고 하였다. 그러나 정인승(1959:106)은 '-님'은 고유명사에도 쓰일 수 있다고 주장하였다. 이 점에 대해서는 안병희(1863:34)를 참조하기 바란다.

에 중국에서는 물론, 일본에서도 존칭으로 두루 쓰이고 있다는 것은 주지의 사실이다. '氏'는 초기에는 족칭(族稱)을 일컫는 데서부터 출발한 듯하다.

始祖東明聖帝姓高氏諱朱蒙 (삼국유사 권1 · 고구려)
父赫居世 母閼英 姓朴氏 妃雲帝夫人 (삼국유사 권1 · 왕력 · 남해차차웅)
각시시; 氏 (훈몽자회 상 32)

'氏'가 존칭으로 두루 쓰이게 된 시기는 확실히 알 수 없으나, 족칭을 나타내는 말에서부터 출발하였다면 이는 오래전부터 쓰여온 듯하다.

或曰. 氏字本若, 代其名者然書氏而又書名如何. 且氏字似尊稱以至庶民亦稱之. 無乃不可乎. 曰不書氏字 則無辨於男女矣. 且氏 所以別其姓也. 貴賤通用何嫌. 蓋上古 庶人無姓 唯分土封國者 錫之以姓 然後有姓. 中古 有封邑勳德者 又命以邑號. 若祖字爲氏 以別其族焉 此所以唯貴者 有姓若氏也. 自周末以後 以至今日 則子傳父姓 貴賤皆同而氏字 只爲別其姓之稱 此則雖後王有作 在所不易者也. 苟爲別其姓也 則貴賤通用 有何不可乎. 若以爲尊之稱 則版籍者上於君上者也 雖卿大夫妻 豈可書氏耶. (반계수록 호적)

위의 『반계수록』의 내용을 살펴보면[32] '氏'는 본래 이름 아래 쓰여서 존칭을 나타내었으니, 이는 서민에 이르기까지 두루 쓰이는 데 어려움이 없었다. '氏'는 남녀의 구별이 없고 또한 '氏'는 각각 姓 아래 쓰여서 귀천이 통용하는 데는 아무런 거리낌이 없었다. 上古시대에는 서인(庶人)에게는 姓이 없었고, 오직 봉건시대 이후에 賜姓하여 성이 있게 되었다. 이는 周末 이후부터 오늘에 이르기까지 자식은 아비의 성을 따른 것은 귀천이 다 같았다. '氏'는 오직 존칭으로서 성의 가리킴과는 달라서 귀천이 통용하는 데는 불가함이 없지 않았다. 그러므로 높임의 칭호는 판적(版籍)에서도 지체가 높은 사람에게만 쓰였다. 경사태부(卿士太夫)의 부인에게도 '氏'를 썼었다.

결국 『반계수록』에 나타난 '氏'에 대한 존칭의 기록은, 『강희자전(康熙字典)』의 '氏婦人例稱氏'로 미루어 보아도 알 수 있다.

끝으로 'ᄒᆡ님 · ᄃᆞᆯ님'에서 찾아볼 수 있는 '-님'이다.

> 前生에 수행 기프신 文殊普賢ᄃᆞᆯ히 ᄃᆞᆯ닚긔 몯돗더시니 (월인천강지곡 83)
> 집 사ᄅᆞ미 대되 블근 ᄑᆞᆺ 두닐굽 나촐 ᄒᆡ님 향ᄒᆞ야 숨씨라 (온역방 80)

이러한 '-님'의 사용례에 대하여는 의인화(擬人化)한 것이라는

---

32) 상기 『반계수록』의 내용을, 독자의 편의를 위하여 의역(意譯)한 것이다.

해석을 하기도 한다. 그러나 한재영 교수(1998)가 밝힌 것처럼 의인화라는 해석은 존대의 대상이 '누구'인가를 모색하는 과정에서 도출된 결론이라고 할 수 있는 것으로, 설명 자체가 그리 자연스러운 것이라고는 하기 어려운 형편이다. 이 경우의 '-님'은 의인화라는 해석보다는 원시종교(原始宗教)에 있어서의 우주의 신비성이라고나 할까. 그렇지 않으면 자연물에 대한 존대라고 할 수 있을 듯하다. 그것은 굳이 존칭사 '-님'을 덧붙이지 않고도 다음과 같이 존대를 나타내는 경우가 있기 때문이다.

> 비가 오신다 빨래 걷어라.
> 함박눈이 오신다(내리신다).
> 바람이 참 모질게도 부신다.
> 천둥이 요란하게 치신다.

등등과 같이 존칭어미 '-시'[33]를 사용한 관용적 표현을 허다히 찾아볼 수 있으며, 주지의 사실이지만 〈井邑詞〉에서의 '돌하 노피곰 도드샤'에서는 격조사(格助詞)를 통하여 존대를 나타내고 있기 때문이다.

---

33) 존칭어미 '-시'에 대하여는 일찍이 최현배(1937)의 '높임 도움줄기'에서 상론한 바 있고, 현대의 문법연구에서는 안병희(1961)·신창순(1962)·이익섭(1974)·박양규(1975)·성기철(1985)·서정수(1990)·임홍빈(1990) 등 제씨가 '-시'의 주체존대 문제에 대하여 논의하였다. 그리고 임동훈(1996)의 「현대국어 경어법어미 '-시'에 대한 연구」에서 종합 논의한 바 있다.

4) 16세기어의 '-님'과 존대법

'-님'의 사용은 16세기어에 있어서도 15세기어와 대차(大差)가 없는 듯하다. 한재영 교수(1998)는 16세기어에 있어서의 '-님'을, 체언의 문법적인 대우 기능면에서 고찰한 바 있다. '-님'의 기능은 '어떤 대상을 높여 부르는 호칭적인 용법이라 할 수 있으나, 다음의 용례 '싀어미'와 '싀어미님'과 같이 비록 존귀한 자질을 가지고 있다손 치더라도 언제나 '-님'을 취하는 것은 아니라 하였다.

> 山南의 한할마님 長孫夫人이 나히 만ᄒᆞ야 니 업거늘 할마님 唐夫人이 싀어미 셤곰올 효도로이 ᄒᆞ야 ᄆᆡ일 아ᄎᆞᆷᄋᆡ 머리 비서 縱ᄒᆞ고 빈혀 고자 섬 아래 가 절ᄒᆞ고 즉재 당에 올라 그 싀어미님을 졋 먹이니 長孫夫人이 낟 먹디 몯홈올 두어 ᄒᆡ로ᄃᆡ 편안ᄒᆞ더니
> (소학언해 6・26)

위의 '싀어미'와 '싀어마님'은 대우(待遇)의 기본적인 속성 자체가 화자(話者)의 존대 의향에 절대적으로 의존하는 것이기는 하지만, '-님'의 선택 여부가 결정되는 단위는 장면이나 문장이 아니라, 개별 어휘임을 보이고 있다고 한재영 교수는 밝혔다. 그리하여 대우법의 선택 대상을 문법 단위인 단어로 보는 것에 대한 타당한 근거로 다음과 같은 예문을 제시하였다.

> 아비 나ᄒᆞ시고 스승이 ᄀᆞᄅᆞ치시고 님금이 먹이시ᄂᆞ니 (소학언해 2・73)

존칭어미 '-시'가 쓰이고 있음에도 정작 대우의 대상인 '아비・스승'에 대한 대우는 이루어지지 않고 있다. 이는 어디까지나 예외적이라고 할 수 있겠으나, 엄격한 의미에서는 자기 겸양(謙讓)이라 할 수 있다. 이러한 점에서 다음 예문과 같은 경우와는 대조적이라 하겠다. 서술어가 존칭어미 '-시'를 취하지는 않았으나, 서술어와 관계가 있는 '형'이 '-님'을 취하고 있는 것이다.

> 夫人의 어머님은 申國夫人의 형님이니 홀ᄅᆞᆫ 자내 ᄯᆞᆯ을 보라와 (번역소학 9・7)
> 쥬ᅀᅵᆫ 형님 닐오미 졍히 올타 나도 드로니 올히 여긔 뎐호를 거두디 몯ᄒᆞ다 ᄒᆞᄂᆞ다 (번역 노걸대 상・54)

그러나 다음의 예문에서 찾아볼 수 있는 '셔방・동ᅀᅵᆼ・ᄯᆞᆯ' 등의 어휘는 대우 중립적이거나 오히려 하대(下待)의 대상이라고도 할 수 있다. '-님'을 취하고는 있으나, '-님'을 취한 어휘와 대우 호응(呼應)하는 서술어의 모습은 보이지 않고 있다. 그리하여 한재영 교수는 대우의 대상이 문법 단위로서의 단어라고 하였다. 그러나 이러한 '-님'의 사용 예는 후술하겠지만, 현대국어에서도 찾아볼 수 있다. 오히려 존대의 대상에는 '-님'이 쓰이지 않았고, 下待의 대상에 '-님'이 쓰이고 있는 것이다.

셔방님도 청쥐 가 유무ᄒᆞ도더라 됴히 갓더라 (간찰 18)
동싱님네ᄭᅴ 대되 요ᄉᆞ이 엇디 겨신고 긔별 몰라 분별ᄒᆞᄋᆞᆸ뇌 (간찰 53)
빅희ᄂᆞᆫ 노션공의 ᄯᆞ님이니 송공공의 부인이 도얏ᄶᅡ가 공공이 주근 후에 … (삼강행실・열・10)

5) '당신님・아우님・족하님'과 반말

그동안 존칭사 '-님'에 대하여는 김종훈(1961)・서정수(1979)의 논의가 있었으며, 전술한 바 있지만, 어떤 경우에 '-님'이 쓰이고 또 어떤 경우에는 쓰일 수 없는가에 대하여도 일찍이 안병희(1963)가 밝힌 바 있다. 그러나 특히 임홍빈(1990)은 '-님'이 쓰이는 경우, '-님'이 쓰이지 않는 경우, '-님'의 연결에 제약을 받는 경우, 그리고 '-님'의 본래적 기능으로 나누어 구체적으로 밝힌 바 있다. 먼저 임 교수의 예시를 소개하기로 한다.

① a. 아버님, 어머님, 할아버님, 할머님, 伯父님, 叔父님, 큰아버님, 작은아버님, 아주머님, 아주버님, 형님, 누님, 丈人님, 丈母님, 兄嫂님, 姑母님, 姨母님
　b. 선생님, 사모님, 사장님, 과장님, 學父母님, 서방님, 주인님, 임금님, 왕초님
　c. 손님, 마님, 스님
② a. *아저씨님, *아가씨님
　b. *삼촌님, *사촌님, *오촌님, *처남님, *王님

c. *애비님, *아범님, *애미님
d. *땜장이님, *엿장수님, *졸개님, *레지님, *중님, *상놈님
e. *각하님, *聖下님, *金翁님
f. *당신님, *자네님, *너희님, *戀人님, *販賣人님, *武人님, *안사람님, *집사람님, *아내님, *남편님, *配達人님, *職場人님, *患者님, *장수님(물건을 파는 사람을 말함)
h. *빗님, *눈님, *이파리님, *彗星님
i. ??김님, ??최현배님

임 교수가 이미 밝혔지만, ①은 '-님'이 쓰이는 경우를 보인 것이고, ②는 '-님'이 쓰이지 않는 경우를 보인 것이다. 임 교수가 ①과 ②를 항목별로 구체적으로 밝혔기 때문에, 아니 임 교수가 예시한 내용에 대하여 아무런 이의(異義)가 없다. 그러나 필자가 평소에 느낀 '-님'의 사용 예에 대한 몇 가지 관견(管見)을 이 자리에서 밝혀보려는 것이다. 여기에 그 몇 가지를 예시하면 다음과 같다.

*당신님 *아우님 *족하님 *大統領님

먼저 *'당신님'에 대하여 살펴보기로 한다. '당신'이란 말은 첫째 제3인칭의 높임말로서, 둘째 제2인칭의 높임말로서, 셋째 夫婦之間에, 넷째 성경에서 쓰이는 경우를 들 수 있다.

첫째, '당신'이 제3인칭의 경우는 오래전부터 존댓말로 쓰여왔

다는 것은 주지의 사실이다. 따라서 '당신'이란 어휘 자체가 존대의 의미를 가지고 있으므로 존칭사 '-님'의 연결은 필요치 않을 것이다. 『계축일기』나 『閑中錄』에서도 '-님'의 연결은 다음과 같이 전혀 찾아볼 수 없다.

> 伯祖겨오셔 당신 아오님을 멀리 사랑하오시는 뜻이오 … (가람 이병기 한중록, 10면)
> 당신 부모님 지속으로 본재 정성은 거룩하오시건마는 민첩지 못하기로 … (同上 80면)
> 이날 우희 드오시다가 넌 메온 하인이 업더 넌 기우러뎌 … '엇디 ᄒᆞ오신고' 뭇도 아니 ᄒᆞ고 바로 당신 뎐으로 가니라 (강한영 교주 계축일기 50면)

그런데 오늘날 일부 계층에서 굳이 '당신'이란 존대어휘에 '-님'을 연결하여 사용하는 까닭은 무엇인가. 이는 '당신'이 존대어휘이므로, 존칭사 '-님'의 연결은 당연하지 않을까라는 한 언어의식의 발로(發露)라고 생각한다.

둘째, 제2인칭의 높임말로서의 '당신'이다. 오늘날 문장 상에서 '당신'을 제2인칭의 존댓말로 사용하고 있으나, 이는 영어의 'you'나 일어의 'あなた'의 풀이말로서 종래 제3인칭에서만 쓰였던 '당신'을 근래 제2인칭의 존댓말로 사용하게 되었다는 것은 주지의 사실이다.[34] 그러나 현실적으로 요즘 입말에서 '당신'이라는 말을 높임말로 인정하기에는 좀 미흡하지 않나 생각된다.

이미 졸고 「높임말 당신에 대하여」(1962)에서 밝힌 바 있지만, 최현배 박사(1937;230)는 '당신'을 높임의 등분에서 제2인칭의 '예사높임'과 '아주높임'으로 분류하였다. 또 정인승 박사(1956;219)는 '당신'을 제2인칭의 '예사'와 '예사높임'으로 분류하였다. 두 분의 분류에서 필자는 최현배 박사의 '아주높임'에 대해서는 회의적이나 정인승 박사의 '예사'에는 수긍이 간다. 사실 '당신'은 제2인칭의 '아주높임'으로는 쓰일 수 없다고 하겠으며,[35] '예사'가 알맞은 등분이라고 하겠다.[36] 정인승 박사의 '예사'를 필자는 높임의 등분을 '반말'로 인정하려 하는 것이다.

셋째, 부부지간에 쓰이는 '당신'이다. 요즘 일반화된 호칭이라고 하겠다. 부부지간에 쓰이는 '당신'도 정인승 박사의 제2인칭의 높임의 등분에서 '예사'와 '예사높임'으로 보는 것이 타당하다. 등분이 '예사'의 경우 '당신'이 '반말'에 해당하며, '예사높

---

34) '당신'이란 어휘는 周時經의 『국어문법』(1910)의 '人稱'에는 나타나 있지 않고, 『조선어사전』(1920)에는 "당신(當身) (代) 尊敬するに對する敬稱"이라고 풀이 되어 있다. 그러나 박승빈(1935;187)에서는 "啓明俱樂部에서 第2人稱 代名詞 普遍的 用語 '당신'을 사용하기로 決議하야씀에 因하야 그 말이 많이 流行되는 狀態이라"라고 밝혔다.

35) 사실상 '아버지 · 교수 · 사장' 등 손윗어른을 '당신'이라 호칭할 수는 없을 것이다.

36) 정인승(1956)의 높임의 등분

높낮 / 가리킴	아주낮춤	예사낮춤	예사	예사높임	아주높임
첫째가리킴	저※저희	저※저희	나※우리	나※우리	나※우리
둘째가리킴	너※너희	자네	그대, 당신	당신	어르신네

임'의 경우는 '당신'이 예사높임으로서 '하오'할 자리에 호응된다고 하겠다.

넷째, 성경에 나타나 있는 '당신'이다. 이는 『국어대사전』의 풀이와 같이 '그 자리에 있지 아니한 웃어른을 높이어 일컫는 말'의 경우에 해당한다고 보겠다. 그러므로 이는 엄밀한 의미에서 제3인칭의 경우라 하겠다. 제3인칭의 경우는 예나 지금이나 높임말로 두루 쓰이고 있다는 것은 주지의 사실이다.

필자는 '당신'이 입말에서 제2인칭의 높임말로서는 아직도 생소하다고 본다. 부부지간에 쓰이는 '당신'도 마찬가지다. 제2인칭에 있어서나 부부지간에 쓰이는 '당신'을 보다 존대화하기 위해서는 존칭사 '-님'의 연결을 필요로 했을 것이다. 결국 일부 계층에서 사용하고 있는 '당신님'은 이러한 대우 체계에서 형성된 존칭어라고 할 수 있다.

*'아우님'은 이미 앞에서 밝힌 바와 같이, 하대(下待)의 대상인 '아우'에 존칭사 '-님'이 연결된 것이다. 촌수(寸數)가 낮은 손아래 '아우'(동생)이기 때문에 존칭사 '-님'의 연결은 의당 필요치 않을 것이다. 그럼에도 굳이 '-님'을 연결한 까닭은 무엇인가. 그것은 화자의 지나친 겸양이라고나 할까. 또는, '아우'(동생)의 인격이 고매(高邁)하거나 사회적으로 높은 지위에 있기 때문에, 존대의 대상이 되지 않았나 생각한다. 그러나 다음과 같이 '-님'을 취하고는 있으나, '-님'을 취한 어휘와 대우 호응하는 서술어의 모습은 보이지 않고 있다.

동싱님네끠 대되 요ᄉᆞ이 엇디 겨신고 긔별 몰라 분별ᄒᆞ옵뇌 (간찰 53)

아오님젼 상장 (간찰 48)

아ᄋᆞ님 상ᄉᆞ는 하 쳔만 의외니 … 너희 망극망극 셜워ᄒᆞ는 거동 보는ᄃᆞᆺ 더옥 슬허ᄒᆞ노니 (간찰 47)

그리하여 한재영 교수는 이를 대우의 대상이 문법 단위로서의 단어라고 하였다. 하대의 대상인 '아우'에 '-님'이 연결된 경우는, 다음과 같이 현대어에서도 찾아볼 수 있다.[37] 이는 엄밀한 의미에서 존대나 하대도 아닌 대우 중립적 즉, '반말'에 해당한다고 볼 수 있다.[38]

아우님 어서 오시게.

아우님 이리 앉으시게.

아우님 그동안 별고 없으신가.

아우님 많이 드시게.

그러나 다음과 같은 경우에 있어서의 '아우'는 청자가 존대의 대상이므로 당연히 존대가 되는 것이다. 한자어이지만 '아우님'에 대맞는 존대어로 '弟氏・季氏'가 쓰이고 있다는 것은 주지의

37) 현실적으로 친형제간이나 가까운 집안끼리는 사용하지 않으며, 촌수가 멀거나 친교지간에 또는, 사회적으로 선후배간에 사용하는 경우가 있다.

38) '반말'에 대하여는 한길(1986)의 「현대국어 반말에 관한 연구」를 참고하기 바란다.

사실이다. '弟氏·季氏'가 한자어인 탓인지 요즘 젊은 세대에 있어서는 좀 난해(難解)한 듯하다. 그리하여 '아우님'이 예나 지금이나 전통적으로 쓰이고 있는 듯하다.

배고겨오셔 당신 아오님을 멀리 사랑하오시는 뜻이오 (가람 이병기 주해, 한중록)
션인겨오셔 우ᄒᆞ로 두ᄌᆞᄢᅵ 셤기시미 ᄌᆞ별ᄒᆞ시고 아래로 세 아오님 교훈ᄒᆞ시미 극ᄒᆞ오셔 (동상, 한중록)

*'족하님'은 '족하'에 대한 존칭어이다. '족하님'도 '아우님'과 같이 제2인칭에 쓰이는 경우가 있다. 존대의 대상이 아닌 '족하'에 존칭사 '-님'이 연결되어 있는 것이다.[39)]

족하님 어서 오시게.
족하님 이리 앉으시게.
족하님 요즘 재미 좋으신가.
족하님 요즘 건강은 어떠신가.

그러나 이는 화자의 겸양으로서 또는 비록 촌수가 낮은 손아래 '족하'이지만, 자기보다 나이가 많거나 사회적으로 지위가 높을 때, 평소의 친소관계(親疎關係)가 다소 허물이 있다고 생각되

---

39) '아우님'과 마찬가지로 '족하님'도 친족이나 가까운 집안끼리는 사용하지 않고 있다.

는 경우에 '족하님'이라 부르는 것 같다. 또한 동년배 친구 사이에도 농 삼아 쓰이는 것 같다. 그러나 종래에는 다음의 예문과 같이 '족하'에 존칭사 '-님'의 연결은 찾아볼 수 없다.

> 삼촌 족하와 밋 딜녀는 (警民 12)
> 어와 뎌 족하야 (松江2・3)
> 후궁의 족하롤 드려다가 (계축일기)

비록 한자어이지만 '족하'에 대한 존대어로 '咸氏'가 쓰이고 있다. 그러나 이는 '남의 족하를 높이어 일컫는 말'로 제3인칭에 해당한다. 한자어인 '咸氏'가 좀 궁벽하고 어렵다 보니 요즘은 '咸氏'보다 으레 '족하님'이 쓰이고 있는 듯하다.

엊그제 청와대 대변인이 '대통령'을 '대통령님'이라 호칭하였다. 종래에는 '대통령 각하'라는 호칭을 사용한 듯하다. 말하자면 '각하'라는 존칭이 '-님'이라는 존칭사로 바뀐 것이다. '각하'라는 존칭은 문민정부 때부터 권위주의니, 일제의 잔재니 하여 쓰이지 않게 된 것이다.

대통령은 한 국가의 최고위 직책인 만큼 당연히 존대해야 할 것이다. 그러나 대통령이라는 어휘는 나라의 최고위 직책이기 때문에 대통령이라는 어휘 그 자체에는 이미 존대의 의미가 내포되어 있는 것이다. 그러므로 굳이 '대통령님'이라고 호칭할 필요가 없는 것이다. 한재영 교수(1998)도 지적하였지만 대통령을

'대통령님'이라고 한다면 이는 대우를 하는 것이 아니라, 오히려 대통령에 대한 가치의 평가 절하를 의미하는 것이라 할 것이다.

조선시대의 '임금'도 마찬가지라 하겠다. 현대국어와는 달리 중세국어의 '님금'은 존칭사 '-님'을 필요로 하지 않았던 어휘이다. 현대국어의 임금이 '-님'을 필요로 하게 된 것은, '임금'이라는 어휘가 가지는 의미가 가치중립적인 것이 된 데에서 찾아야 할 것이다.

6) 결언

이상 존칭사 '-님'에 대하여 살펴보았다. 무엇보다도 '-님'은 완전명사 '님'의 허사화(虛辭化)로, 그 형태나 의미가 현대어와 대차(大差) 없으며 또한, 고유명사에 직접 연결되어 사용된 일이 없다. 따라서 '-님'의 본래적인 의미 기능은 어떤 대상을 높여 부르는 호칭적인 용법임을 알 수 있다. 그러므로 오늘날 일부에서 사용하고 있는 '金 님 · 李某 님'과 같은 용법은 마땅히 재고되어야 할 것이다.

그런데 한재영 교수(1998)는 16세기어에 있어서의 '-님'을 체언의 문법적인 대우 기능 면에서 고찰한 바 있다. 오히려 존대의 대상에는 '-님'이 쓰이지 않았고, 하대의 대상에 '-님'이 쓰이고 있다고 하였다. 그리하여 대우법의 선택 대상을 문법 단위로서의 단어로 보는 것이 타당하다 하였다.

'당신님 · 아우님 · 족하님'은 하대의 대상에 '-님'이 연결된 것이다. '-님'을 취하고는 있으나, '-님'을 취한 어휘와 서술어는 대우 호응이 이루어져 있지 않고 있다. 그러므로 '당신' · '아우' · '족하'는 엄밀한 의미에서 대우중립적 즉, '반말'이라 하겠다. 그리고 '대통령님'과 '임금님'은 '대통령'과 '임금' 그 자체가 어디까지나 존귀한 자질을 가지고 있기 때문에, 이는 '-님'을 취할 수 없다고 하겠다.

끝으로 '당신님' · '아우님' · '족하님'에 대한 사용 예이다. 이는 비록 문법성은 결여되어 있으나, 오늘날 어느 지역이나 어느 계층에서 일반적으로 자연스럽게 두루 쓰이고 있으므로, 그 관용성(慣用性)을 인정하는 것도 좋을 듯하다.

4. 존칭 접미사 '-께서'와 '-께'에 대하여

우리말은 일찍부터 존댓말이 존재한 듯하다. 문헌 자료의 영성으로 그 구체적인 것은 찾아볼 수 없으나, '서동요(薯童謠)'의 '善化公主主隱'에서의 '主隱'(님)과 '정읍사'의 '둘하 노피곰 도드샤'에서의 '둘하'에 쓰인 존칭 접미사를 비롯하여 존대 어미에는 주로 '賜'(샤), 후기 이두문에서는 '敎'(이시), 겸양법에서는 '白'(삽) 등이 쓰였다. 결국 이들은 조선조에 들어서는 특히, 훈민정음 창제로 존대법에는 '-시-' · '-샤-' · '-산-' 등이, 겸양법에는 '-삽

-·-좁-·솝' 등이 질서 있게 사용되었다.

그러나 존대 주격의 '-께서'와 존대 여격의 '-께'는 세종·세조 시대의 언해류 문헌에서는 거의 찾아볼 수 없다. 이는 그 훨씬 후대인 '한중록'이나 '인현왕후전'을 위시하여 '조선언간어필' 등에서 '-겨오셔·-계오셔·-긔셔·-띄' 등의 존대 형태로 나타난다. 이는 궁중소설과 언간이라는 점에서 그 주체가 어디까지나 왕과 왕비의 절대적인 존대의 대상이라는 점에 기인할 줄 믿는다. 따라서 존대를 나타내고 있는 격조사로 현존하고 있는 주격 '-께서'와 여격 '-께'가 극존칭의 화계 대상인 것도 같은 현상이라 하겠다.

한중록(閑中錄)

닉 졈 ᄌᆞ라매 됴부계오셔 이상이 ᄉᆞ랑ᄒᆞ시고
됴고 뎡현공계오셔 친히 임ᄒᆞ야 보오시고

뎡헌공겨오셔 영안위 증손이시고
부모겨오셔 더욱 ᄉᆞ랑ᄒᆞ오시미
션비겨오셔 비록 지샹의 총뷔시나

뎡헌공긔셔 위포로븟터가 계간 고ᄒᆞ미 심ᄒᆞ온대
부모긔셔 이샹이 편이 ᄒᆞ오시던 일을 싱각ᄒᆞ니
우리 빅고모긔셔는 명관의 안해오

닉 ᄋᆞ시의 형데이셔 부모띄셔 구술로 아오시더니

계모끠셔는 김죵혼인의 ᄌᆞ장을 빗나게 ᄒᆞ고

인현왕후전(仁顯王后傳)

ᄃᆡ비겨오셔도 염여ᄒᆞ시며
왕ᄃᆡ비뎐겨오셔 그 앗기시고
ᄃᆡ비뎐겨오셔 샹이 불평ᄒᆞ시므로

어필언간(御筆諺簡)

아ᄌᆞ마님겨오셔 편티 못ᄒᆞ오신ᄃᆡ 요ᄉᆞ이는 퍽 낫ᄌᆞ오신가 시브오니(肅宗御筆)
아ᄌᆞ마님겨우셔 여러 둘쵸션ᄒᆞ옵시던 긋틔 이런 참적을 만나옵셔(肅宗御筆)

이상 한중록과 인현왕후전 그리고 어필언간에 나타나 있는 '-겨오셔(-계오셔)'와 '-긔셔(-끠)'에 대하여 살펴보았다. 이는 어디까지나 지존의 궁중에서만이 사용되었음을 알 수 있다.

그러나 이러한 지존의 극존칭은 후세 들어 점차 일반화되어 일반 사회에서도 사용되었음을 알 수 있다. 이는 순조 때의 '조침문(弔針文)'에서 찾아볼 수 있는 '-께옵셔'라든가, 후대의 '춘향전'이나 '동명일기' 등의 작품 등에서 찾아볼 수 있는 '-계서 · -계옵셔'들의 사용이라 하겠다.

지금은 높임의 등분에 입각하여 '아주높임' 즉, 극존칭의 등분으로 분류되어 있다. 그러나 희박해진 경로효친 사상이라고나 할까, 아니면 시대 흐름의 변화라 할까 그 사용이 엄격히 지켜지지 않고 있다. '아버님께서 낮잠을 주무시고 계신다'가 '아버지가 낮잠을 자고 있다' 등으로 말하는 경우가 예사다. 엄격히 말해서 '높임의 대응(對應)'이 성립되지 않는다. 그러나 이러한 현상은 비단 '-께서·-께' 뿐만 아니라, 존대 칭호(호칭)에 있어서도 동일 현상이라 하겠다.

제5장
전북(정읍) 지역어와 존대법

1. '한당께'와 '햇시라우'의 언어적 지역 정서

1) 서언

본고는 '井邑 地方의 方言 硏究'로 『문경(文耕) 8집』, 1959년 중앙대 문과대)에 발표한 내용이다. 그 특징적인 점만을 몇 가지 예거한 것이다.

정읍(井邑) 지방의 방언(方言)이지만, 지역적으로 전라도 방언에 속하기 때문에 전라도 방언과 별 차이가 없음을 미리 밝혀둔다. 전라도 방언에 대한 연구로 일찍이 일본인인 오구라 신페이(小倉進平)와 고노 로쿠로(河野六郎)를 비롯하여, 근자에는 많은 학자들의 연구가 있다는 것은 주지의 사실이다.

본 방언은 필자가 학창시절에 틈틈이 수집한 것이다. 이 지역 출신이어서 쉽게 수집할 수 있는 이점(利點)도 있었지만, 무엇보다도 많은 어휘를 수집하지 못한 점이 아쉽다. 더욱이 요즈음은 일일생활문화권(一日生活文化圈)이어서 지역문화의 소중한 방언이 점점 소멸해 가는 데 더욱 아쉬움이 있다 하겠다.

2) 음운(音韻)

여러 가지 음운 현상 중 특징적인 것 몇 가지만을 주로 어휘 중심으로 살펴보기로 한다.

① 'ᄋᆞ'음 현상

'ᄋᆞ'음은 'ㅏ ㅗ'의 사잇소리로 오늘날은 'ㅏ ㅓ ㅗ ㅜ ㅣ' 등으로 변하였지만, 정읍 지방의 방언에는 'ᄋᆞ'음의 잔재를 허다히 찾아볼 수 있다. 몇 가지 어례(語例)를 들어본다.

	서울	정읍
ᄑᆞᆯ(臂)	팔	폴
ᄆᆞᆯ(馬)	말	말・몰
ᄑᆞᆺ(小豆)	팥	퐃
아ᄉᆞ(弟)	아우	아수・아시
가ᄉᆞᆷ(胸)	가슴	가심
ᄆᆞᄆᆞᆯ(村)	마을	마슬・마실

② 'ㅿ'음 현상

'ㅿ'음도 'ᄋᆞ'음과 같이 고어(古語)에서 널리 쓰였던 음운의 하나이다. 'ㅿ'음은 'ㅅ>ㅿ>ㅇ'의 변천과정을 밟아 대체적으로 16

세기경에 소멸하였는데, 정읍 지방의 방언에서는 ‘ㅿ’음의 보유(保有)는 비단 정읍 지방만이 아니라, 전라 · 경상 · 함경도 방언 등에도 나타나 있다.

	서울	정읍
ᄀᆞᅀᆞᆯ(秋)	가을	가슬 · 가실
겨ᅀᆞᆯ(冬)	겨울	저슬 · 저실
기ᅀᅳᆷ(耕)	기임	지슴 · 지심
여ᅀᆞ(狐)	여우	여수 · 여시
ᄀᆞᅀᅢ(剪)	가위	가새
무(蘿)	무우	무수 · 무시

③ ‘ㅸ’음 현상

‘ㅸ’음은 ‘ㅂ>ㅸ>오 · 우’의 변천과정으로 15세기 중엽에 소멸하였는데, 서울을 중심으로 하여 중부지방과 호남지방은 ‘오 · 우’음으로, 경상 · 함경도 지방은 ‘ㅂ’음으로 나타나 있다. 그런데 정읍 지방에서는 오직 ‘새비’에서만이 ‘ㅂ’음이 나타나 있다. ‘새비’는 또한 ‘새뱅이, 새빙갱이’라고도 말한다.

④ 경음화(硬音化) 현상

비단 정읍 지방의 방언에서만이 아니라, 전라 · 경상도 방언에서 일반화된 현상이 된소리다. 주지의 사실이지만, 표준말인 ‘꽃 · 뿌리’ 같은 말도 과거에는 ‘곶 · 불휘’와 같이 예사소리였던 것이다.

가마귀—까마귀, 가재—까재, 가락지—까락지, 고추—꼬치, 고사리—꼬사리, 두부—뚜부, 병아리—뺑아리(삥아리), 비둘기—삐둘기, 수수—쑤시, 조각—쪼각, 자르다—짜르다, 자구—짜구

⑤ 움라우트(Umlaut) 현상

움라우트 현상은 전후 모음의 타협점을 전설모음(前舌母音)에 취함으로써 생기는 현상으로, 그 개입하는 자음(子音)이 순음·구개음·후두음인 경우에 성립하는 것이다.

가마—가매, 고기—괴기, 구렁이—구렝이, 다리미—대리미, 담배—댐배, 보자기—보재기, 석유—섹유, 아기—애기, 아비—애비, 어미—에미, 치마—치매, 학교—핵교

이러한 움라우트 현상은 비단 정읍 지방의 방언에서만이 아니라, 표준말에서도 허다히 찾아볼 수 있는 현상이다. 이는 일종의 무능한 발음 현상이라고도 하겠지만, 단적으로 말해서 발음의 경제적 현상이라 하겠다.

⑥ 구개음화(口蓋音化) 현상

구개음화는 우리말의 대다수 방언에 나타나는 현상이지만, 특히 정읍 지방의 방언에서는 'ㄱ—ㅈ', 'ㅋ—ㅊ', 'ㅎ—ㅅ' 등의 현

상을 찾아볼 수 있다.

> 겨드랑-저드랑, 기둥-지둥, 기름-지름, 길삼-질쌈, 김치-짐치, 견디다-전디다, 키(箕)-치, 향기-상기, 향나무-상나무, 형님-성님, 효자-소자, 흉년-숭년, 흉내다-숭내다, 힘-심

이는 경기도 방언에는 거의 나타나지 않고 특히, 평안도(平安道) 방언에서는 전혀 찾아볼 수 없는 방언적 특질을 이루고 있다. 그것은 평안도 방언의 형성이 고려의 북진책(北進策)에 의한 한 민족의 이주로 인하여 압록강까지 실지(失地) 회복한 고려 고종(高宗) 때 전후이기 때문인 것이다. 그리하여 조선조 초기만 하더라도 경기도 방언과 별 차이가 없었던 것이다.

⑦ 관습적(慣習的) 현상

이는 비단 정읍 지방의 방언에서만 존재하는 것이 아니라, 거의 전국적으로 나타나는 현상이다. 일종의 발음의 무능현상이라고 하겠다.

> ㉠ 야-애; 고향-고행, 향수-행수, 향교-행교
> ㉡ 어-오·우·으; 버선-보선, 먼저-몬저, 아버지-아부지, 적다-즉다
> ㉢ 여-애·이·에; 형무소-행무소, 형사-행사, 병-빙, 별

－빌, 변소－벤소, 벼루－베루, 면도－멘도

㉣ 요－외; 교육－괴육, 학교－핵괴, 효자－회재, 교사－괴사

㉤ 우－으・이; 가루－가리, 고추－꼬치, 골무－골미, 오줌－오짐, 토수－토시

㉥ 예－에; 은혜－은에, 예의－에이, 문예－문에, 예술－에술

이 외에도 관습적 현상은 많이 있으나 생략한다. 최현배 선생은 이러한 관습적 현상의 원인을 첫째, 역사적 사정. 둘째, 심리적 관계. 셋째, 어족적(語族的) 통성(通性). 넷째, 음리(音理)의 상근(相近). 다섯째, 교육의 결함. 여섯째, 단순한 관습 등을 예거하고 있다.

3) 존대어미

방언에 있어서 어법(語法) 형태는 너무 복잡하여 개개의 구체적 사실을 분석하기에는 어려움이 많다. 그러므로 여기에서는 본 방언과 관련되는 특수한 어법 현상 몇 가지만을 예거(例擧)하기로 한다.

(1) 서술형 종결어미

㉠ -깨・-깨로

'그러한당깨', '그런당깨'에서 보이는 '깨'와 '그리한당깨로', '그러탕깨로'에서 보이는 '깨로'는 일종의 '반말체'로 쓰이는 특수 어

법(語法)이다. 이는 비단 정읍 지방뿐만 아니라, 전라도(全羅道) 방언의 한 특징이기도 하다.

㉡ -대이·-댕이

'햇대이', '햇댕이' 등과 같이 과거형으로 동배지간이나 연소자에게 사용하는 '반말체'의 어미이다. 이도 또한 전라·함경북도 등에서만 사용하는 특수 방언이다.

㉢ -간(간듸)

'하간(하간듸)', '햇간(햇간듸)' 등과 같이 동배지간이나 연소자에게 사용하는 '반말체'이다.

㉣ -개비여

'일 했는개비여', '그 사람 죽었는개비여', '밥 먹었는개비여' 등과 같이 용언의 어미로, 일종의 추측적인 의미로 사용된다.

서술형 종결어미에는 기타에도 '-더', '(이)여', '-ㄹ세(로세)', '-내다' 등도 있다.

(2) 의문형 종결어미

㉠ -는기오

현재는 '하는기오' 등과 같이 연장자에 대한 존댓말로 사용한다. 경상도 방언에서는 '할나능기오', '하닝기오', '했능기오', '할

낙하닝기오' 등으로 사용하고 있다.

㉡ -겨라우·-셔라우·-지라우

'-겨라우'는 연장자에 대한 존댓말로 전남북에서는 일반적으로 '-겨라오'로 사용된다. '-셔라우'도 역시 연장자에 대한 존댓말로 사용하는데, 전남·전북·충북 지방에서는 '-셔라오'가 일반적이다.

'-지라우'도 연장자에 대한 존댓말인데, 정읍 지방에서 '-하께라우', '하끼라우', '하끄라우' 등이 사용하는 것이 특징적이다.

기타에도 의문형 종결어미에는 '-가', '-껴', '-ㄹ씹니까', '-이라?' 등도 있으나 생략한다.

(3) 원망형 종결어미

㉠ -끈아

원망의 뜻을 나타내거나 차탄(嗟嘆)을 나타내는데도 사용한다. '어찌 할끈아·살끈아·죽을끈아·잘끈아·먹을끈아' 등이다.

㉡ -쎄다

연장자에 대한 존댓말로 쓰인다. '합쎄다·갑쎄다·먹읍쎄다' 등이 그것이다.

(4) 명령형 종결어미

㉠ -소·-시소·-시시소

동배지간이나 손아랫사람에게 대하여 '하소·하시소' 등과 같이 '반말체'로 사용하고 '하시시소'는 연장자에 대한 명령이나 願望을 나타내는 데도 사용된다.

(5) 청유형 종결어미

㉠ -드라고

'하지·먹지·자기' 등과 같이 동배지간이나 연소자에게 사용하는 '반말체'로 정읍 지방에서도 '하드라고·먹드라고·자드라고' 등으로 사용한다.

(6) 강조형 종결어미

㉠ -잉

이는 동사나 형용사의 어미로 사용된다.

동사: 간다잉·잔다잉·잘한다잉

형용사: 희다잉·붉다잉·맛있다잉

어법에 있어 미래형(未來形)·감탄형(感歎形)을 비롯하여 조사와 연결어미에서도 허다히 찾아볼 수 있다. 특히 연결어미의 경우 '-ㄴ디'를 살펴보면

동사: 부지런히 일하는디 욕한당께.
잠을 자는디 떠든당께.
형용사: 배가 고픈디 밥이 없이라우.
감이 붉은디 쓰댕이.

또한 '-인(잉)게'를 살펴보면,

동사: 고기를 잡읏싱게 인젠 가드라고.
밥을 먹읏싱게 학교에 간당께.
형용사: 감이 붉읏싱게 따지라우.
돼지가 살쪘으니께 잡드라고잉.

4) 결언

정읍 지방의 방언이나 전라도(全羅道) 방언은 음운(音韻) 현상에도 많은 특징이 있지만, 특히 어법(語法) 현상에 많은 특징이 나타나 있다. '한다니까'가 '한당께'로 '한다드냐'가 '한다냐'로, '어찌할 것이냐'가 '어찌할끈' 등으로 쓰인다. 이는 슬기롭고 정다운 정읍(전라도) 지방의 정서(情緖)를 잘 나타낸 토박이말인 것이다. 누군가는 정읍 지방의 말씨가 좀 간교한 듯한 정서가 있는 것 같다고 말하였지만, 그보다는 오히려 운치(韻致) 있고, 친근감(親近感)이 있는 정다운 말씨가 아닌가 생각된다.

2. 반말(半語)과 놓는말

'반말'은 정읍 지역어의 한 특징이다. 이미 「'한당께 · 했시라우'의 언어적 지역정서－정읍 지방의 방언의 특징」(『정읍문화 5』, 1996)에서 밝힌 바 있지만, 매우 운치 있고 정다운 말씨가 정읍 지역어이다.

정읍 지역어의 '반말'은 신분적으로 상하위의 계층에 대해 두루 쓰이는데, 상위층보다는 비교적 하위층에 대하여 또는 평교간(平交間)에는 10대의 연소층에 제일 많고 연령이 많을수록 그 사용 빈도는 적어진다. 그러나 장년층과 노년층에 가면 평교간보다는 하대(下待)에 많이 쓰인다. 그러나 '반말'을 하대에 쓸 때에는 아무런 제약이 없으나, 존대(尊待)에 쓸 때에는 제약이 있다. 연령이 많은 노인에게 나이 어린 손자가 '반말'을 쓰는 것은 용인되지 않는다. 특히 정읍 지역어에서의 '반말'은 '벗질' 간의 말씨에서 시비가 많다. '벗질간'이란 10세 내외의 연령 차이에서 서로 말을 놓고 '벗한다'에서 형성된 평교 간을 뜻하는 말이다. 그러나 비록 연령적으로는 '벗질간'이 된다손 치더라도 평소의 친소(親疎) 관계가 '벗질간'이 될 수는 없을 때에는 '반말'은 절대 사용할 수 없는 것이다. '반말'에는 또한 이러한 겸손(謙遜)이 있다고도 하겠다. '반말'에 대하여는 그동안 문법학자들의 많은 논의가 있었다. 그러나 이 자리를 빌려 정읍 지역어와 관련하여 '반말'에 대한 몇 가지 관견(管見)을 밝히고자 한다.

'반말'에 대하여 『국어사전』에서는 ①말끝이나 조사 같은 것을 줄이거나 또는, 분명히 달지 아니하고 존경 또는 하대하는 뜻이 없이 어름어름 넘기는 말. "나는 가오" 대신에 "나 가"와 같은 말. ②손아랫사람에게 하듯 낮추어 하는 말. "먹어라", "먹었니"와 같은 말.

그러나 많은 학자들 사이에 이견(異見)이 분분하며 특히, 문법 기능 면에서는 '높임의 등분(等分)' 분류와 관련하여 알맞은 화계(話階) 처리 문제로 고심하는 듯하다. '반말'은 '반말체'와 관련하여 '높임의 등분'의 내용과 중복되는 점도 없지 않을 줄 믿는다.

일찍이 최현배 박사(1956)는 '반말〔半語〕'은 '해라'와 '하게', '하게'와 '하오'의 중간에 있는 말이니, 그 어느 쪽임을 똑똑히 들어내지 아니하며, 그 등분의 말맛을 흐리게 하려는 경우에 쓰인다.

그러므로 '반말'은 '아주높임〔極尊稱〕'이 아님만은 분명하다. 그리고 이에는 '-아·-어·-게·-지' 등의 씨끝〔語尾〕이 붙는 것이 보통이다'라 하였다.

이희승(1968) 박사는 '해체'에서의 '해'를 '반말'이라 하여, '해라'도 아니요, 그런다 해서 '하게'도 아니요, 말을 그저 어물어물하여 말끝을 아물리지 않는 말이라 했다. 따라서 평서법(平敍法)·의문법(疑問法) 등의 구별이 안 되며, 화행(話行) 중 말끝의 발음을 높이거나 낮추어서 문체법(文體法)의 다름을 구별한다고 하였다.

그러나 50년대 이후의 문법가(文法家)들은 '반말'에 대한 정의

(定義)와 명칭(名稱)이 독특하였다. 김민수 교수는 '반말'의 대표적 형식인 '-어·-지'를 '해체'라 명명하면서 '하게체'와 '해라체'의 중간에 설정하였다. 성기철(1986)은 종래의 '반말'의 견해를 비판하면서 '낮춤' 일반에 통용되는 '두루낮춤'에 두고 있다. 고영근(1974)은 종래 '반말'이라 불리어 왔던 조사 '요'가 통합될 수 있는 일련의 어미(語尾)들을 중심으로 '요 통합가능형(統合可能形)'을 설정하였다. 그리하여 '해·하지'체들을 포함하여 '요 통합가능형(統合可能形)'들의 용법을 몇 가지 예시하였다.

첫째, 화자(話者)에게 등분을 깍듯이 구별하지 않아도 좋다고 판정(判定)될 때, 쓰이는 것이 아닌가 한다. 화가 난다든지, 취중(醉中)이라든지, 갑자기 친밀감(親密感)을 갖게 되는 것이 '요 통합가능형(統合可能形)'의 사용 동인(動因)일 것이다.

둘째, 친족(親族)·계급 및 사회적 지위관계 등에 있어서, 지위(地位)와 연령이 상치될 때 나타난다. 연하(年下)의 상전(上典)이 연상(年上)의 하층(下層)계급을 대할 때가 그 좋은 예이다.

셋째, 어린이나 혼기(婚期)가 임박한 처녀들 사이에 흔히 쓰인다. '해라'체가 쓰이는 일도 없지 않았으나, '요 통합가능형(統合可能形)'이 더 보편적인 것 같다.

넷째, 감탄사는 '응·어' 등 '하게'체와 별다름이 없고, 인명(人名) 아래에는 특별한 접사(接詞)를 붙이지 않는 점만 다른 것과의 차이점이다.

이밖에 '요 통합가능형(統合可能形)' 가운데 설명법·의문법·

감탄법은 지문(地文)이나 독백(獨白) 등의 단독적 장면에 쓰이는 일이 있다.

'반말'의 이론(異論) 중 가장 쟁점(爭點)이 되는 것은 무엇보다도 어느 등급(等級)의 화계(話階)로 처리할 것이냐일 것이다. 그리하여 근자(近者)에는 한길(1988) 교수가 '반말'에 대한 심도 있는 논문을 발표하였고, 이규창(1992) 교수는 특히 '반말'과 '놓는 말'과의 상관관계(相關關係)를 발표한 바 있다.

한길 교수는 「반말에 관한 연구」에서 '높이거나 낮추거나 하는 뜻을 분명히 나타내지 않고 어름어름하는 말이다.'라 정의하였다. 또한 일반적으로 반말은 입말에서 주로 쓰이기 때문에 씨끝 등이 생략되어 쓰이는 일이 빈번하여 말할이가 들을이를 어느 정도의 등분으로 대우하기 곤란한 경우에 그저 어물어물하면서 발화할 때 쓰인다고 하였다. 따라서 '반말'은 들을이 높임형의 한 등분으로 첫째, 반말은 형태 배합상 들을이 높임토씨 '-요'가 통합될 수 있는데, '-요'의 통합 여부에 따라 들을이 높임의 정도가 달라진다. 둘째, 반말을 나타내는 종결접미사가 뒤에는 월 끝에 놓이는 절종결 얹힘 형태소가 놓여 통어적으로도 완결된 월의 기능을 가진다. 셋째, 들을이 높임의 정도는 '안높임'을 나타내며, 넷째 반말은 상관적 장면에서 주로 입말에 사용된다.

이규창은 『국어존대법론』(집문당, 1992)에서 '반말'에 대한 개념(槪念)·기능(機能)·자질(資質) 등, 반말에 대하여 비교적 상론

하였으며 특히, '놓는말'을 설정하여 이와의 비교를 시도하였다.

'놓는말'은 흔히 어른이나 지체가 높은 사람이나 손윗사람에게 손아랫사람〔手下者〕이 '말씀 놓으십시오'·'말씀 낮추십시오'라고 말하는 데서 착상된 용어인 듯하다.

'반말'은 예사높임과 예사낮춤의 화계(話階)에서 추출(抽出)된 비격식체(非格式體)의 말이나 '놓는말'은 당당한 격식체(格式體)의 말씨라 하였다. 흔히 '반말'은 '하오'·'하게'·'해라'체까지를 포괄적(包括的)으로 처리하였는데 비해서, '놓는말'에서는 '하소·하게'체만이 사용되기 때문에, '반말'과 '놓는말'은 대비시킬 때 '놓는말'을 '반말'보다 높은 화계로 인정하였다.

따라서 '반말'은 선택되는 화계가 예사낮춤이나 두루낮춤 말만 아니라, 때로는 비하어(卑下語)까지도 쓸 수 있는데다, 격식(格式)마저 수반되지 않기 때문에, 버릇없는 말이 될 수 있다. 그러나 '놓는말'은 상하(上下)관계에서 윗사람이 아랫사람에게만 선택될 수 있는 말이다. 뿐만 아니라, 말하는 사람은 듣는 사람에게 얕보여서도 안 되며, 농할 사이도 아니어서 격식을 갖추어 예절(禮節)을 차리는 말씨라 하였다.

'반말'과 '놓는말'을 대비(對比)시킨 것을 소개하면 다음과 같다.

항목	놓는말	반말
1. 격식(格式)	격식어	비격식어
2. 화계(話階)	하소(오)체·하게체	하게체·해체·해라체

3. 어미 형태	(하)소 · (하)게 · (하)게나	(해/하)아/어, 게, 지, 고, 어라
4. '-시' 삽입	자연스럽다	부자연스럽다
5. 사용 대상	상하(上下)관계에서 아랫사람에게 주로 쓰나 때로는 대등한 사람끼리도 씀	대등한 관계 그러나 하게 · 해라 · 해체까지 두루 쓸 수 있는 대상
6. 사용자	존위자(尊位者) · 상위자(上位者)	상위자 · 평교간(平交間) · 때로는 하위자(下位者)가 상위자에게
7. 사용폭	현대 국어에서 사용폭이 옮어져 간다.	해요체에 밀리나 폭이 두터워져 간다.

따라서 이규창(李圭昌) 박사는 '반말'과 '놓는말'의 위계(位階)를 다음과 같이 설정하고,

격식성 / 높임의 정도	격식체	비격식체
높임	아주높임 예사높임	두루높임
	놓는말	
낮춤	예사낮춤 아주낮춤	반말 두루낮춤

'놓는말'을 '반말'보다 높은 자리에 설정하였다. 그러나 '놓는말'과 '반말'은 그 위계(位階)가 같아야만 할 것이다.

이미 선학(先學)들이 언급한 바 있지만, 필자는 '반말'을 등외(等外)로 설정코자 한다. 그것은 김종택(1986) 교수가 말한 것처럼 '먹어'는 '먹어라'의 단축형일 수도 있고, '먹어요'의 단축형일 수도 있기 때문에 '반말'인 '먹어'를 '먹어요' 또는 '먹어라'의 변이형태(變異形態)로 볼 수 있기 때문이다. 따라서 '반말'에는 어떤 어말어미(語末語尾)의 첨가나 생략을 인정할 수 없다. 아울러 '반말'은 '높임'[敬意]도 '낮춤'[卑意]도 분명히 찾아볼 수 없는 특징적인 말씨라 하겠다.

우리는 흔히 손윗사람[上位者]에게 '말씀 낮추세요' 또는 '말씀 놓으세요'라는 말을 한다. 말을 '낮추거나 놓는 것'은 존대(아주높임・예사높임)에서 하대(예사낮춤・아주낮춤)로 격하(格下)시키는 것을 의미하기 때문에 '놓는말'은 '반말'과 등급면(等級面)에서 아무런 차이가 없다는 것이 필자의 견해이다.

'반말'의 성립은 말을 낮추거나, 놓을 수 있는 자리로서, 이미 앞에서 밝힌 고영근의 '요 통합가능형(統合可能形)'들의 용법(用法) 예시(例示)와 한길 교수의 '반말'에 대한 정의(定義)가 참고사항일 줄 믿는다.

결과적으로 '반말[半語]'은 '해라'와 '하게'・'하게'와 '하오' 중간에 있는 등분(等分)으로서, 주로 입말에서 어감(語感)이 분명히 드러나지 않는 독립된 어계(語階)라 하겠다.

제6장
올바른 존댓말을 사용하자

1) 서언

우리말에 있어서의 존대법은 매우 조직적으로 발달되어 있다. 세계 어느 나라 말에서도 그 유례를 찾아볼 수 없다. 웃어른을 존경하고 손아랫사람을 낮추며 자기 자신을 겸양하는 것이 우리말의 존대법이다. 그러므로 우리는 매양의 언어생활에서 단 한마디의 말일지라도 거기에는 반드시 높임과 낮춤의 등분이 있다는 것을 알고 사용해야 할 것이다.

필자는 그동안 『井邑文化』 제5집(1996)에 「井邑地方의 方言의 특성」, 제6집(1997)에 「마누라의 語源에 대하여」, 제7집(1998)에 「井邑地域語와 반말(半語)에 대하여」, 제8집(1999)에 「당신은 높임말인가」를 발표했다.

본고는 그 후속으로 '존댓말'에 대한 몇 가지 평소의 느낌을 논술한 것이다. 참고가 된다면 행심(幸甚)으로 여기겠다.

2) 언제 보았다고 '당신'이야

오늘날 제2인칭의 높임말로서 '당신'이란 말을 허다히 들을 수 있다. 그러나 이는 듣는 이로 하여금 불쾌한 감정을 자아내게 하며, 또한 심한 경우에는 시비까지 일어나는 경우도 있다. 이 점에 대해서는 필자도 몸소 겪은 바 있지만, 그 까닭이 어디에 있는 것인가. 그것은 아직도 우리 사회에 있어서는 인간 상호간의 관계를 오직 단순한 대명사의 사람 가리킴만으로써 부른다는 것을 꺼리는 점일 것이며, 또한 언어사적으로 보아 '당신'이란 말을 제2인칭의 높임말로서 인정할 수 없다는 점일 것이다.

'당신'은 원래 제3칭의 높임말에만 쓰였다는 것은 주지의 사실이다. 그러다가 근래 영어의 'you'나 일본어의 'アナタ'의 풀이말로서 그 필요가 간절해져서 제2인칭의 높임말로서 '당신'이 쓰이게 된 것이다. 그러므로 그 역사성으로 보나 사회성으로 보아 '당신'을 일상의 언어 생활에서 높임말로서 인정할 수 없다 하겠다. 그러나 '당신'이 어느 문장상에서라든가, 또는 부부 사이라든가, 성경에서 사용하는 경우를 들어 이를 높임말로 인정하려는 사람이 있다.

문장상에서 쓰이는 '당신'은 전술한 바와 같이 'you'나 'アナタ'의 풀이말로서 사용하는 경우이며, 부부 사이에 사용하는 '당신'은 사실상 필자는 이를 높임의 등분(等分)으로 본다면 '반말'에 해당한다고 본다. 부부 사이의 대화를 살펴보면 으레 반말이다.

"당신 어디 갔다 왔어?"
"당신 친구로부터 전화 왔어."

성경에 나타나 있는 '당신'은 국어사전의 풀이와 같이 '그 자리에 있지 아니한 웃어른을 높이며 일컫는 말'의 경우에 해당한다고 하겠는데, 이는 엄격히 따져서 제3인칭의 경우라 하겠다. 제3인칭의 경우는 예나 지금이나 두루 쓰이고 있다는 것은 주지의 사실이다. 어쨌든 '당신'이 제2인칭의 높임말로서는 아직도 생소하다는 점을 재인식하여 '당신'이란 말을 분별 있게 사용해야 할 것이다.

3) '있다'와 '계시다'

요즈음 일상의 언어 생활에서 허다히 혼동해서 사용하는 말이 '있다'와 '계시다'이다. "총장님의 축사가 계시겠습니다."라는 어느 사회자의 말이나, "아버님의 말씀이 계시었습니다."라든가, 심지어 "이젠 60이라는 연세가 계시니까"라는 표현 등이 그것이다. '계시다'가 '있다'의 존댓말임은 틀림없으나, 위와 같이 '있다'의 존댓말로서 아무데나 사용할 수는 없는 것이다.

"어머님께서 방 안에 계시냐?"
"총장님은 어디 계시냐?"
"아버님은 볼일이 있으셔서 못 오셨어요."

"사장님의 축사가 있으시겠습니다."

위와 같이 '계시다'는 직접 존대자의 존재를 나타내며, '있으시다'는 그와 관련 있는 물건의 존재 유무를 존대하기 위해서 쓰이는 것이다.

우리말에는 '있다'와 '계시다'처럼 원래부터 존대의 뜻을 가진 존댓말이 따로 있는 것이다. 우리는 이러한 존댓말을 잘 알아서 사용해야 할 것이다.

몇 가지 예를 들면 다음과 같다.

앓다—편찮으시다
야단치다—꾸짖으시다
이르다 · 시키다—분부하시다
죽다—돌아가시다

그러나 우리말에는 위와 같이 존대를 나타내는 존대어도 있지만, 겸양(겸손)을 나타내는 겸양어가 따로 있다는 것은 주지의 사실이다. 겸양을 나타내는 특별한 어휘는 다음과 같다.

주다—올리다 · 드리다
말하다—여쭈(쭙)다 · 사뢰다 · 아뢰다
만나보다—만나뵙다
내주다—바치다
데리고 가다—모시고 가다

그러나 이러한 존대나 겸양을 나타내는 특수한 어휘가 없는 것은 도움줄기(선어말어미) '(으)시'를 연결하며, 오늘날에는 편지글에서 이따금 사용하지만, 아주높임의 경우는 '(으)옵시'·'(으)압시'를 연결한다는 것은 주지의 사실이다.

4) '고마워요'와 '고맙습니다'

"아버님 고마워요"가 요즘 젊은 며느리와 연로한 시아버지와의 통화 내용이다. 이는 며느리와 시아버지의 사이에 존대가 성립되지 않는다. 주지의 사실이지만, 우리말의 존대법은 '높임의 등분(等分)'이란 것이 있다. 즉 아주높임과 예사높임, 아주낮춤과 예사낮춤, 그리고 반말의 5등분으로 나눈다.

"아버님 고마워요"는 높임의 등분으로 보면 예사높임에 해당한다. 젊은 며느리와 연로한 시아버지 사이는 나이 차이로 보나, 고부간의 촌수로 보아 이는 예사높임이 아니라, 마땅히 아주높임이 되어야 한다. 그러므로 그 표현은 "아버님 고맙습니다"·"아버님 감사합니다"라고 존대해야 할 것이다.

이러한 경우는 비단 며느리와 시아버지 사이만이 아니다. 대학이나 일반 회사에서도 흔히 있는 일이다. 교수와 학생 간의 말씨에서 으레 학생들은 "교수님, 감사해요"·"교수님, 고마워요"라고 말한다. 일반 회사에서도 "사장님, 전화 왔어요"·"과장님, 고마워요"라고 말한다. 학생과 교수, 사장과 사원, 과장과 과원의 사이는 사제 간과 상관과의 관계이므로, 마땅히 이는 아주높임이 되어야 할 것이다. 그러므로 "교수님 고맙습니다"·"사장님 전화 왔습니다"·"과장님 고맙습니다"라고 아주높임의 존대가 되어야 할 것이다.

우리말은 이러한 '높임의 등분'뿐만 아니라, 또한 '높임의 대응'이 있다. 즉 주어(主語)와 술어(述語)가 일치해야 하는 것이다. "따뜻한 아랫목에서 아버님께서 낮잠을 잔다" 하면 존대가 성립하지 않는 것이다. 반드시 "따뜻한 아랫목에서 아버님께서 낮잠을 주무신다"라 하여 주어의 존칭조사 '-께서'와 술어의 '주무신다'라는 존댓말이 대응(對應)이 되어야 존대가 되는 것이다. 이제 우리는 남을 높일 경우와 낮출 경우를 잘 알아서 올바른 말씨를 사용해야 할 것이다. 요즈음 젊은이들은 이러한 존댓말을 잘 모르는 듯하다.

5) 존칭사 '-님'의 남용

오늘날 가장 일반적으로 두루 쓰이는 존칭사는 '-님'일 것이다. 이 '-님'은 일찍부터 사용한 우리 고유의 존칭사인 것이다. 고유문자가 없었던 신라시대에는 '主'의 새김(訓)으로 표기하였다.

善化公主主隱 他密只嫁良置古 (서동요)
(선화공주님은 남그으기 얼러두고)

'님'은 '主'의 새김으로서 존칭사를 삼아 오다가 조선시대에 와서는 순수한 '-님'으로 사용하였다.

므슴다 錄事니ᄆᆞ 녯나ᄅᆞᆯ 닛고신뎌 (악학궤범 · 동동)
아바님 이받ᄌᆞᄫᆞᆯ제 (용비어천가 91)
어마님 그리신 눉므를 (용비어천가 91)

'-님'의 확실한 어원은 알 수 없으나, 이 말을 양주동 박사는 '前'(御前)의 뜻으로 보았다. 그러나 안병희 교수는 '-님'은 존대의 의미를 가지고 있으며, 이는 완전명사 '님'에서 허사화한 것으로, 형태 및 의미에 있어서 현대어와 대차 없다 하였다. 사실 15세기어에는 존칭 접미사 '-님'과 동일한 어형을 가지는 완전명사, '님'이 있었으며, 이 '님'은 '임금 · 남편(연인)'의 의미가 있었다. 어쨌든 15세기에 있어서의 '-님'의 용례는 그 대부분이 친족관계 어휘에 널리 쓰였다. 따라서 '-님'의 연결 어휘가 외래어가 아니며, 특히 고유어로서 보통명사라는 점이다. 고유명사에는 '-님'의 연결은 찾아볼 수 없다. 이러한 점에서 그동안 많은 논란이 있었지만, '金 님' · '李○○ 님'과 같은 용법은 비단 15세기뿐만 아니라, 역사적으로도 우리 고유의 조어법이 아님을 밝혀둔다.

그런데 술어(述語)의 언어생활을 살펴보면 '金 님' · '李○○ 님'과 같은 '-님'의 남용을 허다히 찾아볼 수 있는 일이다. 그동안이 '-님'의 사용에 대하여 일찍이 그리고 구체적으로 밝힌 분은 박승빈 선생이다. 보통명사에는 '-님'이 쓰이지만, 고유명사인 경우에는 '-님'은 쓰이지 않고, '씨(氏)'가 쓰인다고 하였다. 그러나 '金 선생님'·'李 교수님'과 같이 고유명사에 보통명사가 연결되는 경우에는 '-님'이 쓰인다고 하였다. 여기에 김형규·박병채·안병희 등의 제씨가 동조하였으나, 정인승 박사는 이와 상반된 주장을 하였다. 고유명사뿐만 아니라, 보토명사에도 쓰일 수 있다는 것이다. 즉 '공자님·맹자님·예수님·부처님' 등과 같다. 그러나 이는 모두가 고유명사가 아니라, 보통명사로 보고자 한다. 그러므로 '金 님'·'李○○ 님'과 같은 조어법은 비단 박승빈 선생의 견해뿐만 아니라, 역사적 언어 사실로 보아도 마땅히 재고되어야 할 것이다.

그동안 존칭사 '-님'의 용법(用法)에 대하여 김종훈(1961)·서정수(1979) 등의 논의가 있었으나, 어떤 경우에 '-님'이 쓰이고 또 어떤 경우에 쓰일 수 없는가에 대하여 일찍이 안병희 교수(1963)가 밝힌 바 있으나, 특히 임홍빈 교수(1990)는 '-님'이 쓰이는 경우, '-님'이 쓰이지 않는 경우, '-님'의 연결에 제약을 받는 경우, 그리고 '-님'의 본래적 기능으로 나누어 구체적으로 밝힌 바 있다. 임 교수의 논의 중 '-님'이 쓰이지 않는 경우, 바꾸어 말하면 '-님'이 쓰일 수 없는 경우인데, 요즈음 '-님'의 사용을 허다히 찾아볼 수 있는 경우가 있다. 그 몇 가지를 들어보기로 한다.

당신님·족하님·아우님

'당신'은 제3인칭에서는 훌륭한 존대가 된다. '당신'이란 말 자체가 존댓말이기 때문에 존칭사 '-님'의 연결은 필요 없는데, 오히려 존대를 강조하는 뜻에서인지 '당신님'이 허다히 쓰이고 있다. 또한 앞에서 말한 바 있지만, 제2인칭에서의 존대가 미흡하기 때문인지 존대의 형식으로 '당신님'이 쓰이는 것 같고, 또한 부부지간에도 사용하는 경우를 찾아볼 수 있다.

손아래 족하이지만, 자기보다 나이가 많거나 또는 사회적으로 지위가 높을 때, 평소의 친소관계가 다소 허물이 있다고 생각되는 경우에 '족하님'이 사용되는 것 같다. 그러나 동년배 친구지간에 농 삼아 쓰이는 경우도 있다. '아우님'도 '족하님'의 경우와 같다고 하겠다. 따라서 이 경우에는 반드시 존칭 선어말어미 '-시'의 연결을 찾아볼 수 있으니 '족하님 어서 오시게', '아우님 어서 오시게' 등이 그것이다. 결국 이러한 표현으로 본다면, '-님'의 존대 의미가 의심스럽다고 하겠다.

學父母님 · 主婦님 · 兄弟姉妹님

'학부모 · 주부 · 형제자매'는 모두가 한결같이 두루 가리킴에 속한다. '學父母님 · 主婦님'은 최근에 형성된 호칭어(呼稱語)라고 할 수 있다(임홍빈, 1990). '-님'의 본래적 기능이 호칭 형성인 기능이므로, '학부모님 · 주부님'과 같이 '-님'의 연결이 자연스러운 듯하지만, '학부모 · 주부 · 형제자매' 등은 어휘 그 자체가 호칭어적 기능을 가지고 있어, '-님'의 연결을 필요로 하지 않는다고 하겠다. 그러므로 이는 '학부모님 여러분'이 아니라, '학부모 여러분', '형제자매님 여러분'이 아니라 '형제자매 여러분'이 오히려 자연스럽고, 언어 현실에 적합하다 하겠다. 비근한 예로 '친애하는 국민(國民)님 여러분', '존경하는 회원(會員)님 여러분'에 있어서도 '국민'이나 '회원'은 어휘(語彙) 그 자체가 '-님'의 연결을 필요로 하지 않는다고 하겠다. 이는 아마도 전술(前述)한 바와 같이 단순한 인칭(人稱)이나 대명사(代名詞)가 아니라, 두루 가리킴의 특성이 있기 때문이 아닌가 생각된다.

6) 대통령님

엊그제 대통령님이라는 호칭을 처음 들었다. 종래에는 대통령 각하라는 호칭을 사용한 듯하다. 말하자면 '각하'라는 존칭이 '-님'으로 바뀐 것이다. '각하'라는 존칭이 문민정부 때부터 권위주의니, 일제의 잔재니 하여 쓰이지 않게 된 것이다.

대통령은 한 국가의 최고위 직책인 만큼 당연히 존대해야 할 것이다. 그러나 대통령이라는 어휘는 나라의 최고위 직책이기 때문에 대통령이라는 어휘 그 자체에는 이미 존대의 의미가 내포되어 있는 것이다. 그러므로 굳이 대통령님이라고 호칭할 필요가 없는 것이다. 한재영 교수(1998)도 지적하였지만, 대통령을 대통령님이라고 한다면, 이는 대우를 하는 것이 아니라, 오히려 대통령에 대한 가치의 평가 절하를 의미하는 것이라 할 것이다. 조선시대의 '임금'도 마찬가지라고 하겠다. 현대 국어와는 달리 중세 국어의 '님금'은 '-님'을 필요로 하지 않던 어휘이다. 현대 국어의 '임금'이 '-님'을 필요로 하게 된 것은 '임금'이라는 어휘가 가지는 의미가 가치 중립적인 것이 된 데에서 찾아야 할 것이다.

7) 선생의 칭호(稱號)에 대하여

'先生'은 오늘날 우리 사회에서 가장 일반적으로 두루 쓰이는 존대 칭호 가운데 하나이다. 이는 비단 우리나라뿐만 아니라, 동양 삼국 즉, 韓・中・日에서 고대로부터 공통적으로 두루 쓰여 내려 왔다.

먼저 '선생'에 대한 어의를 『국어사전』에서 살펴보면, '1.【역】성균관의 교무 직원 2. 교사의 존칭 3. 학예가 뛰어난 이의 존칭 4. 남의 존칭(성・직함 밑에 붙임) 5. -님 '선생'의 존칭'이라 하였다.

첫째 '성균관의 교무 직원'이라 함은, 주지한 바와 같이 '성균관'은 오늘날 우리 대학에 준하는 교육 기관으로, 주로 강의를 맡아 가르치는 기관을 뜻한다. 『국사대사전』에 의하면, 정4품의 '박사'(博士)가 주로 강의를 맡았으며, 오늘날도 간혹 쓰이는 경우가 있지만, '훈도'(訓導, 초등학교의 교원의 별칭)와 훈장(訓長, 글방에서 글을 가르치는 스승)이라는 칭호도 있다. 오늘날의 '선생질'

이란 속된말은 '훈장질'(훈장 노릇의 뜻)에서 유래된 말이다.

둘째 '교사의 존칭'이다. 우리는 각급 학교에서 가르침을 맡은 사람을 통칭 교원이라 부른다. 대학에는 정교수 · 부교수 · 조교수 · 전임강사 등의 직급이 있으나, 통칭 '교수님'으로 호칭한다. 초 · 중 · 고등학교에서는 정교사와 준교사로 구분되어 있으나 통칭 '교사님'이라 부르지 않고, '선생(선생님)'으로 호칭한다. 그러나 교수나 교사는 어디까지나 직명(職名)이기 때문에 교수나 교사를 통틀어 선생으로 호칭하기도 한다. 따라서 '교수'와 '교사'의 구분은 아마 professor와 teacher의 호칭에 있지 않을까 생각된다.

셋째 역사 · 문화 · 사회적으로 저명인사에 대한 존칭이다. 확실한 시기는 알 수 없으나, 고문진보(古文眞寶)에 나오는 오류선생(五柳先生)으로 미루어 보아, 중국에서 일찍부터 사용되었음을 알 수 있고, 우리나라에서는 신라시대의 최치원(崔致遠) 선생을 비롯하여, 조선시대의 성리학자인 이퇴계(李退溪) · 이율곡(李栗谷) 선생 등 옛날 문집에 선생 칭호가 많이 나온다. 그리고 근세로는 안창호 선생 · 김구(金九) 선생에서도 찾아볼 수 있다.

그런데 도연명(陶淵明) 선생을 오류(五柳) 선생이라 부르기도 한다. 오류는 도연명 선생의 아호(雅號)이다. 아호도 역시 중국으로부터 전래된 것임을 알 수 있다. 아호는 '문인 · 학자 · 화가' 등 선비들이 우리 한문화권(漢文化圈)에서 '본명 외에 갖는 풍아(風雅)한 호(號)'로 즐겨 사용하고 있다. 그리하여 선생이라는 칭호를 이름 아래 붙여 쓰기도 하지만, 아호 아래 쓰는 경우를 오히려 존경의 상징으로 여겨 왔다. 가까이는 만해(萬海 韓龍雲) 선생・도산(島山 安昌浩) 선생・외솔(최현배) 선생・건재(정인승) 선생, 멀리는 圃隱(鄭夢周) 선생・松江(鄭澈) 선생 등이 그 것이다.

넷째 선생의 존칭으로 존칭 접미사 '-님'을 사용하여 '선생님'이라 호칭한다. 직접 가르침을 받은 선생에게는 은사(恩師) 대접을 하여 '스승님' 또는 '사부님(師父님)'이라 부르기도 한다. '스승의 그림자는 밟지 않는다'는 속담도 있다. 군사부일체(君師父一體)라는 전언(傳言)도 있다. 우리는 '선생님'의 고매한 인격과 가르침을 본받아야 할 것이며, 이 땅의 수많은 '선생님'들을 훌륭한 사표(師表)가 되어야 할 것이다.

8) 결언

이상 평소에 느낀 몇 가지 어례(語例)에 대하여 살펴보았다. 특히 존칭 접미사 '-님'은 역사적으로 고유명사에 직접 연결된 일이 없다. 그러므로 오늘날 일부에서 사용하고 있는 '金 님'・'李○○ 님'과 같은 용법은 마땅히 재고되어야 할 것이다. 따라서 '-님'의 본래적인 의미 기능은 어떤 대상을 높여 부르는 호칭어적인 용법임을 밝혀둔다. '-님'에 대한 보다 구체적인 설명은 김종훈(2022)의 『한국어의 존대법』(보고사)을 참조하기 바란다.

국어 존대법연구 논저목록

姜貴善(1982), 「경어법 연구」, 장안논총 2, 장안실업전문대.

姜圭善(1969), 「현대국어의 尊敬法에 관한 연구-동사의 語尾를 중심으로」, 성균관대 대학원.

______(1980), 「존경법에 관한 고찰」, 성대문학 21, 성균관대 국어국문학과.

______(1990), 「20c 초기 국어의 敬語法 小考」, 국어학 논문집, 姜信沆 교수 회갑기념논문집.

姜成一(1965), 「비존대보조어간 '시'에 대하여」, 국어국문학 28, 국어국문학회.

______(1967), 「현대국어의 가족명칭에 대하여」, 대동문화연구 4, 성균관대 대동문화연구원.

______(1978), 「안동 방언의 서술법과 의문법」, 언어학 3.

______(1980), 「안동 방언의 경어법」, 蘭汀 南廣祐 博士 華甲紀念論叢, 一潮閣.

康貞姬(1974), 「형태소 '-습'에 관한 자료연구」, 한국어문학연구, 이화여대.

姜昶錫(1987), 「국어 경어법의 본질적 의미」, 어문논집 3, 울산대.

강화숙(2002), 「호칭어 사용에 대한 사회언어학적 분석」, 사회언어학 10-1, 한국사회언어학회.

고광모(2000), 「상대 높임의 조사 '-요'와 '-ㅂ쇼'의 기원과 형성 과정」, 국어학 36, 국어학회.

高永根(1974), 「현대국어의 尊卑法에 대한 연구」, 어문학연구 10-2, 서울대 어학연구소.

곽숙영(2009), 「주체높임 -시의 사용실태 조사를 통한 문법적 의미 고찰」, 『국어 높임법 표현의 발달』, 박문사.

權在善(1975), 「麗代 親族語 및 남녀호칭에 대한 고찰-고려시대의 언어와 문학」, 형설출판사.

金桂坤(1977), 「경어의 相應」, 한글 159, 한글학회.

金貴子(1974), 「제주도 방언의 尊敬接尾辭硏究」, 이화여대 대학원.
金圭善(1976), 「국어 친족호칭어 분화연구」, 국어교육논지 4, 대구교육대학.
_____(1982), 「친족호칭어 분류유형 연구」, 국어교육논지 10, 대구교육대학.
金均一(1980), 「古代尊敬語尾의 一攷」, 일본학지 1, 계명대.
김남탁(1998), 「높임 형태소 '-시'의 청자높임 기능」, 어문학 62, 한국어문학회.
김동식(1984), 「객체 높임법의 '-숩'에 대한 검토」, 관악어문연구 9, 서울대.
김명길(1979), 「공대말 지도를 통한 주체적 인격의 함양」, 새국어교육 29, 한국국어교육학회.
김명운(2009), 「현대국어의 공손성 연구」, 서울대 박사논문.
金武憲(1972), 「국어 존비법의 의미론적 연구」, 논문집 4, 강릉교육대.
金文成(1983), 「국어존대법연구」, 중앙대 대학원.
_____(1984), 「높임의 等分과 경어법」, 어문논집 17, 중앙대 국어국문학과.
金錫得(1968), 「현대 국어존대법의 일치와 그 擴大構造」, 국어국문학 41, 국어국문학회.
_____(1968), 「한국어 존대형의 확대구조」, 人文科學 20, 연세대.
_____(1977), 「押尊法과 加尊法에 대하여」, 성봉 김성배 박사 회갑기념논집, 형설출판사.
_____(1977), 「더 낮춤법과 더 높임법」, 언어와 언어학 5, 한국외대.
김성주(1993), 「청자대우 현상에 대하여」, 목멱어문 5, 동국어문학회.
김성화(1986), 「敬語法 二元的 분석」, 천잠문학 2, 전주대 사범대.
金昇坤(1983), 「현대 한국어의 존대법 연구」, 文湖 8, 건국대.
金勝漢(1978), 「韓日 양국 경어법의 비교연구」, 국제대학논지 16, 국제대.
김연강(2002), 「국어 대우법 사용 실태 연구의 흐름」, 대학원 논집 17, 전남대.
김영진(1977), 「한국어 존대말 사용에 관한 조사 연구」, 연세대 교육대학원.
金永泰(1977), 「慶南方言 종결어미의 경어법연구」, 논문집 4. 경남대.
김영희(1996), 「문법론에서 본 상대 높임법의 문제」, 한글 233, 한글학회.
金完鎭(1975), 「고려가요에서의 존경의 접미사 '-시'에 관한 연구」, 학술원논문집 14, 학술원.
김용범(1991), 「존대법의 형식론적 접근」, 애산학보 11.

김의수(2001), 「청자대우법 문말어미 교체의 허가원리 연구」, 언어학 31, 한국언어학회.

김재민(1998), 「경어법 사용의 세대간 차이의 사회언어학적 연구」, 언어학 6, 한국언어학회.

김정대(1983), 「'-요' 청자존대법에 대하여」, 加羅文化 2, 경남대.

김정수(1984), 「17세기 한국말의 높임말과 그 15세기로부터의 변천」, 정음사.

김정수(1996), 「높임법의 등분」, 연세대 한국어학당.

김정호(2004), 「높임법에 대한 체계적인 사회언어학적 접근」, 겨레어문학 33, 겨레어문학회.

______(2005), 「1920년대 청자높임법의 사회언어학적 연구」, 우리말글 34, 우리말글학회.

______(2005), 「국어 청자높임 변화의 사회언어학적 연구」, 한말연구 16, 한말연구학회.

金宗澤(1977), 「국어 존대법의 位相과 그 記述」, 국어교육논지 5, 경북대.

______(1981), 「국어 대우법 체계를 再論함-聽者待遇를 중심으로」, 한글 172, 한글학회.

______(1984), 「국어 친족어휘의 대립체계」, 소당 천시권 박사 회갑기념, 국어학논총.

金鍾塤(1958), 「국어경어법연구」, 중앙대 대학원.

______(1958), 「婦女子의 칭호에 관한 一考」, 文耕 6, 중앙대 문리대.

______(1959), 「卑稱에 관한 一考」, 문경 7, 중앙대 문리대.

______(1961), 「尊稱에 관한 小考」, 自由文學 57, 자유문학사.

______(1962), 「높임말과 '당신'에 대하여」, 한글 130, 한글학회.

______(1962), 「'님'과 '任'에 대한 고철」, 現代文學 90, 현대문학사.

______(1984), 『國語敬語法研究』, 집문당.

______(1992), 「국어 尊待語彙의 분석연구」, 논문집 34, 중앙대.

______(1993), 「국어 尊待語彙의 유형적 고찰」, 청하 成耆兆 박사 화갑기념논총, 장학출판사.

______(1998), 「'마누라'의 語源에 대하여」, 정읍문화 6, 정읍문화원.

______(1999), 「井邑 地域語와 '반말(半語)'에 대하여」, 정읍문화 7, 정읍문화원.
______(2001), 「존칭사 '-님'에 대하여」, 화법연구 2, 한국화법학회.
______(2002), 「존대말에 있어서 높임의 等分에 대하여」, 어문논집 30, 중앙어문학회.
金鎰炳(1985), 「尊待形態 '-요'에 대하여」, 국어교육 49・50, 한국국어교육연구회.
金重鎭(1976), 「전북 高敞地域語의 경어법 연구」, 국어문학 18, 전북대.
______(1980), 「尊待素 '-겨'에 대하여」, 일산 金俊榮 선생 화갑기념논총, 형설출판사.
김 철(2000), 「우리말의 경어법에 대하여」, 중국조선어문 6, 길림성민족사무위원회.
金泰燁(1981), 「국어 의문법의 相對尊待等級」, 논문집 5, 영주 경상전문대.
______(1998), 「국어 높임법의 체계」, 어문학 64, 한국어문학회.
______(2000), 「해체의 '-네'와 하게체의 '-네'」, 우리말글 20, 우리말글학회.
______(2007), 『한국어 대우법』, 亦樂.
金忠會(1971), 「후기중세국어의 경어법연구」, 서울대 대학원.
______(1990), 「謙讓法. 구어연구 어디까지 왔나」, 李基文 교수 화갑기념논문집, 동아출판사.
김한곤(1983), 「한국어 친족어의 의미분석」, 말 8, 연세대.
김현주(2005), 「국어 청자대우법의 教授-學習 방법에 관한 연구」, 중앙대 교육대학원.
金亨奎(1947), 「敬讓詞의 연구」, 한글 124, 한글학회.
______(1948), 「경양사의 연구(속)」, 한글 125, 한글학회.
______(1956), 「'겨집'에 대하여」, 한글 119, 한글학회.
______(1960), 「경양사 문제와 '-가' 주격 토」, 한글 126, 한글학회.
______(1962), 「경양사 문제의 再論」, 한글 129, 한글학회.
______(1975), 「국어경어법연구」, 東洋學 5, 단국대 동양학연구소.
金惠淑(1983), 「대우법 형태소 '-시・-습・-이'의 變遷攷」, 동악어문론집 17, 동국대.

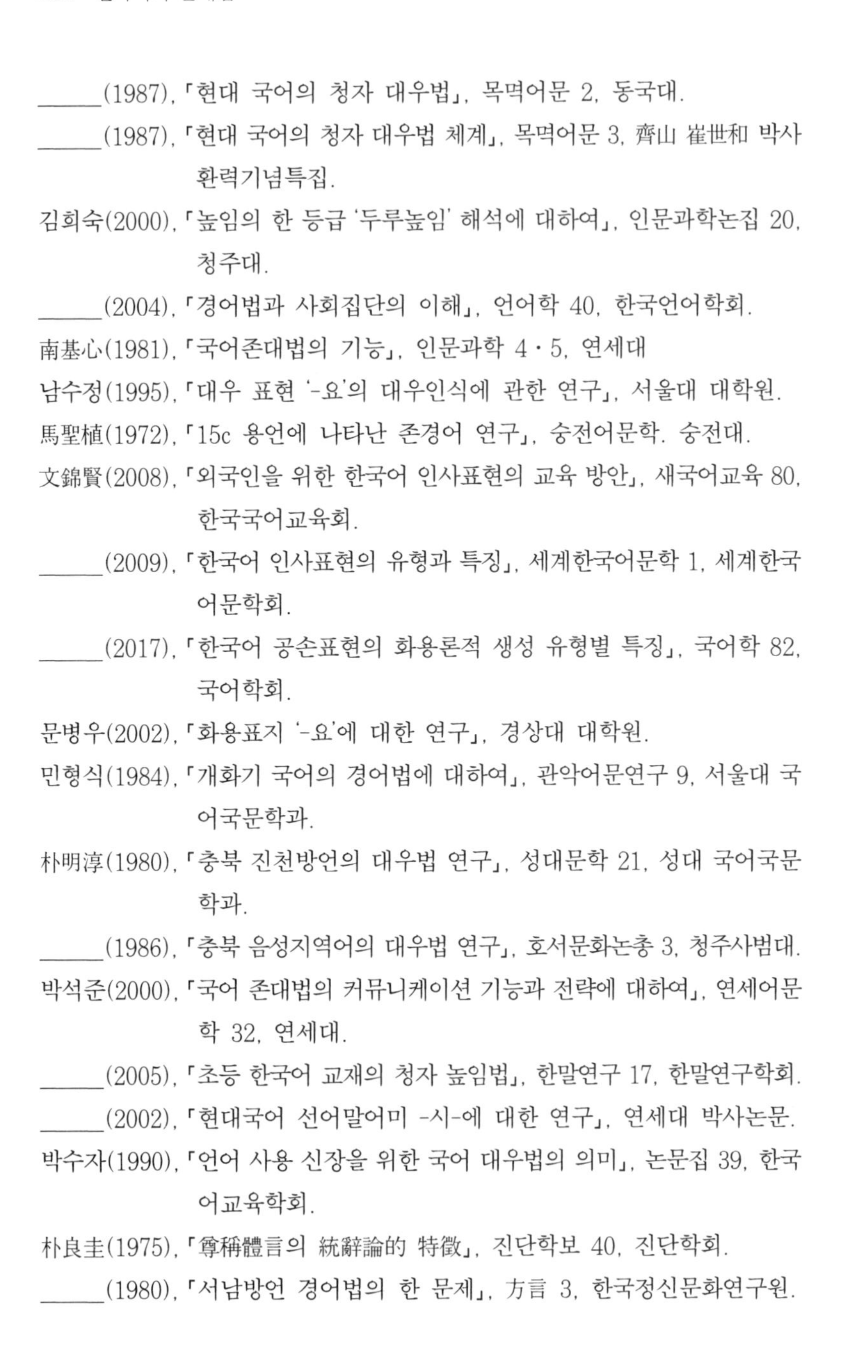

______(1987), 「현대 국어의 청자 대우법」, 목멱어문 2, 동국대.

______(1987), 「현대 국어의 청자 대우법 체계」, 목멱어문 3, 齊山 崔世和 박사 환력기념특집.

김희숙(2000), 「높임의 한 등급 '두루높임' 해석에 대하여」, 인문과학논집 20, 청주대.

______(2004), 「경어법과 사회집단의 이해」, 언어학 40, 한국언어학회.

南基心(1981), 「국어존대법의 기능」, 인문과학 4・5, 연세대

남수정(1995), 「대우 표현 '-요'의 대우인식에 관한 연구」, 서울대 대학원.

馬聖植(1972), 「15c 용언에 나타난 존경어 연구」, 숭전어문학. 숭전대.

文錦賢(2008), 「외국인을 위한 한국어 인사표현의 교육 방안」, 새국어교육 80, 한국국어교육회.

______(2009), 「한국어 인사표현의 유형과 특징」, 세계한국어문학 1, 세계한국어문학회.

______(2017), 「한국어 공손표현의 화용론적 생성 유형별 특징」, 국어학 82, 국어학회.

문병우(2002), 「화용표지 '-요'에 대한 연구」, 경상대 대학원.

민형식(1984), 「개화기 국어의 경어법에 대하여」, 관악어문연구 9, 서울대 국어국문학과.

朴明淳(1980), 「충북 진천방언의 대우법 연구」, 성대문학 21, 성대 국어국문학과.

______(1986), 「충북 음성지역어의 대우법 연구」, 호서문화논총 3, 청주사범대.

박석준(2000), 「국어 존대법의 커뮤니케이션 기능과 전략에 대하여」, 연세어문학 32, 연세대.

______(2005), 「초등 한국어 교재의 청자 높임법」, 한말연구 17, 한말연구학회.

______(2002), 「현대국어 선어말어미 -시-에 대한 연구」, 연세대 박사논문.

박수자(1990), 「언어 사용 신장을 위한 국어 대우법의 의미」, 논문집 39, 한국어교육학회.

朴良圭(1975), 「尊稱體言의 統辭論的 特徵」, 진단학보 40, 진단학회.

______(1980), 「서남방언 경어법의 한 문제」, 方言 3, 한국정신문화연구원.

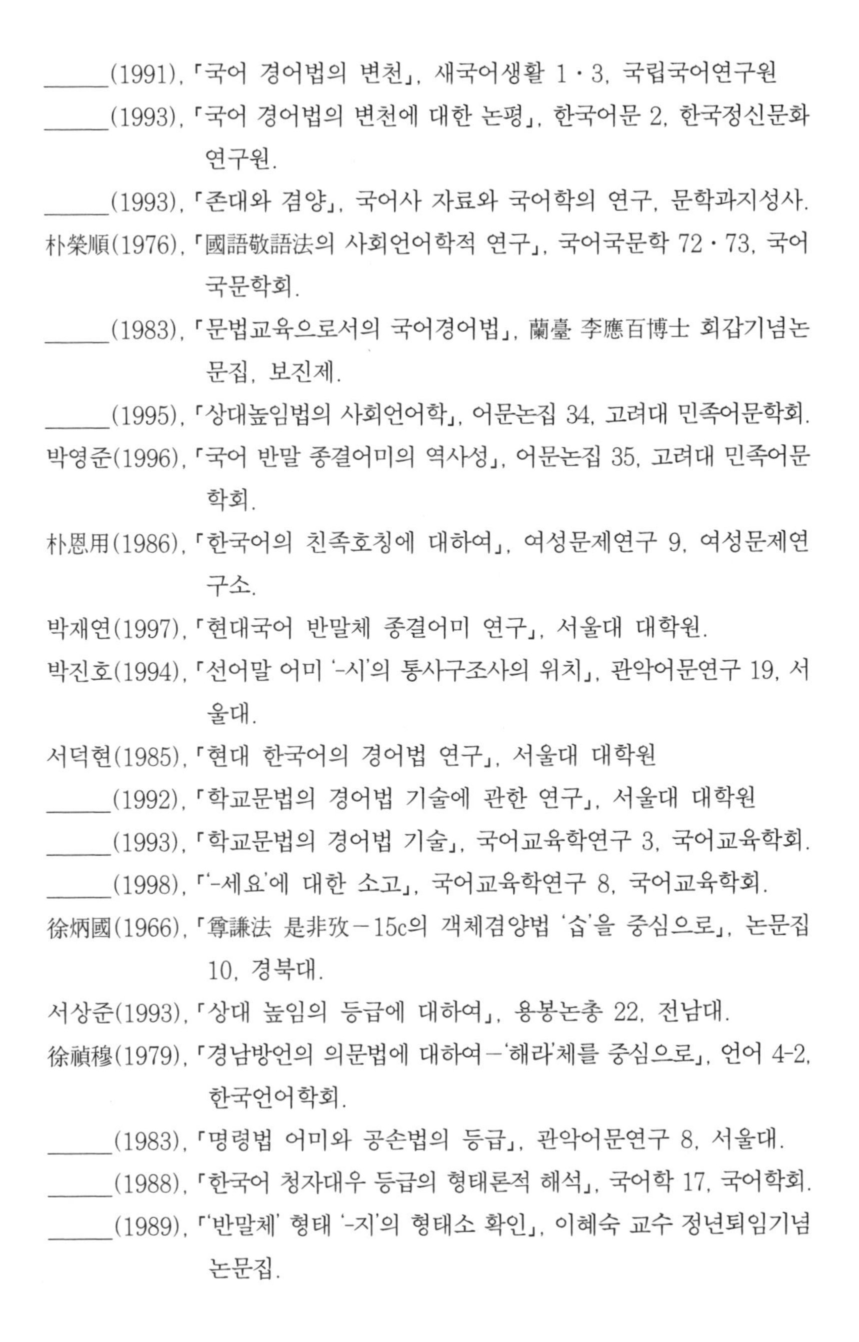

_____(1991), 「국어 경어법의 변천」, 새국어생활 1·3, 국립국어연구원

_____(1993), 「국어 경어법의 변천에 대한 논평」, 한국어문 2, 한국정신문화연구원.

_____(1993), 「존대와 겸양」, 국어사 자료와 국어학의 연구, 문학과지성사.

朴榮順(1976), 「國語敬語法의 사회언어학적 연구」, 국어국문학 72·73, 국어국문학회.

_____(1983), 「문법교육으로서의 국어경어법」, 蘭臺 李應百博士 회갑기념논문집, 보진제.

_____(1995), 「상대높임법의 사회언어학」, 어문논집 34, 고려대 민족어문학회.

박영준(1996), 「국어 반말 종결어미의 역사성」, 어문논집 35, 고려대 민족어문학회.

朴恩用(1986), 「한국어의 친족호칭에 대하여」, 여성문제연구 9, 여성문제연구소.

박재연(1997), 「현대국어 반말체 종결어미 연구」, 서울대 대학원.

박진호(1994), 「선어말 어미 '-시'의 통사구조사의 위치」, 관악어문연구 19, 서울대.

서덕현(1985), 「현대 한국어의 경어법 연구」, 서울대 대학원

_____(1992), 「학교문법의 경어법 기술에 관한 연구」, 서울대 대학원

_____(1993), 「학교문법의 경어법 기술」, 국어교육학연구 3, 국어교육학회.

_____(1998), 「'-세요'에 대한 소고」, 국어교육학연구 8, 국어교육학회.

徐炳國(1966), 「尊謙法 是非攷－15c의 객체겸양법 '숩'을 중심으로」, 논문집 10, 경북대.

서상준(1993), 「상대 높임의 등급에 대하여」, 용봉논총 22, 전남대.

徐禎穆(1979), 「경남방언의 의문법에 대하여－'해라'체를 중심으로」, 언어 4-2, 한국언어학회.

_____(1983), 「명령법 어미와 공손법의 등급」, 관악어문연구 8, 서울대.

_____(1988), 「한국어 청자대우 등급의 형태론적 해석」, 국어학 17, 국어학회.

_____(1989), 「'반말체' 형태 '-지'의 형태소 확인」, 이혜숙 교수 정년퇴임기념논문집.

_____(1993), 「국어 경어법의 변천－활용형태소를 대상으로」, 한국어문 2, 한국정신문화원.

徐廷範(1969), 「女性에 관한 名稱攷」, 아세아여성문제연구 8, 숙명여대.

徐正洙(1973), 「韓日兩國의 경어법 비교연구」, 학술연구조성비 논문집 어문계 3, 문교부.

_____(1974), 「한일양국의 경어법 비교연구」, 논문집 6, 首都師大.

_____(1976), 「현대국어의 待遇法研究」, 어학연구 8-2, 서울대 어학연구소.

_____(1977), 「주체대우법의 문제점」, 배달말 2, 배달말연구회.

_____(1978), 「사회구조변동과 경어법의 推移」, 省谷論叢 10, 성곡학술재단.

_____(1979), 「尊待말에 있어서 부름 말과 가리킴 말」, 한글 165, 한글학회.

_____(1980), 「존대말에 있어서 聽者待遇 等級의 간소화」, 한글 167, 한글학회.

_____(1984), 『존대법 연구』, 한신문화사.

成耆徹(1970), 「國語待遇法研究」, 논문집 4, 충북대.

_____(1970), 「尊卑法의 한 고찰」, 어문학 23, 한국어문학회.

_____(1976), 「현대국어의 객체존대문제」, 어학연구 8-1, 서울대 어학연구소.

_____(1981), 「개화기 국어의 화계」, 논문집 14, 서울산업대.

_____(1984), 「현대국어 주체대우법 연구」, 한글 184, 한글학회.

_____(1985), 「국어와 화계와 격식성」, 언어 10-1, 언어학회

_____(1985), 『現代國語 待遇法 研究』, 開文社.

_____(1991), 「국어 경어법의 일반적 특징」, 새국어생활 1-3, 국립국어연구원.

_____(1995), 「대우법의 화용론적 특성」, 인문과학 2, 서울시립대.

_____(1995), 「반말의 특성」, 어문학연구 13, 한양대.

_____(1999), 「20세기 청자대우법의 변천」, 한국어교육 10-2, 한국어교육학회.

_____(2000), 「19세기 국어의 청자대우법－화계를 중심으로」, 한글 249, 한글학회.

손춘섭(2003), 「교수 사회의 대우법 사용 양상에 대한 연구」, 사회언어학 11-1, 사회언어학회.

손현선(1996), 「이른바 반말 종결형태의 양태적 연구」, 연세대 대학원.

손호민(1977), 「Honorific Patterns in Japanese and Korean」, Univ. of Hawaii

U.S.A.
宋美瑩(2006), 「중세국어 待遇法의 教育 方案에 관한 연구」, 중앙대 교육대학원.
송이남(1977), 「한국어 경어와 장면」, 연세대 대학원.
시정곤(1922), 「'(으)시'의 통사적 위치에 대하여」, 남사 이근수 박사 환력기념 논총.
申貞淑(1974), 「한국 전통사회 婦女子의 호칭어와 존비어」, 국어국문학 65·66, 국어국문학회.
申昌淳(1962), 「현대국어 존대법의 개설」, 문리대학보 5, 고려대 문리대.
______(1963), 「相對尊待語攷」, 文耕 15, 중앙대 문리대.
______(1963), 「安東地方의 존대어」, 국문학 7, 고려대 문리대.
______(1964), 「尊待語論」, 한글 133, 한글학회.
______(1966), 「15c 국어의 補充語의 존대말」, 한글 137, 한글학회.
신현숙(1989), 「'거리'와 '유동성'으로 본 대우 표현」, 이용주 박사 회갑기념논문집.
안문성(1999), 「국어 존대어 변이에 대한 연구」, 한양대 대학원.
安秉禧(1961), 「주체 경양법의 접미사 '-습'에 대하여」, 진단학보 22, 진단학회.
______(1963), 「15c 국어의 접미사 '-님'에 대하여」, 문리대학보 1, 건국대.
______(1963), 「'ᄌᆞ갸'語攷」, 국어국문학 26, 국어국문학회.
______(1965), 「15c 국어의 恭遜法 연구-2인칭 '그듸'와 관련하여」, 국어국문학 28, 국어국문학회.
______(1982), 「중세국어의 겸양법 연구에 대한 반성」, 국어학 11, 국어학회.
______(1982), 「중세국어 겸양법의 한두 문제」, 백영 鄭炳昱 선생 환갑기념논총, 신구문화사.
양승희(2001), 「높임법 교육의 내용과 교수·학습 방안 연구」, 자하어문논집 16, 상명여대.
양영희(2000), 「15c 국어의 尊待標識에 대하여」, 어학교육 29, 전남대.
______(2000), 「15c 국어의 존대체계 연구」, 전남대 대학원.
______(2002), 「15c 국어의 존대 대상」, 석화 정재완 교수 정년기념논총.
嚴敬玉(2002), 「현대국어 청자대우법의 화계에 대한 고찰」, 어문논집 30, 어문학회.
_____(2003), 「한국어의 반말에 대한 고찰」, 어문논집 31, 어문학회.
_____(2004), 「청자대우법 '-하세요'체에 대한 고찰」, 화법연구 7, 한국화법학회.
_____(2008), 「현대 한국어 聽者待遇法의 社會言語學的硏究」, 중앙대 대학원.
廉善模(1981), 「현대국어의 尊待法」, 배달말 5, 배달말연구회.
염 운(1947), 「남을 부를 때 쓰는 경어」, 한글 99, 한글학회.
오병길(2003), 「고등학생들의 높임법 사용 실태에 관한 연구」, 한신대 교육대학원.
吳英恩(1977), 「한일 양국어의 대우표현 비교연구」, 연세대 교육대학원.
왕문용(2007), 「문학 교과서 속의 여성화자의 상대높임법」, 국어교육 122, 한국국어교육학회.
왕한석(1986), 「국어 청자존대어 체계의 기술을 위한 방법론적 검토」, 서울대 언어교육원.
柳龜相(1970), 「主格 '-께서'攷」, 새국어교육 14・15, 한국국어교육학회.
_____(1971), 「국어 존대문에 대한 고찰」, 한글학회 50년 기념호, 한글학회.
유동석(1990), 「국어 상대높임과 호격어의 상관성에 대하여」, 주시경학보 6.
_____(1991), 「상대 높임법에 대한 통사론적 접근」, 국어교육논집 11, 부산대.
_____(1991), 「중세국어 객체높임법에 대한 통사론적 접근」, 민음사.
_____(1996), 「보조용언 구문의 높임법」, 李基文 교수 정년퇴임기념논총. 신구문화사.
유송영(1994), 「국어 청자 대우법에서의 힘과 유대」, 국어학 24, 국어학회.
_____(1996), 「국어 청자대우 어미의 교체 사용과 청자대우법 체계」, 고려대 대학원.
尹鳳五(1974), 「중세국어의 尊敬語攷」, 국문학 8, 공주사대.
윤석민(1994), 「'-요'의 談話 技能」, 텍스트언어학 2, 텍스트연구회.
尹容善(1986), 「중세국어 경어법 연구」, 국어연구 71, 국어연구회.
_____(2006), 「국어 대우법의 통시적 이해」, 국어학 47, 국어학회.
이경우(1990), 「최근세국어 경어법의 사회언어학적 연구」, 애산학보 10.
李光奎(1971), 「한국의 親戚名稱」, 교육논총 1, 서울대 사대.

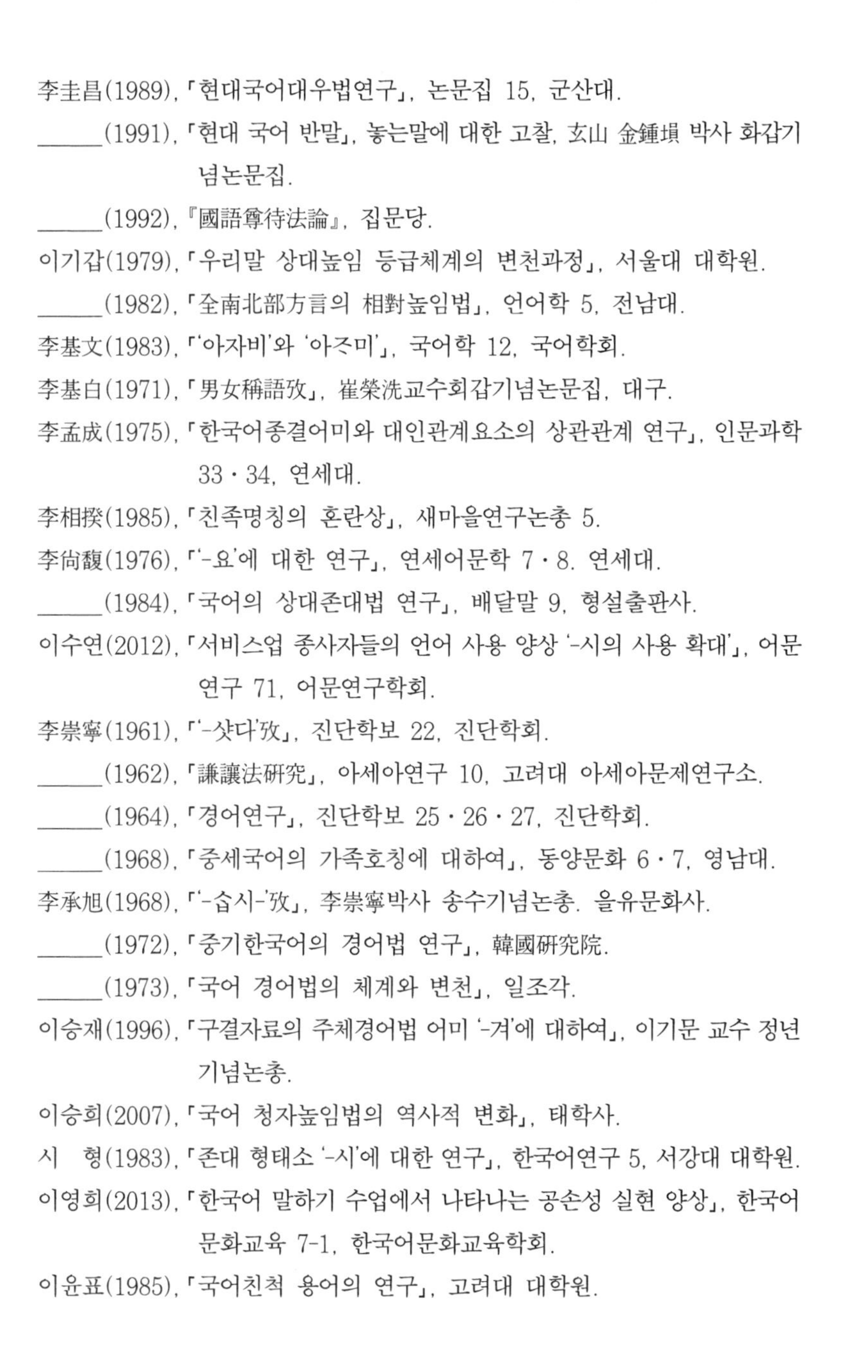

李圭昌(1989), 「현대국어대우법연구」, 논문집 15, 군산대.

______(1991), 「현대 국어 반말」, 놓는말에 대한 고찰, 玄山 金鍾塤 박사 화갑기념논문집.

______(1992), 『國語尊待法論』, 집문당.

이기갑(1979), 「우리말 상대높임 등급체계의 변천과정」, 서울대 대학원.

______(1982), 「全南北部方言의 相對높임법」, 언어학 5, 전남대.

李基文(1983), 「'아자비'와 '아즈미'」, 국어학 12, 국어학회.

李基白(1971), 「男女稱語攷」, 崔榮洗교수회갑기념논문집, 대구.

李孟成(1975), 「한국어종결어미와 대인관계요소의 상관관계 연구」, 인문과학 33·34, 연세대.

李相揆(1985), 「친족명칭의 혼란상」, 새마을연구논총 5.

李尙馥(1976), 「'-요'에 대한 연구」, 연세어문학 7·8. 연세대.

______(1984), 「국어의 상대존대법 연구」, 배달말 9, 형설출판사.

이수연(2012), 「서비스업 종사자들의 언어 사용 양상 '-시의 사용 확대'」, 어문연구 71, 어문연구학회.

李崇寧(1961), 「'-샷다'攷」, 진단학보 22, 진단학회.

______(1962), 「謙讓法硏究」, 아세아연구 10, 고려대 아세아문제연구소.

______(1964), 「경어연구」, 진단학보 25·26·27, 진단학회.

______(1968), 「중세국어의 가족호칭에 대하여」, 동양문화 6·7, 영남대.

李承旭(1968), 「'-숩시-'攷」, 李崇寧박사 송수기념논총. 을유문화사.

______(1972), 「중기한국어의 경어법 연구」, 韓國硏究院.

______(1973), 「국어 경어법의 체계와 변천」, 일조각.

이승재(1996), 「구결자료의 주체경어법 어미 '-겨'에 대하여」, 이기문 교수 정년기념논총.

이승희(2007), 「국어 청자높임법의 역사적 변화」, 태학사.

시 형(1983), 「존대 형태소 '-시'에 대한 연구」, 한국어연구 5, 서강대 대학원.

이영희(2013), 「한국어 말하기 수업에서 나타나는 공손성 실현 양상」, 한국어문화교육 7-1, 한국어문화교육학회.

이윤표(1985), 「국어친척 용어의 연구」, 고려대 대학원.

李潤夏(1989), 「'-께서' 문법」, 제효 이용주 박사 회갑기념논문집.
_____(1995), 「현대국어 대우법에 대하여 1」, 김우종 교수 회갑기념논문집.
_____(1995), 「현대국어 대우법에 대하여 2」, 김우종 교수 회갑기념논문집.
_____(1996), 「현대국어 대우법에 대하여 3」, 덕성여대 인문과학연구소.
_____(2001), 「現代 國語의 待遇法 硏究」, 亦樂.
李允華(1960), 「動詞敬語接尾辭攷」, 국어국문학 1, 서울대.
이의도(1973), 「씨끝 '-배다 · 옵니다 · 습니다'에 대한 연구」, 한새벌 11, 부산교대.
李翊燮(1973), 「嶺東方言의 경어법 연구」, 학술연구조성논문집 어문계 6, 문교부.
_____(1974), 「국어 경어법의 체계화 문제」, 국어학 2, 국어학회.
_____(1993), 「국어 경어법 등급의 재분 체계」, 이용욱 교수 환력기념논총.
李仁燮(1972), 「敬語硏究」, 논문집 2, 서울여대.
이정금(1979), 「相對존대말의 발달」, 어문교육논집 4, 부산대.
李廷珉(1981), 「한국어 경어체계 연구의 諸問題」, 한국인과 한국문화, 심설당.
_____(1991), 「'-요' 쓰임의 구조와 기능」, 언어 16-2, 한국언어학회.
이정복(1992), 「경어법 사용에 대한 사회언어학적 연구」, 국어연구 109, 서울대 국어연구회.
_____(1994), 「제3자 경어법 사용에 나타난 참여자 효과 연구」, 국어학 24, 국어학회.
_____(1999), 「학술논문 속의 경어법 사용 분석」, 사회언어학 7, 한국사회언어학회.
_____(2001), 「국어 경어법 사용의 전략적 특성」, 국어학총서 40, 국어학회.
_____(2002), 「국어 경어법과 사회언어학」, 월인.
_____(2004), 「인터넷 통신언어 경어법의 특성과 사용전략」, 언어과학연구 30, 언어과학회.
_____(2006), 「청소년들의 경어법 사용 실태 분석」, 한국어학 30, 한국어학회.
_____(2006), 「국어 경어법에 대한 사회언어학적 접근」, 국어학 47, 국어학회.
_____(2010), 「상황 주체 높임 -시-의 확산과 배경」, 언어과학연구 55, 언어과

학연구학회.
이정숙(1979), 「현대국어의 존대말」, 어문교육논집 3, 부산대.
이정홍(2003), 「15c 국어의 높임법 선어말 어미 '-숩'에 대하여」, 순천대 교육대학원.
李周行(1990), 「忠北 方言의 相對尊敬法 硏究」, 平沙 閔濟 선생 화갑기념논문집.
_____(1990), 「全北 方言의 相對敬語法 硏究」, 돌곶 金相善 교수 화갑기념논총.
_____(1994), 「청자대우법의 話階區分에 대한 고찰」, 어문논집 23, 중앙대 국어국문학과.
_____(1994), 「청자대우법의 화계구분에 대한 고찰」, 제효 李庸周 교수 정년퇴임기념특집.
_____(2006), 「한국어 청자경어법의 교육방안에 관한 고찰」, 국어교육 119, 한국어교육학회.
李喆洙(1976), 「현대 국어 名詞類語의 대우표현」, 先淸語文 7, 서울대 사대.
_____(1976), 「현대 국어 名辭類語의 대우표현」, 金亨奎 교수 정년퇴임기념논문집.
이해영(2005), 「한국어 교육에서의 대우표현 연구」, 제32회 국어학회 공동토론회 발표논문.
이현희(1985), 「근대국어 경어법의 몇 문제」, 한신어문연구 1, 한신대.
林景子(1970), 「現代敬語法研究」, 고려대 교육대학원.
임동훈(1994), 「중세국어 선어말어미 '-시'의 형태론」, 국어학 24, 국어학회.
_____(2000), 「한국어 어미 '-시'의 문법」, 태학사.
_____(2006), 「현대국어 경어법의 체계」, 국어학 47, 국어학회.
임병진(2001), 「龍飛御天歌의 높임법 연구」, 제주대 교육대학원.
林在洙(1973), 「국어의 敬語와 경어의식 小論」, 국제대학논지 11, 국제대.
任洪彬(1976), 「존대겸양의 統辭節次에 대하여」, 문법연구 3, 문법연구회.
_____(1985), 「청자 대우상의 '해'체와 '해라'체」, 소당 千時權 박사 회갑기념논총.

______(1985),「현대의 '-삽-'과 예사높임의 '-오'」, 선오당 金炯基 선생 팔지기념논총.
______(1986),「청자대우 등급의 명령법에 대하여」, 국어학 신연구, 탑출판사.
______(1990),「존경법 국어 연구 어디까지 왔나」, 동아출판사.
______(1990),「語彙的 대우와 대우법 체계의 문제」, 姜信沆 교수 회갑기념논문집.
______(1990),「尊敬法 국어 연구 어디까지 왔나」, 李基文 교수 회갑기념논문집.
장원택(1977),「제주도 방언 존대법과 그 배합상」, 학술조사연구 5, 제주대 국어교육과.
全在寬(1958),「'-습'따위 겸양사의 散攷」, 논문집 2, 경북대.
全在昊(1971),「敬語硏究」, 藏菴 池憲英 선생 화갑기념논총, 호서문화사.
______(1973),「'겨집'과 '안해'의 의미변천」, 김사엽 송수기념논문집.
전혜영(2004),「한국어 공손표현의 의미」, 한국어의미학 15, 한국의미학회.
______(2005),「한국어 공손표현의 교육방안」, 이중언어학 29, 이중언어학회.
鄭星鎬(1973),「높임말에 나타난 한국인의 사유와 행동」, 연세 8, 연세대.
鄭然粲(1970),「주체겸양법의 접미사 '-습'의 聲調」, 국문학논집 4, 단국대.
정옥태(1972),「'-옵니다'와 '-습니다'에 대한 고찰」, 교대춘추 6, 대구교대.
정인상(2001),「'-시'의 문법적 전이현상」, 인문학지 21, 충북대.
정준영(1995),「조선후기의 신분변동과 청자대우법 체계의 변화」, 서울대 대학원.
曺圭範(1981),「한국어의 주체존대보조어간 '-시'에 대한 고찰」, 논문집 15, 밀양농잠전대.
조남호(2006),「국어 대우법의 어휘론적 이해」, 국어학 47, 국어학회.
趙俊學(1976),「話用論과 공손의 규칙」, 어학연구 16-1, 서울대 어학연구소.
조항범(1992),「국어 친족어휘의 통시적 연구」, 서울대 대학원.
천소영(1984),「부모 호칭어의 재고」, 국어학 13, 국어학회.
최규일(1986),「한국어의 친족호칭 어휘연구(1)」, 국어교육 55.
崔起鎬(1979),「17c 국어의 존대법 체계연구－用言의 국곡어미를 중심으로」, 연세대 대학원.

_____(1981), 「17c 국어 '-숩'의 통사기능」, 말 6, 연세대.
_____(1981), 「현대 존대법 체계의 변천양상」, 자하어문논집 1, 상명대.
崔洛福(1977), 「우리말 높임법 연구」, 부산대 교육대학원.
崔明玉(1982), 「친족명칭과 경어법」, 방언 6, 한국정신문화연구원.
_____(1988), 「한국어 친족 용어」, 민음사.
최상진(1989), 「국어 대우법상의 시점분석」, 어문논집 64, 한국어문교육연구회.
崔在喜(1979), 「현대국어대우법체계연구」, 조선대 대학원.
_____(1981), 「청자대우에 관한 고찰」, 국어교육연구 2, 조선대.
_____(1982), 「현대국어의 객체대우와 그 成立」, 인문과학연구 4, 조선대.
崔泰榮(1973), 「존대법연구－全北東部地域中心」, 전북어문학, 전북대 어학연구소.
崔洪圭(1983), 「현대국어의 존비칭실태연구」, 白石 趙文濟 교수 회갑기념논문집, 천풍인쇄.
최홍자(1995), 「국어 높임법 지도에 관한 연구」, 어문학보 18.
한 길(1982), 「반말 종결어미 '-아'와 '-지'에 대하여」, 말 7, 연세대 어학당.
_____(1990), 「사회적 요인이 들을이 높임법 등분에 미치는 영향」, 인문논집 3, 강원대.
_____(1991), 「국어 종결어미 연구」, 강원대 출판부.
_____(2002), 「현대 우리말의 높임법 연구」, 亦樂.
한동완(1998), 「청자 경어법의 형태 원리」, 한국어교육 13, 연세대 한국어학당.
허상희(2010), 「한국어 공송표현의 화용론적 연구」, 부산대 박사학위논문.
許 雄(1954), 「尊待法史－국어문법사의 한 토막」, 성균학보 1, 성균관대.
_____(1961), 「15c 국어의 존대법과 그 변천」, 한글 128, 한글학회.
_____(1962), 「존대법의 문제를 다시 논함」, 한글 130, 한글학회.
_____(1963), 「또다시 존대법의 문제를 논함」, 한글 131, 한글학회.
玄平孝(1977), 「제주도 방언의 존대법」, 국어국문학 74, 국어국문학회.
홍양추(1983), 「경남 창녕방언의 높임법」, 국어국문학, 동아대.
홍윤표(1985), 「助詞에 의한 경어법 표시의 변천」, 국어학 14, 국어학회.
황문환(2002), 「16・17세기 諺簡의 상대경어법」, 국어학총서 35, 국어학회.

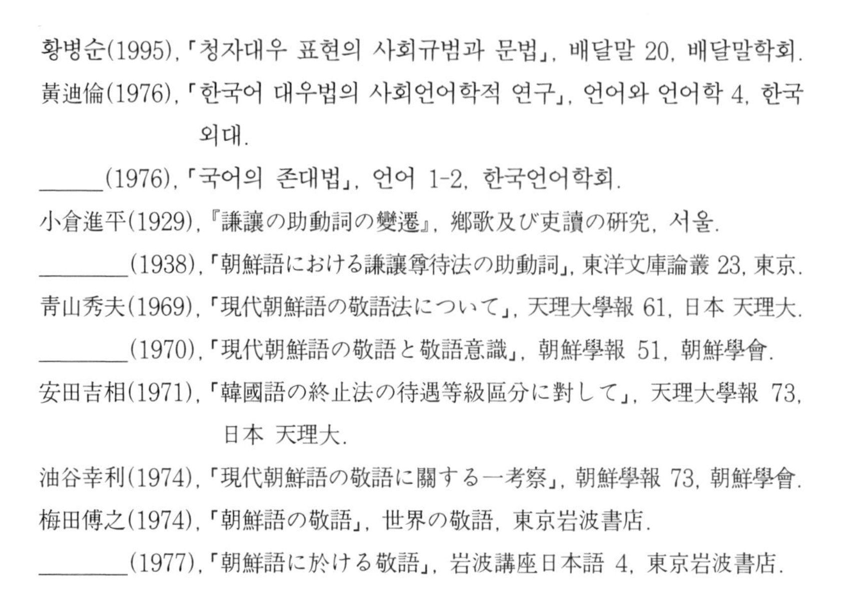

황병순(1995),「청자대우 표현의 사회규범과 문법」, 배달말 20, 배달말학회.

黃迪倫(1976),「한국어 대우법의 사회언어학적 연구」, 언어와 언어학 4, 한국외대.

______(1976),「국어의 존대법」, 언어 1-2, 한국언어학회.

小倉進平(1929),『謙讓の助動詞の變遷』, 鄕歌及び吏讀の研究, 서울.

________(1938),「朝鮮語における謙讓尊待法の助動詞」, 東洋文庫論叢 23, 東京.

青山秀夫(1969),「現代朝鮮語の敬語法について」, 天理大學報 61, 日本 天理大.

________(1970),「現代朝鮮語の敬語と敬語意識」, 朝鮮學報 51, 朝鮮學會.

安田吉相(1971),「韓國語の終止法の待遇等級區分に對して」, 天理大學報 73, 日本 天理大.

油谷幸利(1974),「現代朝鮮語の敬語に關する一考察」, 朝鮮學報 73, 朝鮮學會.

梅田傳之(1974),「朝鮮語の敬語」, 世界の敬語, 東京岩波書店.

________(1977),「朝鮮語に於ける敬語」, 岩波講座日本語 4, 東京岩波書店.

참고문헌

姜吉云(1995), 『향가신해독연구』, 학문사.

고영근(1974), 「현대국어의 종결어미에 대한 구조적 연구」, 어학연구 10, 서울대.

김두봉(1922), 『깁더 조선말본』, 涯東書館.

金敏洙(1973), 『國語文法論』, 일조각.

김석득(1966), 「국어형태론－형태류어의 구성 요소 분석」, 연세논총 4, 연세대.

金完鎭(1980), 『향가해독법연구』, 서울대 출판부.

김종택(1986), 「국어대우법 체계를 재론함-청자대우를 중심으로」, 한글 172, 한글학회.

金鍾塤(1961), 「존칭사 '-님'에 대하여」, 현대문학 90, 현대문학사.

______(1962), 「높임말 '당신'에 대하여」, 한글 130, 한글학회.

______(1969), 「宮中語攷」, 국어국문학 42, 국어국문학회.

______(1975), 『어린이말 연구』, 개문사.

______(1984), 『國語 敬語法 研究』, 집문당.

______(1995), 『국어 어휘론 연구』, 한글터.

______(1995), 「국어와 존대법」, 藝術界 3, 한국예술인총연합회.

______(1998), 「'마누라'의 語源에 대하여」, 정읍문화 6, 정읍문화원.

______(1999), 「井邑 地域語와 '반말(半語)'에 대하여」, 정읍문화 7, 정읍문화원.

______(2001), 「존칭사 '-님'에 대하여」, 국어화법과 방송언어, 한국화법학회.

______(2003), 「노비명 '돌쇠(乭釗)'의 어원과 의미」, 정읍문화 12, 정읍문화원.

金泰琨(1984), 「國語敬語法研究－朝鮮時代親戚名稱考」, 집문당.

朴英燮(1995), 『開化期國語語彙資料集』, 박이정.

李翊燮(1974), 「국어 경어법의 체계화 문제」, 국어학 2, 국어학회.

林東勳(1996), 「현대국어 경어법 어미 '-시'에 대한 연구」, 서울대 대학원.

朴良圭(1975), 「존칭 체언의 통사론적 특징에 대하여」, 진단학보 40, 진단학회.
朴炳采(1973), 『고려가요의 어석연구』, 선명문화사.
朴勝彬(1935), 『조선어학』, 조선어학연구회.
박영순(1976), 「국어 경어법의 사회언어학적 연구」, 국어국문학 72・73.
박창해(1964), 『한국어 구조론』 3, 연세대 한국어학당.
서정목(1988), 「한국어 청자대우 등급의 형태론적 해석(1)」, 국어학 17.
______(1990), 「한국어 청자대우 등급의 형태론적 해석(2)」, 강신항 교수 회갑 논문집.
서정수(1972), 「현대국어 대우법 연구」, 어학연구 8.
______(1979), 「존댓말은 어떻게 달라지고 있는가」, 한글 165, 한글학회.
______(1984), 『존대법 연구』, 한신문화사.
______(1994), 『현대언어학 지금 어디로－대우법』, 한신문화사.
성기철(1994), 『현대국어의 대우법 연구』, 개문사.
신창순(1962), 「현대국어 존대법의 개설」, 문리대학보 5, 고려대.
安秉禧(1961), 「주체 겸양법의 접미사 '-숩'에 대하여」, 진단학보 22, 진단학회.
______(1963), 「중세국어의 경어법 접미사 '-님'」, 문리대학보 1, 건국대.
양주동(1957), 『古歌硏究』, 박문서관.
이규창(1992), 『國語尊待法論』, 집문당.
이병도(1975), 『한국사 대관』, 보문각.
이상복(1976), 「'-요'에 대한 연구」, 연세어문학 7・8.
이익섭(1974), 「국어 경어법의 체계화 문제」, 국어학 2.
이주행(1996), 『한국어 문법 연구』, 중앙대 출판부.
이희승(1956), 『고등문법』, 신구문화사.
任洪彬(1990), 「어휘적 대우와 대우법 체계의 문제」, 강신항 교수 회갑기념 논문집.
정인승(1956), 『표준 고등말본』, 신구문화사.
주시경(1910), 『국어문법』, 박문서관.
최현배(1937), 『우리말본』, 정음사.
한 길(1986), 「현대국어 반말에 관한 연구」, 연세대 대학원.

_____(1988), 「예사낮춤 종결접미사 형태 '-다네'에 대하여」, 국어국문학 100.
韓在永(1998), 「16세기 국어의 대우체계 연구」, 국어학 31, 국어학회.
허　웅(1956), 「존대법사 연구」, 성균학보 1.
_____(1970), 『우리 옛말본』, 과학사.
_____(1995), 『20세기 우리말의 형태론』, 샘문화사.
Martin, S.(1954), 『Korean Morphophonemics』, Maryland: Waverly Press.

찾아보기

ㄴ

ㄷ

ㄹ

ㅁ

ㅅ

ㅇ

ㅈ

ㅊ

ㅋ

ㅌ

ㅍ

ㅎ

기타

김종훈(金鍾塤)

전북 정읍 출생. 아호 玄山
중앙대학교 문과대학 국어국문학과 졸업(1956)
동 대학원 수료 문학석사(1958)
충남대학교 대학원 수료 문학박사(1983)
중앙대학교 문과대학 국어국문학과 교수(1967~1994)
그리스도 신학대학・상명대학・경기대학・한성대학 강사 역임
중앙대학교 문학부장・제1캠퍼스 학생처장・교육대학원장 역임
서울시장 표창장(1987, 제28397호), 교육부장관 표창장(1991, 제645호)
국민훈장 석류장(1994, 훈장증 제5950호, 대통령)
중앙대학교 대학원 동문회장(1994~2001), 재경 이평(정읍)향우회장(1986~1989)
현 중앙대학교 명예교수, 한국어문교육연구회 이사

『언어학개론』(1961, 일우사)
『어린이말 연구』(1975, 개문사)
『韓國固有漢字硏究』(1983, 집문당)
『國語敬語法硏究』(1984, 집문당)
『隱語・卑俗語・職業語』(박영섭・김태곤 공저, 1985, 집문당)
『國語學史論攷』(황용수・박영섭 공저, 1986, 집문당)
『중학교 한문』(검인정 교과서, 김종훈・한성희 공저, 1988, 금성사)
『고등학교 한문』(검인정 교과서, 김종훈・한성희 공저, 1989, 금성사)
『國語學史』(김종훈・박동규 공저, 1993, 와이제이 물산)
『國語語彙論硏究』(1994, 한글터)
『어린이 言語發達과 말하기 指導』(1995, 집문당)
『韓國語의 歷史』(박영섭・박동규・김태곤 공저, 1998, 대한교과서, 2007 개정증보, 집문당)
『改訂增補版 韓國固有漢字硏究』(2014, 보고사)
『한국어의 존대법』(2022, 보고사)
그 외 論文 多數.

한국어의 존대법

2022년 1월 28일 초판 1쇄 펴냄

지은이 김종훈
발행인 김흥국
발행처 도서출판 보고사

책임편집 황효은
표지디자인 손정자

등록 1990년 12월 13일 제6-0429호
주소 경기도 파주시 회동길 337-15 보고사
전화 031-955-9797(대표), 02-922-5120~1(편집), 02-922-2246(영업)
팩스 02-922-6990
메일 kanapub3@naver.com / bogosabooks@naver.com
http://www.bogosabooks.co.kr

ISBN 979-11-6587-279-3 93710

정가 25,000원